지옥이 과연 영원한가?

원제 AION-AIŌNIOS : 성경에서 '영원한'으로 번역된 그리스어에 대한 설명

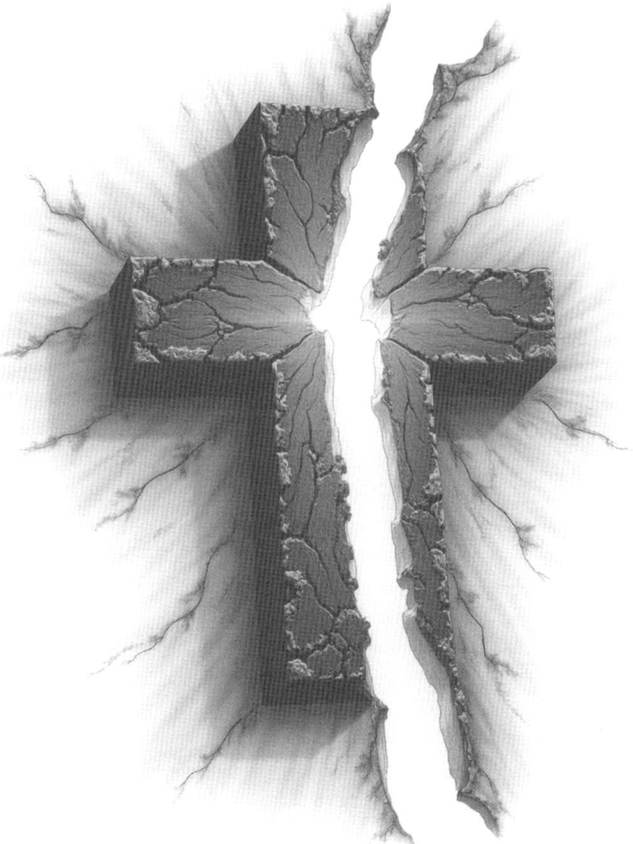

서문

    성경이 끝없는 형벌의 교리를 가르치는가 하는 질문의 언어적 핵심은 바로 '아이온(Aión)'과 그 파생어 및 중복어에 있습니다. 이 논문의 저자는 그 단어의 역사와 사용에 관한 본질적인 사실들을 간결하게 담으려고 노력했으며, 그 단어가 잘못된 교리를 뒷받침해주지 않는다는 점을 결정적으로 보여주었다고 생각합니다. 논쟁이 되는 단어에 '끝없는 기간'이라는 의미가 담겨 있지 않다면, 언급된 교리가 성경에 포함되어 있지 않다는 점은 일반적으로 인정될 것입니다. 독자 여러분께서는 저자가 진실을 알고자 하는 진지한 마음으로 수집한 증거들을 꼭 검토해주시길 간청합니다.

시카고, 1875년.

서문

이 책의 저자는 끝없는 형벌이라는 교리의 마지막 방어선이 되는 단어의 사용례(usus loquendi)를 신중하게 제시하고자 노력했습니다. 인간의 지성과 감정이 그 교리에 반대한다는 점은 이미 사실상 인정되어 왔지만, 성경의 명확한 선언, 특히 '아이오니오스'(그리스어) 라는 말이 형벌과 연결된 본문들이 그것을 매우 분명하게 언급하고 있으므로 성경의 견해로 받아들여야 한다는 주장이 아직 남아 있습니다. 저자는 가능한 한 많은 주의와 진실성을 가지고, 오직 그 단어의 이력을 밝히고자 하는 열망에 이끌려, 그 단어가 최초로 등장한 때부터 거의 이천 년 동안 지속적으로 사용되어 온 과정을 추적했습니다. 저자는 그 단어가 등장하는 최초의 백여 개 이상의 구절을 인용하거나 언급했고, 최근 몇 세기 동안의 사용례도 예시로 들었으며, 성경에 그 단어가 포함된 대부분의 본문도 참고했습니다.

자신의 연구 결과를 세상에 내놓으면서, 저자는 독자 여러분에게 사소한 오류라도 발견된다면 꼭 알려달라는 부탁을 드립니다. 하지만 거의 오류가 없으리라 자신합니다.

이 책이 그 준비한 것을 실행한 대로 읽히고, 오직 진리를 전달하는 확신이 전달되게 하소서!

시카고, 1880년 7월.

역자 서문

이 책은 존 웨슬리 핸슨의 귀중한 유산을 나누기 위해 번역되었다. 그 유산은 단지 신학적이거나, 기독교적일 뿐만 아니라 인류 전체에 미치는 것으로서 진리가 가져다주는 유익과 관련된다. 이 책의 저자는 비판적인 사람들까지도 설득하기 위해 문학과 철학은 물론, 사전 편찬학적 근거까지 충실하게 제시하고 있다. 성경을 절대적인 진리의 책으로 믿기를 거부하는 이들을 설득하기 위한 이러한 그의 수고와 노력이 얼마나 대단한 것이었는지 감동하지 않을 수 없다. 그러함에도 이 주제에 대한 문제의식의 시작과 끝은 성경이다. 특별히 기독교인들은 이 책을 읽을 때 비판적인 마음가짐을 버리고, 자신의 신앙과 신학의 한계와 궁극적 질문에 대해 포기하지 않고 기도하며 답을 찾는 자세로 읽기 바란다. 이 책의 주제는 단순하다.

이 책은 전문가의 정교한 번역이 아니라, 목회 현장에서 바른 목회를 위해 끝없이 고민하던 목사의 번역으로서, 정교하지 못하여 저자에게 죄송하지만, 왜곡된 교리의 심각성과 교회적 긴급성과 막강한 파급력 때문에 서둘렀다. 이 책의 가장 큰 기여는 기독교 역사의 내재적 모순과 교회의 역기능 그리고 기독교 신자의 부패와 타락의 중요한 성경적 원인을 밝혀 참된 기독교와 참된 교회 그리고 참된 신자들로 세상의 빛이 되게 할 수 있게 한다는 점이다. 신학적, 신앙적, 목회적, 개인적 처방과 적용은 각 교회의 목사와 독자 자신에게 달려있다. 이 책은 기독교 신앙에 대한 여러 가지 모순적인 문제들로 고민하며 기도하던 목사들과 신자들의 마음을 시원하게 해주고, 다른 한편에서는 영적 긴장감을 잃고도 방만한 신앙생활을 하던 이들에게는 불편함과 두려움을 갖게 하는 성경의 가르침을 깨닫게 하여 근본적인 변화를 추구하게 할 것이다.

번역자의 바람과 소망은 오랫동안 잘못된 교리로 인해, 실추된 교회의 위상과 왜곡되고 실종된 기독교의 사명과 영광이 회복되는 것이다. 단편적으로는 어둠의 역할을 했던 지난날의 과오와 광기를 반성하고, 역사와 인류 앞에 사죄하며 세상을 밝히는 그리스도인과 교회가 하나가 되고, 마침내 사랑으로 온 세계를 연합하게 하는 일에 한 마음이 되는 소망이 현재적으로 성취되는 것을 보고 싶다. 또한 착한 신자들이 당당히 착하게 살고, 악한 신자들도 돌이켜 착하게 살아갈 수 있게 되길 바란다.

"주의 뜻대로 이루어지이다!"

2025년 6월.

목 차

제 1 장   들어가는 말

칠십인역 그리스어 성경의 아이온-아이오니오스[1], 영어 성경에서
는 everlasting, eternal 등으로 번역되는 이 단어는 원래 히브리어 성
경에서는 '올람'[2]으로, 덮거나 숨기는 것을 의미하는 알람[3]에서 파생
되었습니다. '올람'은 문자 그대로 숨겨진 것, 알려지지 않은 것을 의
미하며, 시간에 적용될 때 과거든 미래든 불확실한 기간[4]을 의미합
니다. 따라서 언덕들이 '올람'부터 존재한다고 합니다. 히브리인은 언
덕이 지구 창조와 함께 시작되었고 지구의 파괴와 함께 끝날 것을 알
았기 때문에, 언덕을 '올람'이라고 수식할 때 문자 그대로 영원하다고
말하려는 것은 물론 아닙니다. 그는 언덕에 시작이 있음을 알았기 때
문에 끝이 있을 것을 알았습니다. 그러나 지속 기간을 알 수 없었기
때문에 그는 언덕이 '올람'부터 유래했다고 말했습니다. 이 단어 언덕
이 한 본문에서만[5] 제한적인 의미와 무 제한적인 의미로 사용되었으

---

1) αἰών-αἰώνιος
2) עוֹלָם
3) עָלַם
4) 이 정의를 부여하는데 어휘들은 일관적이다.
5) 합 3:6 그가 서신즉 땅이 진동하며 그가 보신즉 여러 나라가 전율하며 영원한<아드>
   산이 무너지며 무궁한<"올람"> 작은 산이 엎드러지나니 그의 행하심이 예로부터 그
   러하시도다

며, 한 경우에는[6] 단지 3박 3일을 의미합니다. 따라서 미래에는 언약, 율법, 모세 율법, 레위 제사장직 등 어떤 것들이 '올람'으로 존재해야 했지만, 메시아의 도래와 함께 사라질 것이라고 여겨졌습니다. 그것들은 '올람'적인데, 그 지속 기간이 불확실하고, 숨겨져 있으며, 인간에게 가려져 있기 때문입니다. T. 클로우스 박사는 다음과 같이 지적합니다. "'올람'이라는 단어는 구약성경에서 459회 사용됩니다."

그리고 70인역 번역자들과 신약성경 저자들이 얼마나 균일하게 이 단어를 아이온과 아이오니오스로 번역했는지 생각해 보면, 70인역 번역자들이 이 균일성에서 벗어난 사례가 열 번도 채 되지 않고, 신약성경 저자들도 그렇게 많지도 않습니다. 또한, 과거에 70인역과 신약성경을 모국어로 읽던 사람들에게 이 균일성이 '올람'에 대한 명확하고 명확한 개념을 제공함으로써 명백한 이점을 제공했다는 점을 더 생각해 보면, 영어 번역자들이 독자들에게 이와 유사한 이점을 제공하지 않은 것에 대해 깊은 유감을 표합니다. 그러나 우리 번역자들은 성경에 657회 등장하는 사실상 하나의 단어인 '올람'을 거의 30개의 다른 단어와 구로 번역했습니다. 그 중 대부분은 기간을 의미하지만, 그 의미 범위는 3일 동안의 기간에서 시작도 끝도 없는 기간까지 다양합니다. 구약성경에서 '올람'이 등장하는 처음 다섯 곳은 무려 다섯 가지 다른 단어로 번역됩니다. 창세기 3장 22절, 영원히; 창세기 6장 3절, 항상; 창세기 6장 4절, 옛날부터; 창세기 9장 12절, 영원한; 창세기 9장 16절, 영원한." 창세기 13장 15절에서 그는 '올람'이 인간 삶의 기간을 의미한다고 밝히며 이렇게 말합니다. "그리고 우리가 '올

---

6) 요나 2:6 내가 산의 뿌리까지 내려갔사오며 땅이 그 빗장으로 나를 오래도록<"올람"> 막았사오나 나의 하나님 여호와여 주께서 내 생명을 구덩이에서 건지셨나이다

람'이라는 단어를 이런 제한된 의미로 사용한다는 사실에 놀라지 마십시오. 이것은 히브리어 '올람'과 그리스어 아이데(αiδη)의 가장 일반적인 의미 중 하나이며, 성경 용어를 성경적 의미로 사용하는 것은 전적으로 옳습니다. '올람'과 아이온의 이러한 의미는 그리스어, 라틴어, 영어의 모든 저자들에게 공통적으로 나타납니다. 구약성경에서 기간을 암시하는 단어가 인간의 미래 삶을 가리킨다는 증거는 없습니다. 고대인들이 신의 존재를 묘사하는 데 사용했던 기간이라는 용어를 통해 영원한 존재라는 개념을 완전히 이해했는지도 확실하지 않습니다. 사실, 이는 인간의 어떤 지성으로도 도달할 수 없는 개념입니다. 히브리인들은 인간의 지상 존재를 '올람'이라고 불렀습니다. 그리스인과 라틴인도 같은 방식으로 표현했습니다. 인간의 '아이온' 또는 '에붐(œvum)'은 지상에서 몇 년으로 이루어진 존재 기간을 의미했습니다. 또는 신의 존재는 시작이나 끝이 없는 존재라는 관념을 전달합니다." 파크허스트는 이렇게 말합니다. "그것은 숨겨진 기간을 나타내며, 무한한 시간보다는 무기한을 나타내는 데 훨씬 더 자주 사용되는 것 같습니다."

고대 히브리인이 과거든 미래든, 크지만 알려지지 않은 지속 기간을 표현하고자 했다면, 그는 반복과 강화 형태를 사용했습니다. 예를 들어 미가서[7]에서처럼, 시리아어 번역에 따르면[8] "우리는 주 우리 하나님의 이름으로 '올람', 그리고 '올람들의 올람'을 위해 걸으리라" 또는 히브리어 번역에 따르면 '아드'들의 '올람'을 위해 걸을 것입니다. 후자는 전자의 동의어입니다. '올람들의 세대'와 '아드들의 올람'이라는 구절은 불확실하지만, 여전히 제한된 지속 기간을 묘사하기 위

---

7) 미가 4장 5절 만민이 각각 자기의 신의 이름을 의지하여 행하되 오직 우리는 우리 하나님 여호와의 이름을 의지하여 영원히 행하리로다
8) 랭(Lange)의 해설(Lange's Commentary)에 나오는 테일러 루이스.

해 사용된 단어의 강화 형태입니다. 구약성서가 기록될 당시 히브리인들은 끝없는 지속이라는 형이상학적 개념을 인지하지 못했고, 따라서 영원을 표현하는 단어가 없었기 때문입니다. 한 프랑스 작가[9]는 이렇게 말합니다. "히브리어에는 엄밀히 말해서 영원이나 끝이 없는 시간을 의미하는 단어가 없다는 것은 확실합니다. '올람'은 시작과 끝을 알 수 없는 시간만을 의미합니다. 어근의 의미에 따라 해석해야 합니다. 따라서 이 단어는 적용되는 대상에 따라 다소 엄격하게 이해해야 합니다. 하나님이나 그분의 속성과 관련될 때는 가능한 한 가장 큰 범위, 즉 절대적인 영원성을 고려해야 합니다. 그러나 시작이나 끝이 있는 것에 적용될 때는, 주제가 요구하는 대로 제한적으로 이해해야 합니다. 따라서 하나님께서 유대인의 율법을 '올람'동안, 즉 영원히 지켜야 한다고 말씀하실 때, 우리는 하나님께서 적절하다고 생각하시는 기간, 즉 메시아가 오시기 전 유대인들이 끝을 알지 못했던 기간으로 이해해야 합니다." 저명한 독일 작가[10]는 다음과 같이 선언합니다. "영원에 대한 순수한 개념은 세상의 초기 시대에 구상되기에는 너무 추상적이며, 고대 언어에서는 어떤 단어로도 표현되지 않았습니다. 그러나 교양이 발달하고 이 개념이 더욱 뚜렷하게 발전함에 따라, 이를 표현하기 위해서는 새로운 의미의 새로운 단어를 만들어낼 필요가 있었습니다. 예를 들어, 에테르니타스(eternitas), 페레니타스(perennitas) 등의 단어가 그랬습니다. 히브리인들에게는 끝없는 지속을 표현할 단어가 하나도 없었습니다. 그들은 세상이 존재하기 전의 과거 영원을 표현하기 위해, 세상이 더 이상 존재하지 않을 미래를 표현하기 위해 '과거 영원'을 표현했습니다. 히브리인과 다른 고

---

9) 르클레르(LeClerc), 1705년.
10) Knapp, 헬라어 성경

대인들은 영원이라는 개념을 정확하게 표현할 수 있는 단일 단어가 없었습니다." 따라서 '올람'을 '영원한' 또는 '영속하는' 등으로 번역하는 것은 명백히 부정확하며, 그 강화 형태를 영원한, 영원히, 영원토록 등으로 번역하는 것 역시 부정확합니다. 명사 '올람'의 정확한 동등어는 age, époch, seon입니다. '아이온'의 이중 형태는 히브리어 '올람 바 아드'를 번역한 것입니다. '올람'은 긴 시간, 올람 바 아드는 더 긴 시간입니다. 하지만 '올람'이 영원이라면, 더 긴 것을 나타내는 단어를 덧붙이는 것은 불합리할 것입니다. 70인역에는 ton aíōna, kai ep' aiona, kai eti, 그리고 신약성서에는 eis tous aiõnas tōn aionon 등이 olam va ad의 그리스어 동등어이며, 문자 그대로는 영어로 길지만 제한된 기간을 의미합니다.

던칸(Duncan)은 그의 히브리어 사전에서 '올람'을 다음과 같이 정의합니다. -1 "불확정적인 긴 기간. 인간에게 감추어진 시간, 즉 무한하고 영원할 수도 있고, 유한할 수도 있다. 예를 들어 창세기 17장 8절 등에서처럼, 대개는 영구적이고, 영원하며, 영속적인 것을 의미한다. 로버트슨의 동의어 사전. 출애굽기 21장 6. -2. 영구성, 내구성, 이사야 64장 4절. 그러나 가장 빈번하게는 영원. -3 세상, 전도서 3장 11절. 벅스토르프(Buxtorf)와 쉰들러(Schindler)는 '올람'을 '숨겨진 시간, 시대, 인간에게 숨겨진 시간'으로 정의합니다. 게세니우스(Gesenius)는 히브리어 사전의 마지막 판에서 '올람'의 첫 번째 의미로 영원을 제시하지만 "이것은 제한된 의미로 자주 사용된다"[11]고 언급합니다. J. W. Haley[12]는 다음과 같이 단언한다. "히브리어 '올람'이 영원으로 강요

---

11) Encyclopaedia of Religious Knowledge, p. 53.
12) Alleged Discepancies of Bible, p.126

되지만, 형이상학적으로 절대적으로 무한한 것을 의미하지 않으나, 람바흐가 '매우 긴 시간이며, 그 끝은 우리에게 숨겨져 있다'고 말한 것처럼 무한한 길이이다."

물론, 히브리어 '올람'이 거의 항상 번역되는 그리스어 '아이온'은 구약성서에서 그 단어가 나타내는 정확한 의미를 가져야 합니다. 그리고 아이온의 모든 변형, 중복 및 강화 형태는 그 유래된 히브리어 표현과 동일한 의미를 지녀야 하는 것이 마땅합니다. '올람'부터는 불확실한 과거부터를 의미하고, '올람'으로는 다루는 주제에 따라 해석될 수 있는 불확실한 미래의 시간을 의미하므로, '아이온부터' 또는 '아이온으로'는 불확실한 시간을 나타내야 합니다. '올람의 시대'는 '아이온의 시대'이며, '올람들의 올람' 또는 '아드들'의 '올람'은 '여러 시대들의 시대'를 의미합니다. 따라서 이에 상응하는 그리스어 형태인 eis tous αἴδηας τον αἰõνõν은 '영원히' 또는 '영원히 그리고 영원히'로 번역되는 대신, 여러 시대, 여러 세대, 또는 다루는 주제에 의해 결정되는 불확정적인 기간을 나타내는 다른 어구로 표현되어야 합니다. 이 단어들은 그 단어 자체의 본질적인 힘으로 끝없이 무한한 지속을 나타낼 수 없습니다.[13]

마이어의 『비교 히브리어 사전』에 따르면, 동사로서의 '올람'은 '덮

---

13) 때때로 olam과 동등한 단어로 사용되는 다른 단어들이 몇 가지 더 있다는 것을 알 수 있습니다. ad, until; netsach, flowing; tamid, stationary; dor, generation; kedem, east; kol yamim, all days; orek, long; yamim, days; adi-ad, to long future; la-ad, to long future; dor vador, generation-eration to generation. 우리는 문자적 의미를 부여하지만, 이것들은 불확실한 지속 기간을 나타내는 데 사용됩니다. 만약 olam이 영원을 의미한다면, olam va ad라고 말하여 의미를 더하려는 것은 어리석은 일일 것입니다. 만약 aion이 영원을 의미한다면, 구약에서 eis ton aina, kai eis ton aiõna 등을 말하거나, 신약에서 els tous alõnas ton aldnõn이라고 말하는 것도 마찬가지로 어리석은 일일 것입니다. 어떤 언어 규칙도 이것들의 사용을 허용하지 않을 것입니다. 하지만 명사는 단순히 긴 시간을 의미하기 때문에 의미를 확장하는 것이 적절합니다.

다, 숨기다, 감춰두다'라는 뜻의 '올라프(olaph)'에서 유래했다고 합니다. 그는 또한 명사로서의 '올람'의 의미를 과거 또는 미래의 불확정적 시간, 즉 먼 시간과 영원으로 해석합니다. 따라서 영원은 본래의 의미가 아니라 파생된 의미라고 주장합니다. 그는 또한 후기 의미로서의 시간, 즉 시간성(timehood, 독일어로 zeitlichkeit)을 제시합니다. 또한, 그는 가 세상을 의미하기도 한다고 말합니다.

영어 성경에서 forever, everlasting, eternal과 그 동족어들이 끝없는 지속을 의미한다는 의견은 오랫동안 널리 퍼져 있었습니다. 왜냐하면 이 단어들이 번역된 히브리어와 그리스어 단어가 그러한 의미를 가지고 있다고 여겨져 왔고, 이 단어들이 형벌을 의미하는 것으로 밝혀졌기 때문에 이러한 연관성 속에서 이 단어들이 등장하는 것은 형벌의 끝없는 지속을 보여준다고 여겨졌기 때문입니다. 본 논문의 저자는 이 단어의 역사와 용법에 관한 본질적인 사실들을 간략하게 제시하고자 노력했으며, 이것이 잘못된 교리를 뒷받침할 어떠한 근거도 되지 않는다는 것을 결정적으로 보여준다고 생각합니다. 만약 끝없는 지속의 의미가 논쟁의 여지가 있는 단어에 존재하지 않는다면, 일반적으로 이 교리는 성경에 포함되어 있지 않다고 인정될 것입니다. 저자가 수집했다고 믿는 바와 같이, 독자는 진실을 알고자 하는 진지한 열망을 가지고 제시된 증거들을 검토해 보시기 바랍니다. 이 연구는 학자가 만족할 만한 방식으로 진행되어야 하며, 일반 독자도 이해할 수 있어야 합니다. 그래야 학식이 있는 사람이나 학식이 없는 사람이나 모두 이 주제를 객관적인 시각으로 볼 수 있으며, 성경이 하나님의 성품을 모독하는 교리를 가르치는 것처럼 보이지 않고 믿는 사람의 마음에 치명적인 찌르는 듯한 느낌을 주지 않을 수 있습니다.

문제의 단어가 끝없는 지속이라는 의미를 담고 있지 않다면, 끝없는 형벌이라는 교리는 성경에 존재하지 않는다고 해도 과언이 아닙니다. 이 덧글은 그 단어에 끝없는 지속이라는 의미가 담겨 있지 않음을 보여줍니다.[14]

---

14) 이 책을 인쇄소에 넘기던 중, J. M. 휘튼 목사가 쓴 『영벌은 끝없는가?』라는 책 부록 A에서 '올람'에 대한 다음과 같은 내용을 발견했습니다:

게세니우스의 히브리어-영어 사전, -'올람'.

A) 적절하게 '숨겨진', 특히 숨겨진 시간, 즉 모호하고 길며 시작이나 끝이 불확실하거나 불확실한 지속, 영원한 시간, 영원등으로 쓰임:

1. 먼 옛날, 회색의 고대, 창세기 6장 4절과 같이, 옛날에 용사들이었던('올람'에서 유래)

2. 종종 미래의 시간, 항상, 영원히, 그 제한이 주제의 본질에 따라 결정되는 방식으로, 따라서,

a) 특히 독신자의 경우, '올람'은 때때로 평생을 가리키는 말로 사용되기도 합니다. '올람의 영원한 종', 즉 평생 자유의 몸이 되지 않는 종을 의미합니다(신명기 15:17). 때로는 매우 긴 수명, 즉 영원토록 긴 날들을 의미하는 것으로 사용되기도 합니다(시편 21:4). ('올람 바 에드<olam va ed>'는 '영원히 그리고 영원히'라는 뜻입니다.)

b) 한 종족, 왕조 또는 민족 전체에 관한 것으로, 그들이 멸망될 때까지 존재했던 모든 기간을 포함합니다. 사무엘상 2:30, 네 가족은 영원히('olam) 나를 섬길 것이다. 즉, 그들이 존속하는 한.

c) 영원이라는 형이상학적 개념, 또는 적어도 끝없는 영원에 더 가까운 예로는 '올람'이 땅과 우주에 귀속되는 예들이 있습니다. 전도서 1장 4절에서 땅은 영원히 ('올람' 때문에) 존재합니다. 따라서 죽음 이후의 기간을 지칭하는 인간적인 것들도 있습니다. 예를 들어, '올람의 잠'은 죽음을 의미하는 영원한 잠(예레미야 1:39, 57)이며, '올람의 집'은 그의 영원한 집, 긴 집(전도서 12:5)입니다.

d) 영원에 대한 참되고 완전한 개념은 하나님의 본성과 존재를 언급하는 구절들에서 '올람'으로 표현됩니다. 이 구절들은 그분을 '올람의 하나님'(창세기 21:33)이라고 부릅니다. 그분에 대해서는 '올람'으로부터 '올람에게로'(시편 10:2)라고 기록되어 있습니다.

e) 히브리인들이 과장법을 사용하여 형이상학적 의미에서 영원을 인간적인 것에 부여하는 구절은 특이한데, 주로 좋은 소원을 표현할 때 사용됩니다. "나의 주 왕이시여, 영원히('올람'까지) 사시기를 원하나니이다.", 열왕기상 1:31.

이 중요한 연구를 수행하기 위해 우리는 세 가지 길을 선택할 수 있습니다:

- Ⅰ. 어원학; Ⅱ 사전학; Ⅲ. 용법.

영어: "복수형. '올라밈, 시대, 영원한 시대, 그리스어 αἰῶνες, 1. 6., a) 고대 시대, 사 11:9; b) 미래 시대, 가장 먼 미래, 시 77:7.

B) 세상(헬라어 αἰών)은 세상적인 것들을 사랑하고 세상적인 생각을 뜻합니다. 따라서 전도서 3장 11절은 "하나님이 사람의 마음에 세상적인('올람') 것들을 사랑함을 두셨으므로 사람이 하나님의 일을 깨닫지 못하느니라"라고 말씀합니다. [신약성경에서 "이 세상에 동화하지 말라(con-로마서 12장 2절)"는 "세상을 사랑하지 말라(코스모스-요일 2장 15절)"와 같은 의미입니다.]"

이 단어의 지배적인 의미가 제한된 기간이라고 주장하는 것은 불필요해 보인다. 휘튼 박사는 또한 9-10쪽에서 다음과 같이 말한다:

히브리어 성경에서 '올람'은 종종 세계적 기간이나 주기를 의미했습니다. "전도서 1:4- 땅은 영원히 존재한다. 문자 그대로 '올람' 또는 주기를 위해. 70인역. 에이온을 위해.

시편 15:13-당신의 왕국은 영원한 왕국입니다. 문자적으로는 모든 주기의 왕국, 즉 모든 순환의 왕국입니다.

70인역.출애굽기 40:15--그들의 기름부음은 반드시 영원한 제사장직을 위한 것이 될 것이다. 문자적으로는 '올람', 즉 주기의 제사장직을 위한 것이다. 70인역. con을 위한 제사장 기름부음.

"마지막 경우에, '올람', 즉 주기 또는 콘은 히브리서 7장 11, 12절을 비교해 보면 알 수 있듯이 모세의 경륜의 끝에서 끝났습니다."

"시편 93편 3절: 3-오랫동안 죽은 자들: 문자적으로는 '올람'의 죽은 자들, 혹은 우리가 말하듯이 '세월의 죽은 자들': 70인역. 에이온의 죽은 자들.

"따라서 '아이온'이라는 단어는 신약성서에서 70인역이 부여한 독특한 히브리어적 색채를 그대로 유지하고 있습니다."

[그리스어 구약성서, 70명의 학자에 의해 히브리어에서 번역된 것으로, 70인역으로 불립니다.]

제 2 장   어원학

   논란이 있는 단어를 연구할 때, 가능하다면 그 어원을 확인하는 것은 흥미로운 일입니다. 하지만 그 단어의 의미를 파악하는 데 어학적 어원만큼이나 불확실하고 위험한 길잡이는 없을 것입니다. 용례만이 유일하게 확실한 지표입니다. 어원은 가설이고, 용례는 증명입니다. 따라서 우리가 흔히 사용하는 단어 prevent는 '앞으로 오다' 또는 '앞서가다'를 의미하는 præ와 venio에서 유래했으며, 원래 영어 단어 prevent는 시편[15]의 "아침에 내 기도가 주의 앞에 이르리이라 In the morning will my prayer prevent thee"에서처럼 '앞으로 가다'를 의미했습니다. 하지만 이 단어는 오래전에 '방해하다'로 의미가 바뀌었습니다. 2천 년 후 누군가가 1880년에 prevent가 '앞으로 가다'를 의미했음을 증명하려고 시도한다고 가정해 보겠습니다. 그는 단어의 어원을 통해 자신의 입장을 쉽게 입증할 수 있겠지만, 현재 문학에서 보편적으로 사용되는 용례를 보면 완전히 틀렸음을 알 수 있습니다. 따라서 aión의 어원이 본래 영원을 의미한다는 데 동의하더라도, 그것이 그리스 문학에서 신성하든 세속적이든 반드시 그런 의미로 쓰

---

15) 시 88:3 여호와여 오직 내가 주께 부르짖었사오니 아침에 나의 기도가 주의 앞에 이르리이다

였다고 볼 수는 없습니다.

그러나 아이온(aion)의 가장 자연스러운 파생어는 그 단어에 끝없는 지속이라는 의미를 부여하지 않습니다. 레네프(Lennep)[16]는 이 단어가 아드(að, 숨쉬다)에서 유래했으며, 이는 무한한 지속이라는 관념을 암시한다고 말합니다. 그는 이렇게 말합니다. "아이온은 숨 쉬는 것에서 집합, 또는 여러 번의 반복(다수의 시간)으로 의미가 옮겨졌다. 이 본래의 의미로부터 고대인들이 시대(oevum)나 영원(oeternitatem), 혹은 인간의 생애(hominis oetatem)를 설명할 때 사용한 의미들이 다시 파생되었다."

레네프의 어원 해석에 대해 E. S. 굿윈 목사는 이렇게 말합니다.[17] "이 단어는 여러 시대나 시간들이 서로 연결되어 있는 것, 즉 무한히 계속되는 지속을 의미할 것이다. 지속과 관련된 본래의 의미는, 오히려 중단 없는 계속임을 나타내는 것 같다. 즉, 지속되는 한 계속되는 연속적인 기간이지만, 결국에는 완성되고 끝날 수도 있는, 일반적인 의미에서의 '시대', '경륜', '세쿨룸'(세대, 시대)과 같은 용어이다." 굿윈 목사는 또 다음과 같이 잘 설명합니다.[18] "aion을 반드시 aei와 on(존재)의 합성어로 만들 필요는 없다. 오히려 훨씬 더 자연스럽고 일반적인 언어의 흐름에 따라 '존재하다'라는 뜻의 동사 aio에서 나왔을 수 있다. 그저 이 동사의 현재 능동 분사를 명사로 바꾼 것에 불과하며, 이는 그리스어에서 흔히 있는 일이다. 만약 이 단어가 '숨'에 적용된다면, 수많은 숨결, 또는 무한히 이어지는 호흡을 의미할 것이고, 단순한 '존재'에 적용된다면, 무한히 이어지는 존재를 의미할 것이

---

16) Etymologicum Linguæ Græcæ.
17) Christian Examiner, Vol. X, p.42. He quotes the ancient Phavorinus as defining it thus: "Thecomprehension of many times or periods."
18) Christian Examiner, Vol. X, XI, XIII

다." 다른 학자들은 이 단어의 근원으로 땅이나 세계를 의미하는 aia 와 eimi의 분사인 on이 될 가능성도 제시합니다.

우리는 다음과 같은 aion의 파생어를 제시하며, 학자들의 면밀한 검토를 요청합니다. 그리스어에서 단수 주격의 마지막 음절에 강세 오메가(장기 o)가 붙은 명사는 용기를 의미합니다. 즉, 'on'은 앞 음절이 그 안에 담겨 있음을 나타냅니다. 예를 들어, 그리스어에서 loutr-on은 목욕하는 장소(목욕탕), dendr-on은 나무가 있는 장소(숲), rhod-on은 장미가 있는 장소(장미원) 등을 의미합니다. 따라서 aiōn(아이온)은 aei 또는 aia를 담고 있는 어떤 것, 즉 땅(aia)을 담고 있는 것, 혹은 지속(aei), 숨(aō), 존재, 생명을 담고 있는 것을 의미합니다. 숨쉬는 것으로 표현되는 '지속'이 이 단어의 가장 적합한 어원일 수 있습니다.

일리노이주 롬바드 대학교의 N. White 박사[19]는 현존하는 최고의 언어학자 중 한 명인 그는 이 이 단어에 대한 어원적 설명을 제공하여 우리를 의무에 빠뜨렸고, 이 단어가 그리스어에 등장하기 훨씬 이전인 먼 시대로 거슬러 올라갑니다.

아이온(αἰών)의 기원은 어원학자들에게 절망으로 다가온다. 언어학자들이 서로 다른 특정 쟁점에 대해 자세히 논의할 시간도 공간도 없으며, 이 단어의 원초적 의미에 대한 어느 정도 정확한 개념을 얻기 위해 그러한 논의가 필요한 것도 아닙니다. 옛 문헌 학파의 터무니없는 견해와 논의는 제쳐두고, 역사적, 도덕적 관심으로 가득 찬 이 단어에 관해 오늘날 가장 저명한 비교 문헌학자들의 연구 결과를 가능

---

19) 이 점에 관해 귀중한 도움을 주신 롬바드 대학(3세주 게일스버그)의 N. 화이트 박사 총장께 감사드립니다. 이 책이 처음 출간되었을 당시, 총장께서는 이미 비슷한 작업을 위한 많은 양의 자료를 축적해 두셨습니다.

한 한 간략하게 제시해 보고자 합니다.

그러면 아이온(αἰών)이 유래한 고대 아리아어, 즉 모국어의 가정법적 형태부터 시작해 보겠습니다. 여기서 이 단어의 근형은 동사 어근 i(가다)로 나타납니다. 이 어근은 강화(산스크리트어 vriddhi 확대변화)라고 불리는 과정을 거쳐 ái가 됩니다. 이 강화된 형태는 접미사 -van-을 붙입니다. 만약 오페르트가 제시한 것처럼[20] 접미사 vat be가 van의 다른 형태라면, 접미사의 원래 의미는 he that(그, 저것)이 되고, 완성형 ai-van-will은 (이 단어가 남성형이므로) '움직이거나 가는 자'를 의미합니다. va는 원래 'is, ea, id'를 의미했고, -t(지시대명사 ta의 나머지)는 this 또는 that(이것 또는 저것)을 의미했기 때문입니다. 고트어의 ai-va(주격 남성형 aivs)는 가상적인 ai-van과 매우 유사하다는 점에 주목할 만합니다.

산스크리트어 éva-s에는 (연대기적으로) 이 단어가 문자 언어에서 실제로 나타나는 가장 오래된 형태가 있습니다. 여기서 부차 접미사 ta는 성별 기호로 대체된 것으로 보이는데, 이는 의심할 여지 없이 산스크리트 3인칭 대명사의 잔재입니다.

산스크리트어에서 '에바-스'의 의미는 (논리적으로) 고대 아리아어에서 이 단어의 원래 의미에서 한 단계만 제거되었습니다. 쿠르티우스는 단수형의 의미를 '과정', '행동', 그리고 복수형으로는 '관습', '매너'로 제시합니다. 체헤트마이어는 쿠르티우스의 의견에 동의합니다.[21] 또한 트렌치가 이 의미를 그리스어 아이온(αἰών)에 내재된 것으로 여긴다는 것도 분명합니다. 그가 이 의미를 그 단어에 대한 탁월한 논평의 근거로 삼았기 때문입니다.[22]

---

20) 산스크리트어 그램. p. 233.
21) 법. Etymol., p. 12.
22) Syn. N. T., 제2권, 35, 6쪽.

흥미로운 사실은, 언어학적으로 볼 때 라틴어에서 에붐(aevum 세월, 오랜시간)이라는 단어가 취하는 형태가 그리스어 아이온(αἰών)보다 오래되었다는 것입니다. Aevu-m(aevo-m의 후기 형태)은 분명히 산스크리트어 éva-s의 중성형을 나타내는 라틴어 표현이며, é는 (늘 그렇듯이) ae의 형태를 취합니다.

라틴어로 이 단어의 원래 의미는 "삶", "인생의 시간"인 듯하며, 때로는 "노년"[23]을 의미하기도 합니다. 루크레티우스[24]의 저서에서 "per aevom"은 종종 끝없는 지속을 의미하는 것으로 인용된다는 점을 언급하는 것도 나쁘지 않을 것입니다. 루크레티우스의 견해를 숙지하고 문맥을 주의 깊게 읽어 보면, 이 표현은 그렇게 해석될 수 없다는 것을 알 수 있을 것입니다. 게다가 루크레티우스는 비교적 후기 작가입니다.

이 단어가 그리스어에서 나타나는 형태는 지금 우리를 오래 붙잡을 필요가 없습니다. 그리스 문학의 고전 이전 시대에는 의심할 여지 없이 아이온(αἰδών)로 표기되었습니다. 인도유럽어, 즉 가정적인 ai-va-n을 다시 언급하자면, 그리스어 al-은 의심할 여지 없이 고대 ai-의 a-tive를 나타내고, digamma F는 고대 아리아어의 v를 나타내며, 'the'는 원시 언어에서 a (long)를 나타내는 적절한 표현이고, 그리스어는 고대 n이라고 말하는 것으로 충분합니다. 그러므로 αἰών(아이온)의 본래 의미, 적어도 어원과 가장 잘 부합하는 의미는 "생명의 원리" 또는 "생명의 힘"인 것으로 보입니다. 이러한 의미로 이 단어는 핀다르(Pindar)[25]의 작품에 나타나는데, 여기서 "αἰών δὲ δἰ ὀστέων"은 루흔켄(Ruhnken)에 의해 "medulla per ossa diffusa"(즉, 뼈를 통

---

23) Eun. in Gell. 12.. 2, 3; Phlin. Pan. 78.2. etc
24) I. 952, 베르나이시우스 편집.
25) Fragments, 77, Donaldson's ed.

해 퍼진 골수)로 번역된다. 에로티아누스(Erotianus)[26]는 αἰών을 'ὁ νωτιαῖος μυελός', 즉 '척수(脊髓, spinal marrow)'로 정의하고 있다.

독자들에게 우리가 시간순이 아닌 논리적으로 이야기한다는 점을 상기시켜 드리자면, 호메로스는 이 단어를 핀다로스나 히포크라테스보다 덜 원시적인 의미로 사용했습니다. 일리아드와 오디세이에서는 '인간의 삶', '인생의 시간' 등의 의미로 사용되었으며, 이는 수많은 구절에서 풍부하게 입증됩니다.

Pott, Benfey, 그리고 몇몇 다른 언어학자들이 아이온(αἰών)을 형용사로는 '살아있는', 남성 명사로는 (옥시톤으로 발음) '남자'를 뜻하는 산스크리트어 ay-us 또는 aj-us와 연관시킬 것이라는 점만 덧붙일 뿐입니다. 그리고 바리톤으로 발음하면 '인생의 시간'[27]을 뜻합니다. 그러나 대부분의 언어학자들이 é-va-s와 dy-us를 모두 원시 어근 i에 속하는 것으로 간주하기 때문에 후자의 어원에 대한 논의는 불필요하다고 할 수 있습니다.[28]

이미 살펴보았듯이, 이 단어의 어원은 그 의미를 결정하는 데 결정적인 요소는 아니지만, 화이트 총장의 이 박식한 설명은 학자에게 깊은 흥미를 불러일으킬 것입니다. 이는 지속적이지만 한정된, 혹은 불

---

26) 히포크라테스 용어집.
27) 어원학 Vol. II., p. 481.
28) αἰών의 어원과 원시적 의미에 관해 독립적인 결론을 내리고자 하는 독자는 다음 저작들을 참고할 수 있다. 즉, 페라르의 Comp. 그램. 산세리트어, 그리스어 및 라틴어, 179, 198쪽, et passim; Curtius의 그리스어 어원, passim; 슐라이허의 인도유럽어 비교 문법 요약, 398-9쪽 등. 포트의 어원 연구, 제1권 II., 2., p. 442; 벤페이의 그리스어 어근 사전, 제1권 I., p. 8; 슈미트의 그리스어 동의어. Spr., Vol. II., p. 54, 이하; Bopp의 Glossarium Comparativum Linguae Sanscritae, pp. 37, 41; Kuhn의 비교 철학언어학연구저널, 제1권 II., p. 232, 이하; 그리고 맥스 뮐러, 도넬슨, 필, 세이스 등 많은 작가들의 작품도 있습니다.

확정적인 지속 기간이 이 단어의 문법적, 어원적, 논리적 의미라는 우리의 이론을 뒷받침하고 확증해 줍니다.

그러나 아담 클라크 박사는, "영원의 위대한 특성을 더욱 강력하게 지적하는 단어는 없다. 끝없는(endless)이라는 단어의 문법적 의미는 그 자체로 의미가 있으며, 다른 모든 의미는 수용 가능하다"라고 말합니다. 한때 정확해 보였던 이 격언은 이제 단어의 어원, 끝없는(endless)을 여러 의미 중 하나로만 제시하는 사전, 그리고 우리가 나중에 보여줄 것처럼 일반적인 용법에 의해 모순되는 것으로 보입니다. 그것은 그것과 관련된 주어로부터 의미를 획득합니다. 클라크 박사는 이 단어의 일반적으로 받아들여지는 어원학을 따릅니다. 아리스토텔레스가 이 단어를 '항상 존재하는'[29]이라는 뜻의 'ai on'과 '항상 존재하는'이라는 뜻의 'ai on'의 합성어에서 유래했다고 여겨져 왔기 때문입니다. 이 유명한 구절에 대한 논란이 적지 않았으므로, 원문과 세 가지 번역을 제시하겠습니다. 아리스토텔레스는 이렇게 말합니다.[30]

"그러므로 밖에는 장소도 없고 공허도 없고 시간도 없는 것이 분명하니 이는 장소가 없어지지도 않고 시간이 늙지도 않고 영원히 정돈된 시대의 변화도 없고 변함이 없고 열정이 있으며 탁월한 생명과 자급자족이 모든 시대에 그러하기 때문이라. 그리고 이 이름은 고대인 이전에 신적으로 획득할 수 있는 이름이기 때문에 자연에 따르면 외부의 영이 아닌 각 생명의 시간을 포함하는 끝 때문에 모든 시대라고 불리며, 이러한 이유에 따라 또한 모든 천국의 끝과 모든 것의 무한

---

29) 베이스, 그리스어와 영어 사전, 런던, 1820년; 그로브, 그리스어와 영어 사전, 보스턴, 1833년; 파크허스트, 그리스어와 영어 사전, 런던, 1822년, 그리고 A. 클라크 박사는 아리스토텔레스를 따릅니다.

30) DeCœlo lib. I. c. 9.

한 시간, 끝을 포함하는 무한은 영원한 것이고 영원으로부터 그는 영원하고 불멸이며 영원합니다."

Morgan Park 신학대학원의 그리스어 교수인 J. R. Boise, D.D., LL.D. 교수는 이 구절을 다음과 같이 번역했습니다:[31]

"따라서 공간도, 공허도, 그 너머에 시간도 없다는 것이 분명합니다. 그러므로 그곳에 있는 것들은 본성상 공간 속에 존재하지 않으며, 시간이 그것들을 늙게 하지도 않고, 가장 바깥쪽(또는 흐름) 너머에 있는 것들 중 어느 하나에도 변화가 없습니다. 오히려 불변하고 열정도 없으며, 가장 좋고 충분한 생명을 가지고 영원(아이온)을 통해 지속됩니다. 이 이름(즉, 아이온)은 고대인들이 신성하게 선포했기 때문입니다. 본성에 따라 그 너머에 아무것도 있을 수 없는 각 개인의 삶의 시간을 포괄하는 명확한 기간(텔로스에게)은 각 개인의 영원(아이온)이라고 불렸습니다. 그리고 추론의 동등성에 의해, 전체 하늘의 명확한 기간, 즉 무한을 포괄하는 명확한 기간도 만물의 시간과 무한함은 영원(아이온), 즉 불멸하고 신성한 것으로, 그것이 항상 존재한다는 사실(apo tou aei einai)에서 영원(아이온)이라는 명칭을 얻었습니다."

이 번역을 읽는 독자는 학자가 신학자에게 얼마나 쉽게 빠져드는지 알 수 있습니다. 보이즈 교수는 '아이온'이 영원을 의미한다고 주장하지만, 아리스토텔레스가 명시적으로 자신의 '아이온'이라고 말한 인간의 삶에 적용해야 합니다!

사실, 우리는 이 번역을 읽으면서 선입견이 저자의 언어학적 판단에 너무나 큰 영향을 미쳐, 그의 진술을 오직 진리만을 갈망하는 그리스 학자의 판단적인 발언이라기보다는 체계에 집착하는 신학자의 사색으로 보이게 한다는 점을 인지하지 않을 수 없습니다. 이 구절에

---

31)   Chicago Tribune, 1874, C. H. Reed가 인용함.

서 아이온을 영원으로 번역해야 한다고 말하는 것은, 이 책이 학식이 부족한 독자에게도 보여주겠지만, 사실과 완전히 어긋납니다.

에드워드 비처 박사는 논란이 되는 문장을 다음과 같이 번역했습니다.[32] "같은 원리로, 모든 하늘의 경계, 그리고 모든 시간과 공간을 포괄하고 포괄하는 경계는 아이온, 즉 지속적인 존재, 불멸하고 신성한 것이며, 그 이름은 '아에이 에이나이'(ἀεὶ εἶναι), 즉 지속적으로 존재한다는 것에서 유래했습니다." 그는 이렇게 덧붙입니다. "호메로스 시대부터 플라톤과 아리스토텔레스 시대까지, 약 5세기 동안 시인과 역사가들은 아이온이라는 단어를 다양한 aei의 합성어와 함께 사용했습니다. 하지만 aei 합성어처럼 철자하는 경우는 없습니다. aei 합성어는 이중모음 ei를 유지하지만, aiōn은 e를 삭제하기 때문입니다. aiō는 숨쉬다, 살다라는 동사입니다. 아리스토텔레스의 어원이 나오는 부분은 잘못 번역되었는데, 추상적 개념인 영원의 어원이 아니라, 모든 다른 인격적 존재가 존재와 생명을 얻은 항상 존재하는 인격체로서의 구체적 개념인 신의 어원을 제시하기 때문입니다. 아리스토텔레스가 영원의 의미에서 aion에 대해 주장했던 바를, 그는 살아 있고 신성한 인격체인 신의 의미로 aion에 대해 주장합니다. 고전 그리스어에서 aion이라는 단어가 때때로 신을 지칭한다는 것은 헨리 스티븐스의 위대한 사전(파리판)에 명확하게 언급되어 있으며, 소포클레스[33]에 언급된 구절은 그의 진술을 완전히 뒷받침합니다. 그 구절에서 주피터는 '아이온(살아있는 신), 크로노스의 아들'로 불립니다. 더욱이, 아리스토텔레스의 전체 문맥은 그가 우주의 위대하고 움직이지 않는 최초의 원동력, 즉 불멸하고 신성한 아이온에 대해 말하고

---

32) History Fut. Ret., p.130 ==> 생략된 각주 18 <1878년 1월 18일 시카고 인터오션.>
33) Herac. 900.

있음을 증명합니다."

언어에 대한 이런 관점은 타당하며, 아리스토텔레스의 언어를 정확하게 번역하더라도 아리스토텔레스의 의미에 대한 일반적인 관점에 아무런 색채도 주지 않습니다. 이것이 사실임을 보여주기 위해 다음 구절을 문자 그대로 번역해 보겠습니다. "그러므로 [하늘] 너머에는 공간, 진공, 시간이 없다는 것이 분명합니다. 그러므로 그곳의 만물은 공간에 적응하지 못하고, 시간도 그것들을 늙게 하지 않습니다. 그들은 변화의 극한 범위를 넘어 위치하며, 불변하고 열정이 없으며, 최상의 충분한 생명을 가지고 모든 지속(aion)을 통해 존재합니다. 왜냐하면 이 단어는 고대인들에 따르면 참으로 신성했기 때문입니다. 자연에 따르면 그 너머에는 아무것도 없는 각 사람의 삶의 시간을 포괄하는 완전성을 그의 존재(aion)라고 불렀습니다. 같은 이유로 온 하늘의 완전성, 심지어 만물의 무한한 완전성, 그리고 그 무한성을 포함한 기간 또한 aiōn이며, 그 이름은 aei einai, 즉 지속적인 존재, 불멸, 신성함에서 유래했습니다."

아리스토텔레스의 이 구절은 모호하며, 만약 그가 이 구절의 권위자였다면 이 구절은 그 단어의 의미에 대한 의문을 해결하지 못했을 것입니다. 만약 우리가 aion이 aei와 '에이미'의 분사형 '온(ὤν)'의 의미처럼 지속적인 존재라는 주된 의미를 가졌다는 이론을 받아들인다면, 그러한 기원에서조차 그것에 '끝없는 지속'의 의미를 부여할 근거가 없습니다. 그러나 아리스토텔레스는 그 단어가 당시 영원이라는 의미를 가졌다고 말하거나 암시하지 않았으며, 그 단어의 어원에 대한 그의 진술이 그 당시 그 의미를 가졌다는 것을 증명하지도 않았습니다. 오히려 아리스토텔레스가 이 단어를 사용한 방식은, 우리가 분명히 보여주듯이,[34] '아이온'이 aei와 분사형 '온'(ὤν)이 결합된 형태라 하더라도, 그의 마음속에는 그런 의미가 없었음을 증명합니다. 따라서 '있다' 또는 '이다'를 의미하는 '에이미(εἰμί)'의 파생어 '온(ὤν)'과 '끊임없이'를 의미하는 aei에서 유래한 '온(ὤν)'은 '증가하다'란 의미와 '매우'(very)라는 의미를 지닙니다. '긴 기간'을 의미하는 aei와 '존재하다'를 의미하는 '온(ὤν)'은 존재를 더할 뿐입니다. 어원적으로 '긴 시간'은 aei의 가장 강력한 의미입니다. 파크허스트는 "aei는 (1) 사도행전 7장 51절; 고린도후서 6장 10절에서처럼 '항상'을 의미합니다. (2) 마가복음 15장 8절에서처럼 '대로'라는 제한된 의미로 사용됩니다. (3) 베드로전서 3장 15절; 베드로후서 1장 12절에서처럼 '계속'의 의미로 사용되는 경우가 매우 흔합니다. '온(ὤν)'의 의미는 쉽게 확인할 수 있습니다. 요한복음 9장 25절에서는 눈이 멀어 '있다'를 온(ὤν)으로 표현하고, 요한복음 8장 47절에서는 하나님께 '속하다'를 '온 ὤν'으로 표현합니다. 요한복음 18장 37절에서 '진리'에 속한 자다 (ὤν). 'ὤν'은 단순한 존재 또는 상태를 나타냅니다. 헬라어 '에이미'의 의미도 마찬가지로 배우기 쉽습니다. 요한복음 7장 33절에서는 '있다'로, 마태복음 18장 20절과 고린도전서 9장 1절에서도 '있다'로 번역됩니다. 고린도후서 6장 10절과 사도행전 6장 10절의 'Aei'는 단순한 연속성을 나타냅니다. 이 단어에서 끝없는 지속을 이끌어내는 것은 불가능합니다. 어원적으로는 연결에 의해 결정되는 불확정적인 지속이 가장 중요한 의미입니다."

'아이온'이 유래되었다고 주장되는 단어 aei는 신약성경에 여덟 번 등장하는데, 어떤 경우에도 무한함을 의미하지 않습니다.[35] 두 구절을

---

34) 고전적 사용법 참조.
35) 막 15:8; 행 7:51; 고후 4:11; 6:10; 딛 1:12; 히 3:10; 벧전 3:15; 벧후 1:12

제시해 보겠습니다. 무리는 빌라도에게 죄수 한 명을 놓아주기를 원했습니다(마가복음 15:8, '그들이 행한 대로 하여라.' 히브리서 3:10, '그들은 항상 마음이 미혹되어 있다.'). 이렇게 사용된 단어에서 무한한 지속이 생겨난다면 이는 흥미로운 일일 것입니다. 각 구절에서 이 단어는 항상(always) 또는 언제나(ever)로 나타납니다. 리델과 스콧은 aei의 50개 이상의 복합어를 제시합니다. 만약 아이온이 aei의 첫 번째 요소로 의존한다면, 그 의미는 필연적으로 제한된 지속이어야 합니다. 신약성경에서 이 단어가 여덟 번 등장하는데, 어느 경우도 무한한 지속과 전혀 관련이 없습니다.

시인 클레안테스는 유피테르에게 바치는 찬가에서 이렇게 노래합니다. "당신은 선과 악을 하나의 계획으로 결합하셨으니, 이는 모든 것에 하나의 변함없는 이성의 원칙이 있게 하려 하심이니이다. 사악하고 불운한 필멸자들 가운데는 탈출을 시도하는 자들이 있습니다. 사실, 그들은 끊임없이 선한 자의 소유를 탐하며 하나님의 일반법에 순종하지도 않고 그 말씀에 귀 기울이지도 않습니다. 그들은 그 법을 순종함으로써 여러분과 함께 행복한 삶을 누릴 수 있을 것입니다."[36] 유세비우스[37]는 창조 이전의 어둠이 무한했으며 오랫동안 (아이데나 αἴδηα) 한계가 없었다고 선언합니다.

유리피데스의 『알케스티스』에서 세 번, 루키아노스의 『대화』에서 열네 번 사용되었는데, 단 한 번도 무한함을 의미하지는 않았습니다.

---

36) 모든 것에는 악과 악이 혼합되어 있으며 존재하는 모든 것이 다 화합되어 있습니다. 만일 그들이 멸망하면 죽을 너희도 악하니라. 관습법도 아니고 닫지도 않습니다. O ken 설득력이 있는 ὦ νῷ βίον ἐσθλῆν ἔχιεν,

37) Praep.Evang. lib. I. cap. 10. See Grotius. De. Verlt. lib. I.

아리스토텔레스에서『아이』는 다음과 같이 나타납니다:[38]

에테르(Aether)는 신성한 시간에서 가장 높은 장소에 이름을 붙였습니다. 따라서 '계속해서'(aei) 흐르는 '최고의 에테르'는 '영원한(아이디오스 ἀΐδιος) 시간(χρόνος)'을 붙여야만 영원하다는 의미를 전달할 수 있습니다. 아리스토텔레스가 이해한 단어인 aei만으로는 그 의미를 전달하기에 부족합니다.

아리스토텔레스의 유명한 명제 "삶은 지속적이고 영원한 아이온(aion)"에 대해, 만약 아이온이 본질적으로 무한함을 의미한다면, 아리스토텔레스는 '지속적인'과 '영원한'을 덧붙여 그 의미를 강화하려 하지 않았을 것이라고 말하는 것으로 충분합니다. 마치 누군가가 신에게 지속적이고 끝없는 영원성이 있다고 말하는 것과 마찬가지입니다. 신에게는 삶, 존재, 즉 끝없는 '아이데'가 있습니다. 마치 인간의 지상에서의 아이온이 유한한 것처럼, 구약성서에서 이두메아의 연기가 아이오니오스(aiōnios)인 것처럼 말입니다. 만약 아리스토텔레스가 아이온이 영원을 의미한다고 생각했다면, 바로 이 구절에서 "각 개인의 삶의 시간은 그의 아이온이라고 불렀다"라고 말하지 않았을 것입니다. 크레머, 리델 앤 스콧, 도네건, 그리고 헨리 스티븐스는 이 단어의 아리스토텔레스적 기원을 받아들였습니다. 그림은 이를 거부했고, 로빈슨은 그의 최근 판에서 두 어원을 모두 제시하지만, 둘 중 하나를 선택하지 않습니다. 스티븐스는 이렇게 말합니다. "아리스토텔레스와 그 이후 플로티노스와 프로클로스 같은 많은 철학자들은 aei에서 aion의 어원을 도입하여 이 단어에 영원이라는 개념을 더했습니다." 댐은 그의 저서『호메로스 사전과 가상 콘코던스』에서 aei의 의

---

38)   De Cœlo. lib. I. c. 3.

미를 다음과 같이 설명합니다. "항상, 항상, 영구히, 끊임없이. 항상 무한대로 지속되는 것을 의미하는 것은 아니지만, 짧은 시간 동안의 행동의 연속성, 제한된 시간 동안의 부지런하고 진지한 행동, 또는 빈번하거나 자주 반복되거나 습관적인 행동을 나타내는 경우가 많습니다. aei는 종종 같은 날에 완료됩니다." Aion은 "인간의 삶의 전체 기간, 필멸의 삶의 기간을 의미합니다. 따라서 aion을 마치는 것은 죽는 것입니다. aei on이라는 단어는 끝이 올 때까지 끊임없이 존재함을 의미합니다."

비처는 이렇게 지적합니다.[39] "아리스토텔레스의 어원을 받아들인다면, 그것은 이 질문에 대한 결정적인 단서는 전혀 아닙니다. 왜냐하면 aei라는 단어가 항상, 심지어 흔히 영원을 나타내거나 함축하는 것은 아니기 때문입니다. aei라는 단어를 주의 깊게 연구해 보면, 단독으로든, 합성어로든 항상 영원을 나타내거나 함축하는 것은 아니며, 더 자주 존재의 연속성을 나타낸다는 것을 알 수 있습니다. 빌라도는 유대인들에게 매년 죄수 한 명을 석방하는 관례를 가지고 있었습니다. 그러므로 군중은 빌라도에게 영원으로부터가 아니라, 그가 항상 (aei) 그들에게 행해 온 대로, 해마다 관례대로 행해 달라고 요구했습니다."

하지만 비처 박사의 견해를 따르자면, 아리스토텔레스의 유명한 구절은 신(apo tou aei einai)을 지칭하는 것이지 추상적인 지속을 지칭하는 것이 아니라는 것입니다. 우리는 aei가 결코 무한하다는 의미로 사용되지 않음을 보였습니다. 아리스토텔레스 자신도 이 단어를 제한된 지속이라는 의미로 일관되게 사용했음을 증명할 것이며, 이후

---

39) Hust. Fut. Ret., pp. 127-8.

고전적 용법 항목에서 구약성경이 그리스어로 번역될 당시 모든 그리스 작가에게 이 단어가 유일한 의미였음을 증명할 것입니다. 만약 aei가 그 어원이라면, 이는 매우 의심스럽지만, 그 단어는 연속적인 존재 그 이상을 의미할 수 없으며, 정확한 길이는 동반되는 단어에 따라 결정됩니다. 두 파생어 중 하나를 택해도, 불확정적인 지속은 쉽고 자연스러운 어원적 의미입니다. 영원은 신의 이름처럼 끝없는 지속의 의미를 지닌 다른 단어와 함께 사용될 때만 표현될 수 있습니다.

단어의 의미가 바뀔 수 있다는 점, 따라서 어원은 기껏해야 불확실한 지침일 뿐이라는 점에는 누구나 동의할 것입니다. 어원이 한 방향을 가리키고 용법이 다른 방향을 가리킨다면, 전자는 양보할 수밖에 없습니다. 하지만 둘 다 같은 사실을 말한다면, 각자는 서로를 강화하고 강화합니다. 우리는 이를 prevent의 어원학에서 보여주었습니다. 수백 개의 단어가 같은 진리를 가르칩니다. 단어는 특정한 의미로 시작하지만 시간이 지남에 따라 변화합니다. aiōn이 처음 발음되었을 때 실제로 영원을 의미했다면, 나중에도 같은 의미를 가졌다는 결론이 나오지 않을 것입니다. 처음에 그 의미가 없었다는 사실이 이후에 그렇게 사용되는 것을 막지는 못할 것입니다. 어원은 어떤 식으로든 아무것도 증명하지 못합니다. 그 증거는 단지 일견일 뿐입니다. 그러나 어원은 그 단어에 영원이라는 개념을 적용할 근거를 제공하지 않습니다.

많은 비평가들이 아리스토텔레스의 어원이 권위 있다는 근거로 주장해 왔습니다. 하지만 이는 전혀 사실이 아닙니다. 오늘날의 학문적 연구, 즉 일반적인 문헌학자가 보유한 연구만으로도 이 단어나 다른 그리스어 단어의 진정한 어원을 추적하는 데 플라톤이나 아리스토텔레스보다 훨씬 더 유능합니다. 플라톤의 『크라틸루스』를 분석하며 그로테[40]는 플라톤의 어원에 대해 다음과 같이 지적합니다. "때로는 충분히 타당하지만, 훨씬 더 많은 경우에서 강요되고, 자의적이며, 공상적입니다. 상상된 의미의 전환과 단어의 구조적 변형은 모두 기이하고 폭력적입니다. 이러한 플라톤의 어원은 현대 비평가에게 바로 그러한 시각으로 비춰집니다. 그러나 고대 플라톤주의자들이나 지난 세기 이전의 비평가들에게는 그러한 시각이 아니었습니다. 플라톤주의자들은 심지어 플라톤의 어원이 신비롭고 심오한 지혜로 가득 차 있다고 생각했습니다. 견해의 혁명이 너무나 완벽해서 이제 대부분의 비평가들은 플라톤의 어원을 플라톤이 이러한 것들을 추측으로라도 진지하게 의도했다고 여기는 것은 너무 터무니없다고 생각합니다. 플라톤이 이러한 것들 대부분을 단순한 패러디와 풍자화로 의도했다는 것은 '근대의 귀중한 발견'이라고 불립니다.[41] 어원학자로서의 아리스토텔레스의 성격도 그로테가 말했듯이 나을 것이 없습니다. "그것들은 아리스토텔레스가 제안한 많은 어원들보다 더 불합리하지도 않습니다. 이 가느다란 갈고리에, 수많은 영혼의 불멸의 존재라는 교리를 걸어 놓을 수 있겠습니까!"

모든 사법적 사고가 앞서 언급한 고려 사항에서 도달해야 할 결론은 다음과 같습니다. 1. '아이온(aion)'이라는 단어가 어떤 기원에서 유래했는지는 확실하지 않다. 2. 그 단어가 어떻게 유래했는지는 중요한 문제가 아니다. 3. 아리스토텔레스의 의견은 권위가 없다. 4. 그는 아마도 그 단어를 정의한 것이 아니라, '아이온(aiōn)' 또는 존재가 지속적이고 영원한 존재를 암시했을 것이다. 그가 '아이온'이 영원을 의

---

40) Vol. II. pp. 500-550.
41) 슐라이어마허.

미한다는 것을 이해하지 못했다는 것은 그가 제한된 지속이라는 의미로 그 단어를 일관되게 사용한 것에서 분명해진다. 그리고 우리는 그 단어의 어원에서 끝없는 지속이라는 의미를 부여할 근거를 찾을 수 없다. 만약 그렇게 유래되었다 하더라도, 그 단어가 이후 그러한 의미로 사용되었다는 증거는 전혀 제공하지 않는다. 단어의 어원을 확인하는 것은 단지 흥미로운 일일 뿐, 그 단어의 의미에 대한 권위 있는 근거는 아니다. 용례는 항소할 수 없는 유일한 판단 기준이다.[42)]

---

42) 앞서 언급한 유형의 장을 읽은 후, 화이트 박사는 이렇게 덧붙입니다. "저는 αἰών의 어원에서 원시적 의미가 '가거나 움직이는 것'임을 보였습니다. 제가 그리스어에서 이 단어의 가장 원초적인 의미(즉, '생명의 원리')로 간주하는 바에 따르면, 그리스어에서 가장 초기의 의미는 실제로 옛 의미(가는 것)의 원인임을 알 수 있습니다. 이것이 두 의미 사이의 연결 원리입니다. 다시 말해, (3단계) '생명'의 의미는 '생명의 원리'를 소유하는 데서 필연적으로 나타나는 결과입니다. 그 다음 의미('인간 삶의 시간')는 앞선 의미의 자연스러운 연장일 뿐이며, 따라서 '나이', '세 대세' 등이 자연스러운 순서대로 이어집니다. 마지막으로, αἰών의 정확한 의미가 그것이 적용되는 대상에 의해 결정되어야 하는 이유를 알 수 있습니다. 어떤 물체나 사물의 운동 시간이나 지속 시간은 대개 그 사물 자체에 의해 결정되기 때문입니다. 예를 들어, 천체의 운동 시간은 날아다니는 새의 운동 시간과는 상당히 달라야 합니다. 만약 형용사가 명사에서 아무런 의미도 파생하지 않는다면, 어떤 형용사에 대해서는 어떻게 말해야 할까요? '부드러운 식물'과 '부드러운 마음'?

이제 사전과 비평가들에게 호소합니다. 하지만 cum grano salis (소금 한 알과 함께)와 같은 논쟁의 여지가 있는 단어들에 대해서는 사전을 참고해야 합니다. 신학자는 전문 용어에 대한 정의를 자신의 신념에 따라 어둡게 하거나, 자신의 선호도에 따라 한쪽으로 기울거나, 자신의 정의를 자신의 특질에 따라 채색할 가능성이 매우 높습니다. 이러한 점을 염두에 두고, 이 단어를 탐구해 온 주요 사전 편찬자, 신학자, 학자, 그리고 성경 비평가들에게 조언을 구해 보겠습니다. 우리가 인용할 사람들은 이 주제에 대해 증언한 모든 사람들 중 가장 저명한 사람들이며, 이 단어가 전달하고자 했던 의미를 제시합니다.

테오도레트,[43] (서기 300-400년)는 aiōn을 "존재하는 어떤 것이 아니라 시간을 나타내는 간격이며, 때로는 무한한 시간을 의미하기도 하고, 때로는 창조의 지속 기간에 비례하기도 하며, 때로는 인간의 수명에 비례하기도 한다"라고 정의했습니다. 이 초기 시대에는 이 단어가 확실히 제한된 지속 기간을 의미했습니다.

헤시키우스,[44] (서기 400-600년)는 aiōn을 다음과 같이 정의합니다.

---

43) In Migne, Vol. 1 IV., p. 40

44) Aaiōn, 사람들의 삶, 생명의 기간 … 그러나 Euripides Philoctetes는 Aeons의 영혼을 말합니다. 여기에는 다른 그리스어의 인용문이 있는데, 이는 가능한 가장 귀중

"인간의 삶, 삶의 시간. 에우리피데스는 삶이 aiōn이라고 말합니다." 당시 어떤 신학자도 이 단어에 끝없는 지속이라는 의미를 도입하지 않았습니다. 이 단어는 고전과 성서에서 사용되었던 의미만을 유지했습니다.

다마스쿠스의 요한. 이 작가(서기 750년)는 가장 저명한 작가 중 한 명입니다. 네안더는 그의 저서를 "정통신앙에 대한 정확한 해설", "그리스 교회의 가장 중요한 삼위일체 교과서"라고 합니다. "우리는 아이온이라는 단어가 많은 의미를 가지고 있다는 것을 알아야 합니다. 1. 모든 사람의 생명은 아이온(aiōn)이라고 불립니다. 2. 또 1000년이라는 기간을 아이온이라고 합니다. 3. 다시, 이 세상의 전체 지속 기간 또는 생명을 아이온이라고 하며, 4. 부활 후의 끝없는 삶을 다가올 아이온이라고 합니다." 다시:-"아이온의 아이온이 있습니다. 이 현 세상의 일곱 아이온은 많은 아이온, 즉 인간의 생명을 포함하고 있고, 세상의 그 큰 아이온은 그들 모두를 포함하며, 현재 아이온과 다가올 아이온을 아이온의 아이온이라 부릅니다. 아이오니안 생명(즉, 다가올 세상의 생명)과 아이오니안 형벌(즉, 다가올 세상의 형벌)이라는 표현은 다가오는 아이온의 끝이 없음을 드러낸다." 비처의 말을 인용하면,[45] "그러므로, 영원이라는 개념은 아이오니오스라는 단어에 있는 것이 아니라, 그것이 가리키는 아이온의 끝 없음에서 파생된다... 끝이 없다는 것을 나타내기 위해 그는 여기서 아이오니오스를 사용하지 않고 아페란토스를 사용합니다."

11세기의 사전편찬가인 조나르(Zonar)는 아이온을 "신에 대한 지식을 위해 논리적 구별을 수용하는 다양한 물체의 자연 체계"로 정의합

한 증언입니다.

45) Hist. Fut. Ret.,p. 292.

니다.

16세기에 파보리누스(Phavorinus)는 추가된 내용을 주목하지 않을 수 없었는데, 그 내용은 이후 544년 유명한 공의회 때부터 이 단어에 접목되었습니다. 그는 이렇게 말합니다.[46] "아이온은 시간, 삶, 삶의 방식...아이온은 또한 신학자에게 보이는 것처럼 영원하고 끝이 없는 것이기도 하다." 신학자들은 이 단어를 끝이 없다는 의미로 사용하는 것을 계승했고, 파보리누스는 그 단어의 용법을 인식할 수밖에 없었고, 그의 표현 방식은 신학자들이 그 단어의 새로운 용법을 창안했다는 것을 확실하게 보여준다. 이 정의를 언급하며, 가장 노련한 학자이자 가장 심오한 비평가 중 한 명인 에즈라 S. 굿윈 목사는 이렇게 말합니다.[47] "여기에 아이온(aion)에서 영원성이라는 의미의 기원에 대한 진정한 비밀이 드러났다고 나는 강력히 추측합니다. 신학자는 처음에 그것을 인지했다고 생각했거나, 아니면 그것을 그 자리에 두었다고 생각했습니다. 신학자는 지금도 그것을 그 자리에 두고 있습니다. 그리고 신학자는 아마도 다른 누구보다 오랫동안 그것을 그 자리에 두고 있을 것입니다. 따라서 영원성을 아이온의 의미 중 하나로 지정하는 사전 편찬자들은 한결같이 신학적, 히브리적, 또는 랍비적 그리스어, 또는 제가 확인한 바에 따르면 사도 시대는 아니더라도 70인역 시대 이후의 몇몇 그리스어에서 증거를 찾습니다." 파보리누스(Phavorinus)가 제시한 두 번째 정의는 9세기 또는 10세기의 『대어원(Etymologicon Magnum)』에서 문자 그대로 발췌한 것입니다. 이를

---

46) Aἰών... 그 기간과 생명과 삶...생명 대신이라고도 불립니다. 호머, 나이가 없어도 나는 생명이었습니다. ...그렇지 않으면:
     Aἰών, 여성스러운 삶. 호머, 하지만 이 친구는 영원히 흠이 없는 친구입니다. 그러나 호흡, 호흡; 그리고 호흡, 호흡: 살아있는 호흡. 신학자가 시도하는 것처럼. 그리고 시대가 다가오고, 완전하고 무한하다.

47) Chris. Exam., Vol. 10.

통해 4세기부터 16세기까지의 용례를 알 수 있으며, 만약 이 단어가 그리스도 당시에 '끝없는'을 의미했다면, 고전 시대에는 제한된 기간에서 무한한 기간으로, 그리고 위에 명시된 시기에는 다시 원래대로 바뀌었을 것임을 알 수 있습니다! 16세기 이후로 이 단어는 짧은 기간부터 끝없는 기간까지 모든 기간을 나타내는 것으로 정의되어 왔습니다. 여기에 우리가 발견한 몇 가지 정의를 기록합니다.

로스트(독일어 정의): - "아이온, 지속, 시대, 오랜 시간, 영원, 인간의 기억, 생애, 생명, 인간의 나이. 아이오니오스, 계속되는, 항상 지속되는, 오랫동안 지속되는, 영원한."

헤데리쿠스:[48] "한 시대, 영원, 마치 항상 존재하는 것 같은 시대. 삶, 인간의 삶의 시간, 사람들의 기억 속(악한 자들 - 신약성서), 척추뼈 속. 아이오니오스, 영원한, 영원히 지속되는, 계속되는."[49]

슐로이스너: "과거, 현재, 미래 등 언급된 사람이나 사물, 그리고 그 대상의 범위에 따라 결정되는, 더 길거나 더 짧거나, 더 길거나 더 짧은 시간의 공간. 인간의 삶이나 나이. 아이오니오스, 확실하고 긴 기간. 즉, 오랫동안 지속되지만 여전히 확실한 기간."

파소우: "아이오니오스는 고전에서 오랫동안 계속되고, 영원하고, 영원불멸합니다."

그로브:[50] "영원; 시대, 삶, 지속, 시간의 연속: 시대의 변혁, 섭리의 분배; 이 세상 또는 삶; 다가올 세상 또는 삶. 아이오니오스, 영원한, 불멸의, 영속적인, 이전의, 과거, 고대의."

---

48) 보스턴, 1833년.
49) 나이, 영원; 세기, 마치 αεἰών, 인생, 사람의 삶의 시간, 사람의 기억, (사악한 사람, 신약), 척추의 골수. 아이오니오스, 아투르누스, 영원한, 다년생의.
50) 보스턴, 1833년.

도네건:[51] "시간; 시간의 공간; 인생과 인생; 인간의 삶의 일반적인 기간; 인간의 나이; 인간의 상태; 오랜 기간; 영원; 척수. Eis ton aiona 는 매우 오랜 기간, 영원을 의미합니다. Ap aionios(아프 아이오니오스)는 '인간의 기억으로부터, 또는 인간의 기억 속에서'라는 뜻이다. 아이오니오스(Aionios)는 오랜 기간의, 지속되는, 영원한, 영구적인 것을 의미합니다."

유윙(Ewing): "유한 또는 무한한 지속 기간; 지속 기간, 과거 또는 미래; 시대; 세상의 지속 기간; 세상의 시대들; 이 세상에서의 인간 삶 또는 다음 세상에서의 인간 삶; 세상에서의 우리의 삶의 방식; 신성한 경륜의 시대; 일반적으로 세 시대로 여겨지는 시대들. 율법 이전, 율법 아래, 그리고 메시아 아래. 아이오니오스(앞에서 유래), 세상의 시대들, 세상이 시작된 이래 경륜의 시대들."

슈레벨리우스(Schrevelius):[52] 10 "시대, 긴 기간; 불확실한 지속 기간, 더 길거나 짧거나. 과거, 현재 또는 미래인 시간; 또한 신약성서에서는 그 시대의 악한 자들을, 그리고 여성형에서는 삶, 인간의 삶을 의미한다. 아이오니오스(Aionios)는 오랜 기간, 지속되는, 때로는 영원하고, 때로는 평생 지속되는, 라틴어로 아에투르누스(aeturnus)와 같다."

자신의 손으로 히브리어 성경을 세 번이나 쓴 테일러 박사는 "올람"(그리스어 aiōn)이 다음과 같은 의미를 지닌다고 말합니다. 알려지지 않았거나 매우 긴 기간으로서, 숨겨진 지속. "이것은 단어의 고유한 의미에서가 아니라, 장소의 의미나 주어의 본질이 영원을 요구할 때, 즉 하나님과 그의 속성처럼 영원을 의미합니다."

---

51) 필라델피아, 1820년.
52) 뉴욕, 1832년.

아우텐리에트(Autenrieth)는 그의 『Homeric Dictionary』에서 이 단어를 Homer가 사용하는 대로 정의합니다. "αίόν, ῶνος, ό. (또는 Χ 58), (άικόν, aevum), 평생, A 478, I 415; life, anima, T 27, X 58; with soul, P 458, 1523.

피커링: "시대, 오랜 기간, 불확실한 기간, 인간의 일생, (에우리피 데스), 삶, (에스킬로스), 시간. Ap aiōnos는 인간의 기억으로부터 또 는 인간의 기억 속에 있는 것을 의미합니다. Eis ton aiōna는 오랜 시 간 동안, 영원히, 영원한 것을 의미합니다. 더 길거나 짧거나, 과거, 현 재 또는 미래의 시간을 의미합니다. 또한 신약성서에서는 현 시대, 또 는 시대의 사람들을 의미하며, 그들의 타락이나 타락이라는 개념을 포함합니다. 다가올 시대, 메시아의 통치, 인간의 삶, 척추뼈를 의미합 니다. Aiōnios는 오랜 기간, 지속되는, 때로는 영원한, 영속적인, 영원 한, 때로는 평생 지속되는 것을 의미합니다. 라틴어로 아에투르누스 (aeturnus)와 같습니다."

리델과 스콧: "한 시간, 한 생애, 한 인생, 또한 자신의 삶의 시간, 나 이, 인간의 나이, 젊은 나이, 평생, 한 시대, 세대, 인생에서의 운명, 긴 시간, 영원, 영원히; 그리고 복수형으로는 eis tous aiōnas ton aíōnōn, 여러 세대에 걸쳐, 영원히, 영원히, 명확하게 정의되고 표시된 시간, 시대, 시대, 경륜의 기간, 이 현재의 삶, 이 세상, 세상, 척추뼈."

힝크스: "어떤 기간, 시대, 시간 이후, 영원. 아이오니오스, 지속되는, 영원한, 태초부터의." 루츠: "시대, 시간, 영원. 아이오니오스, 지속되는, 영원한."

맥나이트(스코틀랜드 장로교):[53] "이 단어들은 모호하기 때문에 항 상 적용되는 성격과 상황에 따라 이해해야 합니다." 그는 이 단어들

---

53) Truth of Gospel Hist., p. 28.

이 끝없는 처벌을 지지할 수 있다고 생각하지만 다음과 같이 덧붙입니다. "동시에 나는 솔직하게 인정해야 합니다. 영원히, 영원한, 영속적인 과 같은 용어가 성경의 다른 구절에서 사용될 때, 이 단어들을 제한된 의미로 이해하는 사람들이 처벌에 적용될 때, 강요된 해석을 가하지 않는다는 것을 보여줍니다."

라이트: "시간, 시대, 수명, 기간, 시대의 변혁, 섭리의 경륜, 현세 또는 삶, 내세, 영원. 아이오니오스, 영원한, 고대."

로빈슨:-"인생은 또한 시대, 즉 무한한 긴 시간, 영속성, 영원, 영원, eis ton aiõna, 영원, 영원, 끝이 없는, 가장 먼 시간까지, 영원하고 영원, 옛날부터, 영원부터, 현재 또는 미래 세계, 이 세상과 다음 세상, 현재 세상, 이 세상의 사람들, 세상 자체, 메시아의 출현. Aiõnios, 영원한, 영원한, 주로 미래의 시간에 대해 말함, 고대."

존스:[54] "영원한 시대, 영원, 영원한, 영원히, 어떤 기간, 시대, 삶, 현세, 또는 삶; 유대교의 분배; 영원히 존재한다고 여겨지는 선한 악마, 천사. 아이오니오스, 영원한, 고대." 슈바이히개이저와 발플리[55]는 실질적으로 동의한다.

크루든:[56] "영원한, 영속적인, 영원히라는 단어는 때때로 오랫동안 사용되며, 항상 엄격하게 이해되어야 하는 것은 아닙니다. 예를 들어, '당신은 지금부터 영원히 우리의 인도자가 될 것입니다'라는 말은 우리의 평생을 의미합니다."

알렉산더 캠벨: "그것의 급진적인 개념이 무기한 지속입니다."

휘트비: "성경에서 철저하고 돌이킬 수 없는 황폐화를 묘사하는 것보다 더 흔하고 익숙한 표현은 없습니다. 그 황폐화의 영향과 표징은

---

54) 2d ed,London. 1825.
55) London. -.
56) Concordance.

여전히 남아 있을 것이며, 우리는 이 단어를 영원하다고 표현합니다."
해먼드, 벤슨, 길핀은 유다서 7절에 대한 주석에서 실질적으로 같은
내용을 말합니다.

피어스는(마태복음 7:33에 관하여) 이렇게 말합니다: "그리스어 단
어 아이온(aiōn)은 여기서도 나이를 의미하는 듯합니다. 신약성서에
서도 자주 그러하듯이, 그리고 가장 적절한 의미에 따라 말입니다."
Clarke, Giles, Wakefield, Boothroyd, Simpson, Lindsey, Mardon 과
Acton이 동의한다. Locke, Hammond, Le Clerc, Beausobre, Lenfant,
Doddridge, Paulus, Kenrick 및 Olshausen도 마찬가지입니다.[57]

T. 사우스우드 스미스:[58] "- 때로는 인간 수명의 기간을 의미하기도
하고, 때로는 시대 또는 섭리의 시대를 의미하기도 합니다. 가장 흔한
의미는 시대 또는 시대적 경과입니다."

스칼렛: "아이오니온(aionion)이 끝없는 또는 영원한 것을 의미하
지 않는다는 것은 어떤 형용사도 그 어원인 명사보다 더 큰 의미를
가질 수 없다는 점을 고려하면 알 수 있습니다. 아이온(aion)이 시
대를 의미한다면 (아무도 부인하거나 부인할 수 없는), 아이오니온
(aionion)은 영속적인, 즉 언급된 대상과 관련된 시대 또는 시대들 동
안 지속되는 것을 의미해야 합니다."

스튜어트 교수조차도 이렇게 말할 수밖에 없습니다.[59] "신약성서에
서 아이온(aion)의 가장 일반적이고 적절한 의미, 그리고 히브리어
"올람"(olam)과 일치하며 따라서 순서에 있어 첫 번째 순위를 차지할

---

57) 슈바이히에우저, 발플리, 피커링, 슈레벨리우스는 영원이라는 단어를 제대로 정의
하지 않았습니다. 슈레벨리우스, 헤데리쿠스, 루츠, 그리고 피커링에 따르면, '나이'
가 주된 의미입니다.

58) Divine Goodness.

59) LetterstoMiller, p. 128. ExegeticalEssays, sec.4, MeaningofAion.

만한 의미를 저는 가장 먼저 제시합니다. 즉, 불확실한 기간, 제한 없는 시간, 영원, 영원, 이 모든 것은 미래의 시간과 관련되어 있습니다. 이 단어가 표현되는 다양한 의미는 아이온(aion)이 연관되거나 관계를 맺고 있는 대상에 따라 달라지는 것이지, 단어의 실제 의미에 차이가 있는 것은 아닙니다. 이 단어들이 언제 절대적인 영원의 의미를 지니는지, 언제 고대 또는 매우 오래된 의미를 지니는지의 문제는 항상 사건의 본질, 즉 맥락에 따라 결정되어야 합니다."

맥클레인:[60] "아이온(aion) 또는 에이온(aeon)이라는 단어는 그리스 작가들 사이에서 흔히 사용되지만, 다양한 의미로 사용됩니다. 영지주의 체계에서 그 의미는 명확하게 드러나지 않으며, 몇몇 학자들은 그 진정한 의미를 알아내는 데 절망했습니다. 고대인들 사이에서 아이온(aion) 또는 에이온(aeon)은 사람의 나이, 또는 인간 수명의 지속 기간을 의미합니다. 후대에 이르러 철학자들은 영적이고 보이지 않는 존재의 지속 기간을 표현하는 데 이 용어를 사용했습니다."

에드워드 비처 박사는[61] 이렇게 말합니다. "그것은 일반적으로 단순히 행동의 연속성을 의미합니다. 영원을 아이온의 원래적이고 근본적인 의미로 제시하려는 모든 시도는 5세기 동안 그리스어의 사실과 충돌합니다. 그리스어는 삶과 그 파생 의미를 지칭했으며, 영원의 의미는 알려지지 않았습니다." 그는 또한 "의심할 여지 없는 사실은 아이온의 원래 의미가 영원이 아니라는 것입니다. 모든 사람이 이것(삶)이 원래 이 단어의 일반적인 용법이었다는 것을 인정합니다. 헨리 스티븐스의 사전 파리판에는 '삶 또는 삶의 공간이 이 단어의 원초적인 의미이며, 호메로스, 헤시오도스, 그리고 고대 시인들, 핀다로

---

60) Maclaine's Mosheim.
61) Hist. Fut. Ret.

스, 비극 작가들, 그리고 헤로도토스와 크세노폰이 항상 그렇게 사용했다'고 단호하게 명시되어 있습니다. 테일러 루이스 교수는 '이들은 영원한 형벌에 들어갈 것이다'라는 표현에 '다가올 세상에 관한 것'이라는 의미를 부여했습니다.[62] "설교자가 보편주의자와 회복주의자와 논쟁하는 것은 오류를 범하는 것이며, 만약 그가 '아이온', '아이오니오스'라는 단어의 어원적 또는 역사적 의미에만 모든 강조점을 두고 그 단어들이 필연적으로 끝없는 지속의 의미를 지닌다고 증명하려 한다면 그의 주장은 실패할 것입니다. '이들은 다가올 세상의 속박과 감금속으로 들어갈 것이다'라는 표현이 우리가 이 구절에서 이 단어를 어원적으로 또는 주석적으로 해석할 수 있는 전부입니다."

의심할 여지 없이 슐로이스너가 내린 정의는 정확합니다. "지속 기간은 적용되는 대상에 따라 결정된다." 따라서 이 정의는 영원함이라는 개념을 신과 같은 영원한 것과 연결해서 표현할 때만 표현합니다. '위대함'이라는 단어는 예시를 보여주는 단어입니다. '위대함'이 나무, 산, 또는 사람에게 적용될 때 각 경우마다 다른 정도를 나타내지만, 신에 대한 언급에서는 그것이 무한함을 의미합니다. 위대한이라는 단어에 무한함은 존재하지 않습니다만, 그것을 하나님께 적용할 때, 그런 의미가 됩니다. 그것은 하나님에게 그것을 부여하는 것이 아니라, 그것이 하나님으로부터 기인합니다. 그래서 아이오니온(aiōnion)은 요나가 물고기 뱃속에 거주하는 것을 가리키는 말로 쓰일 때는 70시간을 의미하며, 아론의 제사장들에게는 수세기 동안으로, 산에는 수천 년 동안으로, 자비로운 신의 형벌은 때 그것은 그의 율법을 증명하고 그의 자녀들을 바로 잡는 데 꼭 필요한 기간으로, 하나님 자

---

62) Lange'sEcclesiastes.

신에게만 영원함입니다. 아이오니오스가 얼마나 큰가는 그것의 위대함의 크기에 달려있습니다. 인간의 수명은 몇 시간에서 100년 까지며, 국가는 한 세기에서 수천 년, 그리고 세상은 우리가 알다시피, 수백만 년 동안; 그리고 하나님은 영원합니다. 따라서 이 단어가 인간의 삶에 적용될 때는 며칠에서 백 년 정도를 의미하고, 민족에게 적용될 때는 백 년에서 만 년 정도를 의미하며, 하나님께 적용될 때는 끝없음을 의미합니다. 다시 말해, 이 단어는 사실상 무한한 기간을 의미하는데, 이는 성서와 세속 문헌에서 이 단어를 접하면 알게 될 것입니다. 비처 박사는 다음과 같이 잘 지적합니다.[63] "구약성서에는 일시적인 체계를 포함하는 여섯 시대, 즉 여섯 개의 시대가 있습니다. 이 시대들은 분명히 일시적이라고 언급되어 있지만, 이 모든 시대에는 '올람'(olam)과 그 중복이 하나님께 적용되는 것만큼 충분하고 강조적으로 적용됩니다. 이것은 테일러와 퍼스트가 히브리어 색인에서 확언한 것처럼 '올람'(olam) 또는 아이온(aion)이라는 단어가 과거 또는 미래의 불확정한 기간이나 시대를 의미하며 절대적인 영원을 의미하지 않는다는 것을 긍정적으로 증명합니다. 하나님께 적용될 때, 영원이라는 개념은 그 단어에서 유래한 것이 아니라 그분에게서 유래합니다... 이 불확정한 시간 구분은 '올람'(그리스어 아이온)으로 표현됩니다. 따라서 여러 시대 또는 기간이 있기 때문에 이 단어는 복수형으로 사용됩니다. 더욱이 하나의 큰 시대 또는 시대가 그 아래에 하위 시대들을 포함할 수 있기 때문에, 우리는 시대들의 시대, 또는 '올람'과 같은 표현을 발견합니다. '올람'과 다른 중복. 그러나 어떤 경우에는 '올람'의 중복이 수사학적으로 더 큰 시대에 의한 시대들로 이해되지 않고, 그 개념을 확대하는 것처럼 보입니다. 특히 '올람'이 중

---

63) Hist. Fut.Ret.

복의 두 부분 모두 '시대의 시대로'와 같이 단수일 때 더욱 그렇습니다. 복수형으로 사용된 이 단어는 그 단어의 의미가 절대적인 의미의 영원이 아니라는 결정적인 증거입니다. 그러한 영원은 단 하나뿐일 수 있기 때문입니다. 그러나 과거와 미래가 시대로 나뉘듯이, 여러 시대가 있을 수 있으며, 여러 시대가 있을 수 있습니다."

저명한 침례교인 존 포스터는 이렇게 선언합니다.[64] "저는 '영원(everlasting)', '영구적(eternal)', '영원히(forever)'라는 용어들이 성경과 다른 저술들에서 종종 크고 다양한 의미의 한계 하에 사용된다는 사실을 악용하는 것이 주제넘은 것이 아니기를 바랍니다. 따라서 이 용어들은 엄격하게 끝없는 지속을 필연적이고 절대적으로 의미하는 곤경에서 벗어납니다. 이러한 제약은 종종 사실 주제의 본질에 의해 분명하게 드러납니다. 다른 경우에는 이 단어들이 비유적인 불명확성으로 사용되어 이성과 비례의 일반적인 규칙에 따라 제한을 두어야 합니다. 이 용어들은 정의하기보다는 확대하고, 악화시키도록 고안되었습니다. 따라서 저는 제한된 해석이 허용된다고 결론지었습니다."

심슨은 그의 저서 『에세이』에서 다음과 같이 말합니다.[65] '아이온'은 신약에서 약 100회 [총 128회] 등장하며, 그중 최소 70회는 분명히 제한된 기간 동안 사용되었습니다. 구약의 70인역 번역에서는 이 단어가 반복되고, 여러 번 두 번 반복되는데, 이는 영원을 의미하지 않습니다. 그리고 두 번은 단 한 사람의 삶 이상의 어떤 기간을 의미하지 않습니다. 아이온(αἰών) 또는 아이오노스(αἰώνιος)가 악인의 장래 형벌에 적용될 때, 그들은 결코 생명, 불멸, 불부패와 연관되지 않고 항

---

64)　Life and Cor. Lettertoa YoungMinister.
65)　Quoted by T. Southwood Smith, inDivineGoodness.

상 불, 즉 불에 의해 초래되는 형벌, 고통, 파괴, 또는 둘째 사망과 연결된다는 것이 매우 중요한 관찰입니다. 이제, 다른 멸망할 육체들을 소멸하거나 분해하는 불은 그 자체가 융해되거나 소멸하는 성질을 가지고 있으므로, 이것은 시간의 제한을 암시합니다.”

여기서 토마스 드 퀸시의 견해를 소개하는 것이 흥미로울 것입니다. 언어학을 가장 정확하게 연구하는 학자 중 한 명인 퀸시(Quincey)는 영국 학자들 중 가장 심오한 추론가이자 사상가이며, 최고의 그리스 학자 중 한 명이기도 합니다:[66] - “나는 그리스어 아이온(aion)에 대한 잘못된 해석 때문에 짜증이 나고 짜증이 났습니다. 따라서 그 직계 파생어인 그리스어 형용사 아이오니오스(aionios)에도 잘못된 해석이 내려졌습니다. 나를 불안하게 만든 것은 이 해석의 허위성보다는 그 허위성의 편협함이었습니다… 이 단어 아이오니온(aionion)에 내가 주저 없이 끔찍한 중요성을 부여하는 이유는 이 단어의 일반적인 해석에서 발생하는 부정직함을 야기한 것과 같은 이유이며, 다른 이유는 없습니다. 이 단어는 우연히 연결되었습니다. 하지만 그것은 나의 실질적인 관심사가 아니었습니다. 그것은 한 방향으로 편향되지 않았고, 어떤 정당한 비평가도 반대 방향으로 편향되어서는 안 되었습니다. 말하자면, 미래의 형벌 기간에 대한 고대 논쟁과 연결되었습니다. 내세의 아이오니온(aionion) 형벌은 무엇을 의미합니까? 그 단어의 본래 의미는 영원한 것입니까, 아니면 그렇지 않나요? … 그 주장은 다음과 같습니다. 아이오니온(aionion)이라는 단어의 일반적인 구문은 영원함과 동등하기 때문에, 형벌의 비참함과 연관될 때 포기될 수 없습니다. 왜냐하면 그 경우, 그리고 바로 그 행위에 의해, 영원이라는 개념은 낙원의 지복에 대한 반대 개념으로 적

---

66) Theological Essays.

용되어서는 안 되기 때문입니다. 고통과 축복, 형벌과 시복은 같은 수준에 있다고 주장되었습니다. 같은 단어, 아이오니온(aionion) 이 두 개념의 지속을 한정했습니다. 그리고 가장 엄밀하게 해석해도 영원이 한 개념에서 벗어난다면, 다른 개념에서도 마찬가지로 벗어나야 합니다. 글쎄요, 그렇게 되겠죠. 하지만 그것으로는 문제가 해결되지 않을 것입니다. 오랫동안 품어온 기대를 포기하는 것은 매우 고통스러울 수 있지만, 그렇게 하는 것이 아이오니온(aionion)이라는 단어의 예전 무조건적인 사용을 고수할 충분한 이유로 받아들여질 수 없습니다. 그 이유는 우리가 예전의 영원이라는 의미를 유지해야 한다는 것입니다. 그렇지 않으면 한 쪽에서는 얻은 것을 다른 쪽에서는 잃게 되기 때문입니다. 하지만 그렇다면 어떻게 해야 할까? 합리적인 사람의 반박일 것입니다. 우리는 아이오니온(aionion)이라는 단어의 새로운 해석(그렇지 않으면 더 그럴듯해 보일지라도)을 받아들이거나 거부해서는 안 됩니다. 단지 그 결과가 전반적으로 우리를 불쾌하게 할 수 있다는 이유만으로 말이다. 우리는 아무것도 얻지 못할 수도 있다. 왜냐하면 새로운 해석에 따르면 우리의 손실은 우리의 이득을 상쇄할 수 있고, 우리는 옛 방식을 더 선호할 수도 있기 때문입니다. 그러나 이 모든 것이 얼마나 끔찍한가! 우리는 서로 다른 취향에 맞는 두 가지 다른 배열 중 하나를 선택하라는 부름을 받은 것이 아니라, '아이오니온'이라는 단어의 의미와 작용이 무엇인지에 대한 중대한 질문을 받았습니다.

   … 한편, 이 모든 추측은 처음부터 끝까지 순전히 헛소리입니다. 아이오니안(aionion) 영원을 의미하지 않으며 제한된 기간을 의미하지도 않습니다. 또한 형벌, 고문, 비참함 등에 적용되는 아이오니온(aionion)의 불안정함은 그 개념을 낙원의 행복에 적용하는 데 필요

한 불안정함을 수반하지도 않습니다."

"아이온이란 무엇인가? 어떤 사물에 개별적으로 속하는 것이 아니라 보편적으로 그 천재성에 따라 존재하는 지속 기간 또는 순환이다. 만하사(Manhasa)는 특정 아이온의 삶을 의미한다. 아마도 시편에 기록된 70년 정도의 기간과 비슷할 것이다. 이 경우 그 기간은 개별 텔루리아인의 '아이온'을 나타낼 것이다. 하지만 텔루리아인의 목표는 아마도 우리 지상의 세월의 수백만 년에 해당할 것이며, 개인의 70대 '아이온'에서 아무런 빛을 얻지 못하는 헤아릴 수 없는 신비로 남을 것이다. 하지만 두 아이온 사이에는 인간의 총명함으로는 발견할 수 없더라도 어떤 비밀스러운 연결 고리가 존재하고 존재해야 한다는 것을 나는 의심하지 않는다."

"이것은 일반적인 경향으로만 발견할 수 있는데, 아이온, 즉 악의 일반적 기간은 끊임없이 덧없는 지속을 향하고 있습니다. 아이온은 항상 무엇이든 같은 관념을 표현해야 한다고 주장됩니다. 악한 경우에 영원보다 짧다면 선한 경우에 영원보다 짧아야 합니다. 의심할 여지 없이 아이온의 관념은 어떤 의미에서 항상 균일하고, 항상 동일합니다. 즉, 10분의 1이나 12분의 1이 항상 동일한 것처럼 말입니다. 어떤 변덕이나 변화가 그들의 관념에 영향을 미친다면 산술은 존재할 수 없습니다. 10분의 1은 항상 11분의 1보다 크고, 1분의 1보다 항상 작습니다. 그러나 이러한 비율과 비례의 균일성은 10분의 1이 지금은 1기니를 나타내고, 다음 순간은 1,000기니를 나타낼 수 있다는 것을 방해하지 않습니다. 아이온으로 표현되는 지속 시간의 정확한 양은 전적으로 아이온을 산출하는 특정 주제에 달려 있습니다. 제가 말씀드렸듯이, 아이온은 기수이며, 대수의 제곱피트나 세제곱피트와 마찬가지로, 가장 엄격한 한계 법칙에 따라 지배되지만, 그것이 형성하는 특정 주제의 본질에 따라 변해야 합니다." 드 퀸시의 결론은 다음과 같습니다.

"A. 선의 반대되는 영원성에서 악의 영원성을 추론하는 그 사람은 아이온의 개념에 고정적이고 기계적인 가치를 부여하는 실수를 저지르고 있습니다. 그런데 성경이 그 단어를 사용한 바로 그 목적은 그러한 가치를 회피하는 것이었습니다. 단어는 항상 변화하며, 바로 그 목적을 위해 영적인 정체성에 충실하게 유지합니다. 모든 사물의 주기나 지속은 본질적으로 가변적인 양일 것입니다. 만약 그것이 하나님의 눈에 드러난 그 사물의 내적 본질과 신비롭게 상응하지 않는다면 말입니다. 그리고 이렇게 세상의 모든 것은, 아마도 단 하나의 예외도 없이, 그 자체의 개별적인 아이온을 가지고 있습니다. 얼마나 많은 실체들이, 얼마나 많은 아이온들이 존재하는가.

B. 그러나 중립적인 존재들 사이의 아이온적인 차이점들을 간과할 수 있는 것이 지나친 맹목이라면, 악한 것과 선한 것의 분리된 경향을 간과하는 것은 훨씬 더 깊은 맹목입니다. 자연스럽게 모든 악은 덧없이 사라지고 죽음과 결부되어 있습니다.

C. 저는 개인적으로, 제 개인적인 견해로만 말씀드리자면, 성경이 절대적이고 형이상학적인 영원성을 단 하나의 존재, 즉 하나님께 귀속시키고, 그 결과 다른 모든 존재에게도 하나님의 은총에 호소할 수 있는 이해관계에 따라 그 영원성을 부여한다고 깊이 믿습니다. 하나님께 뿌리를 두고 있기에, 무수한 존재들이 하나님의 아이온에 참여할 수 있습니다. 그러나 하나님의 은총에 대한 어떤 이해관계가 거짓, 악의, 불순함에 속할 수 있겠습니까? 그들에게 아이온적인 특권을 부여하는 것은 사실상, 그리고 그 결과로 신을 불신하고 모욕하는 것입니다. 악이 자신의 아이온적인 삶이 선을 장식하고 영광스럽게 하는

것과 함께 영원하다고 가정할 때 부여되는 자립의 힘을 가지고 있다면, 악이 악이 아닐 것입니다."

에드먼드 H. 시어스 목사는 이렇게 말합니다:[67] "아이온이라는 단어와 그 파생어들은 '영원한'과 '영원히'로 번역되며, 그 자체로 완전한 경륜을 묘사하며, 그 기간은 경륜의 본질에 따라 달라야 합니다. … 신약성서는 무언가를 계시한다면, 아이온, 즉 그 옆에 있는 경륜을 계시하며, 시간 속에서 우리의 시험의 중대한 결과를 그 안에 모읍니다. 그러나 다가올 영원의 순환 속에 있는 그 너머에 무엇이 있는지, 저는 가장 높은 천사에게 계시되었다고 믿지 않습니다. 그 끝없는 그 너머를 생각해 보십시오! 지구의 모든 원자를 세어 보고, 모든 원자가 백만 년 동안 존재한다 해도, 우리는 아직 끝없는 기간이라는 개념에 접근하지 못했습니다. 그럼에도 불구하고 죄 많고 오류에 빠지기 쉬운 사람들은 동료 죄인들이 그렇게 반복되는 수백만 년 동안 형언할 수 없는 고통에 내맡겨질 것이라고 주장합니다. 그때조차도 영원의 시계는 아침 시간을 알렸을 뿐입니다! 억눌린 고통의 지옥은 영원토록 피를 흘리며 하나님의 존재와 평행한 선을 그리며 영원토록 흐를 것입니다. 만약 가브리엘이 와서 우리에게 그렇게 말한다면, 우리는 하나님의 품속에 담긴 무한한 미래의 역사가 가브리엘에게 주어지지 않았다고 믿을 권리가 있습니다."

끝없는 지옥의 고통을 열렬히 옹호하는 퓨지 박사는[68] 그 단어가 "그 자체의 존재 영역 내에서 끝없는"을 의미할 뿐이라고 인정합니다. 이 주제를 연구하는 학자들에게는 일반적으로 끝없는 지속이라는 개념이[69] 비교적 현대적인 개념입니다. "구약 성경 시대보다 더 최

---

67)   Sermons.pp.99-102.

68)   Canon Farrar, Excursusonthe word aiōnios, inEternal Hope.

69)   Pp. 11, 12, of this volume.

근의 고대인들은 아직 끝없는 지속이라는 개념을 인식하지 못했기 때문에 하나님께 적용되는 그 단어가 포함된 구절들은 그분이 영원한 지속을 의미하지 않습니다. 하지만 그들의 마음속에는 무한한 지속이라는 개념이 있었습니다."

드 라메네:[70]-"히브리어와 그리스어에서 영원으로 번역된 단어는 이러한 의미를 갖지 않습니다. 그것들은 '시간의 지속', 즉 기간을 의미하며, 여기서 '이 영원들 동안과 그 이후'라는 문구가 유래했습니다."

드 웨트(De Wette)는 다음과 같이 말합니다.[71]-"영원한이라는 단어를 엄격하고 절대적인 의미로 받아들이면 영원한 저주 교리는 어떤 식으로도 유지될 수 없습니다. 영원히 저주받은 것은 무엇이든 영원한 저주 상태에서 창조되어야 합니다. 영원에는 시작이 없기 때문입니다."

에든버러 대학교의 그리스어 교수인 블래키 교수는 다음과 같이 말합니다.[72]-"우리가 '영원하다'로 번역하는 '아이오니오스'라는 단어가 절대적이고 형이상학적으로 영원을 의미하는 것이 아니라, 단지 통속적으로 영원을 의미한다는 것을 아는 데 그다지 심오한 학문적 지식이 필요하지 않습니다. 예를 들어, '사람을 영원한 바보라고 말할 때, 그 말은 그가 매우 큰 바보라는 것을 의미합니다."

캐논 패러의 증언도 마찬가지로 긍정적입니다.[73]-"자, 형제 여러분, 저는 매우 엄숙하게 묻습니다. 만약 우리가 영어 성경에서 '저주', '지옥', '영원'이라는 세 단어를 차분하고 의도적으로 삭제한다면, 지옥에 대한 대중적인 가르침은 어디에 있을까요? 하지만 저는 주저 없

---

70) Canon Farrar, Excursus V., EternalHope.
71) Theol. Zeitschrift, Vol. II.
72) Nat. Hist.Atheism,p. 201.
73) Eternal Hope.

이, 지식의 권위를 가지고 말할 수 있는 가장 충분한 권리를 주장하며, 가장 차분하고 흔들림 없는 책임감을 가지고, 하나님과 저의 구세주, 그리고 어쩌면 천사들과 죽은 자의 영들 앞에 서서, 이런 단어들 중 단 하나도 영어 성경에 더 이상 남아서는 안 된다고 말합니다. 현재 받아들여지고 있는 것들은 단순한 오역일 뿐이며, 개정자들이 자신의 의무를 이해했다면, 성경 개정판에는 분명히 남아 있지 않을 것입니다. '영원한'으로 번역된 '아이오니오스'라는 단어는

첫 번째 의미에서 '영원한' 또는 '에오니온'을 의미하는 단어이며, 성경 자체에서 완전히 그리고 오래 전에 사라진 것들에 대해 반복적으로 적용되고 있습니다. 두 번째 의미에서는 시간을 초월하는 무언가, 즉 영적인 무언가입니다. 예를 들어, 하나님에 대한 지식이 영원한 또는 '에오니온'의 삶을 가진다고 말할 때처럼 말입니다. 그러니 당신의 헛된 수십억 년이라는 시간을 가지고 '아이오니오스'라는 단어에 끝없는 시간이라는 허구를 끼워 넣는다면, 당신은 바다에 한 발을, 땅에 한 발을 디딘 위대한 천사의 위대한 맹세를 거짓으로 만드는 셈입니다. 한 손은 하늘로 치켜든 채 영원히 사시는 분께 맹세하셨으니, 시간이 더 이상 존재하지 않을 것입니다. … 그것을 영원하다고 할 만한 권위는 전혀 없습니다."

엠패틱 다이어글롯:[74]-"나이, 아이온(aioon), 과거, 현재 또는 미래의 불확실한 기간. 이것은 아이온의 올바른 번역이며, 일반적인 번역에서는 종종 세상, 항상, 영원으로 잘못 번역됩니다. 이 단어는 단수와 복수 형태로 약 100회 등장합니다. 같은 단어의 형용사 형태인 아이온(aionios)은 약 75회 등장하며, 조에(zoe), 생명(life)에 45회, 불(fire)에 3회, 영광(glory)에 3회 등 적용됩니다. 일반적으로 이

---

74) NewYork. S. K. Wells.

해되는 영원한(eternal) 또는 영속적인(everlasting)은 아이오니오스(aionios)의 잘못된 번역입니다. 사실, 영어에는 이에 상응하는 적절한 표현이 없습니다. 형용사이고 명사 아이온(aioon 나이)에서 파생되었으므로, 이 단어는 의미를 넘어설 수 없습니다."[75]

영국 교회의 저명한 작가 찰스 킹즐리는 사망 얼마 전 편지에서 이렇게 썼습니다.[76] "아이온(aion)과 아이오니오스(aionios)라는 단어의 진정한 의미는 aion이 aei, 즉 항상에서 유래했다고 하더라도 그것과 거의 또는 전혀 관련이 없습니다. 저는 그 점에 대해 크게 의문을 품습니다. '절대'라는 단어는 성경의 다른 어떤 곳에서도 무한함(일반적으로 영원이라고 함)의 의미로 사용되지 않습니다. 그것은 성경 안에서나 성경 밖에서나 항상 시간의 기간을 의미했습니다. 그렇지 않다면 어떻게 복수형을 가질 수 있겠습니까? 어떻게 성경에서처럼 아이온들(aions)과 에온들(aeons)에 대해 말할 수 있겠습니까? 아니, 더욱이 번역자들이 칭찬할 만한 모순으로 번역한 outos aion에 대해 어떻게 말할 수 있겠습니까? 즉, 이 세상, 즉 현재의 사물의 상태, 시대, 경륜, 시대입니다. 따라서 아이오니오스(Aionios)는 시대에 속함을 의미하며, 반드시 그 의미를 가져야 합니다. 그리고 아이오니오스 처벌(aionios kolasis)은 시대에 속함에 대한 처벌입니다. 그 시대로. 모리스가 강조하는 것과 정직한 독자들에게는 너무나 분명한 것을

---

75) 헤시키우스는 앞서 살펴본 바와 같이 이 단어가 때때로 "오랜 기간"으로 사용된다고 말하며, 오리게네스도 같은 사실을 암시합니다. 출애굽기 6:13; 2:3, 5에서 레온티우스 비잔티누스는 오리게네스주의자들을 반박하면서도 세속 문헌과 성서 모두에서 이 단어가 명확한 기간으로 사용된다는 것을 인정합니다. 카이사리우스는 심지어 고통의 종결 가능성에 대한 오리게네스주의자들의 주장이 바로 이 단어의 사용에서 비롯되었다고 지적합니다. 우에티우스, 오리게니아나(Op. ed. Paris. iv: pp. 231, 233).

76) Life and Letters.

항상 명심하십시오. 우리 주님과 사도들이 항상 시대나 영겁의 끝에 있다고 말하는 것이 새로운 시대를 여는 것이 아니라, 옛 세상을 심판하고 벌하기 위해 오는 것이 아니라, 그 폐허에서 새 세상을 창조하는 것이 아니라, 오히려 주일학교에서 더 잘 표현하듯이, 겨를 태우고 밀, 즉 모든 음식의 요소를 새 세상의 씨앗으로 보존하는 것입니다."

확실히 이 단어를 주의 깊게 연구한 사람들의 이러한 증언들의 총합은 우리로 하여금 그 단어가 끝없는 지속이라는 의미를 갖지 않도록 강요하며, 그 단어가 발견되는 연관성이 다른 의미를 필요로 하지 않는 한, 그 단어가 제한된 지속을 나타내는 것으로 이해하도록 합니다.

우리는 여기서 잠시 멈추어 이 질문을 제기합니다. 우리 하나님 아버지께서 끝없는 고통의 세상을 창조하셨고, 그분의 자녀들이 수천 년 동안 무수히 몰려들었으며, 그들에게 그 사실을 밝히지 않았을 뿐만 아니라 너무 근시안적이어서 그들에게 그 사실을 표현할 단어나 그들이 겪게 될 영원한 고통에 대한 생각을 전달할 충분한 능력조차 주지 않으셨을까요? 그들의 인식의 범위를 제한하지 않으셨을까요? 그는 인간이 사용하도록 말을 창조하셨고, 수많은 생물과 무생물로 그를 에워쌌는데, 그는 각각의 이름을 부르고 이해할 수 있었습니다. 하지만 가장 중요한 현실, 즉 믿어야 하는 것은 … 영원한 고통이 그 벌입니다. 인간은 그 이름조차 몰랐을 뿐만 아니라, 그 사실을 조금도 알 수 없었습니다. 그 단순한 사실! 선한 아버지라면 그런 실수를 저지를 수 있을까요?

비평가들이 제한된 지속 기간이 허용될 뿐만 아니라 그것이 단어의 지배적인 의미라고 말하며 하나로 뭉친 것만큼 분명한 것이 있을까요? 그들은 영원한 지속이 단어에 존재하지 않으며, 오직 그 단어와 연관된 주제에 의해서만 그 단어에 포함될 수 있다는 데 동의하지 않는가요?

따라서 제한된 지속은 단어의 힘이며, 지속 기간은 어원학과 사전학이 판단을 내리도록 한다면 다루는 주제에 의해 결정됩니다. 모든 성경 독자는 어원학과 사전학을 연구한 후, 제한된 지속의 의미를 발견되는 곳마다 부여하는 데 유리한 편견을 가지고 성경을 읽기 시작해야 합니다.

그 단어의 용법을 추적할 때, 우리의 정보 출처는 (1) 그리스 고전, (2) 칠십인역, (3) 그리스도와 동시대의 유대 그리스인, (4) 신약성서, (5) 초기 기독교 저술가들입니다.

제 4 장

용 법

1. 그리스 고전

70인역이 익숙했던 그리스 문헌, 즉 그리스 고전에서 이 단어가 어떻게 사용되었는가는 중요한 질문입니다.

70인역이 구약성경을 히브리어에서 그리스어로 번역했을 때, 그 단어는 수 세기 동안 널리 사용되어 왔습니다. 70인역이 히브리어를 그리스어로 번역하고, 그리스어에 전자와 다른 의미를 부여하거나 현대 그리스 문헌에서 아이온과 다른 의미를 부여했다고 말하는 것은 터무니없는 일입니다. 구약성경에서 아이온은 '올람'(olam)과 그리스 고전에서 아이온(aion)이 의미하는 것과 정확히 같은 의미를 가져야 한다는 것은 자명합니다. '올람'은 무한한 지속을 의미하며, 아이온은 같은 의미를 가져야 한다는 것은 매우 분명합니다. 구약성경에서 이 단어를 살펴보면, 이 단어는 일반적으로 영원한 지속이 절대적으로 배제되는 의미로 사용되었음을 알 수 있습니다.

가장 오래된 작가는 기원전 1,000년경의 호메로스입니다. 그의 일리아스와 오디세이에서 aion은 항상 명사로 13번 등장한다.[77] 가장 오

---

77) 여기서 우리는 13가지 사례를 제시합니다:-일리아드, XXII: 58, 이 친구 영원한 불

래된 그리스 시인 호메로스의 작품에서처럼, 영원한 지속이라는 개념을 표현하는 데 사용된 단어는 단 한 번도 없습니다. 프리아모스는 헥토르에게[78] "그대는 즐거운 아이오노스(삶)를 박탈당할 것이다"라고 말합니다.[79] 안드로마케는 죽은 헥토르에게 "남편이여, 그대는 아이오노스(삶 또는 시간)로 인해 죽었다"라고 말합니다. 다른 예들도 같은 의미입니다. 비처 박사는 다음과 같이 썼습니다.[80] "그러나 호메로스의 메르쿠리우스 찬가 42절과 119절에는 모든 의심이나 회피 가능성을 배제하는 사례가 있습니다. 여기서 아이온은 동물의 생명인 골수를 나타내는 데 사용됩니다. 모세가 피를 생명이라고 부른 것처럼 말입니다. 이는 크루시우스가 그의 호메로스 사전에서 인정하고 있습니다. 이 경우 거북이의 생명(아이온)을 찌른다는 것은 척수를 꿰뚫는 것을 의미합니다. 여기서 생명이라는 개념은 시간이나 영원을 배제합니다." 이는 호메로스의 이 단어 사용에 대한 훌륭한 예시입니다.

멸 Il., XXIV: 725, Aner, 영원한 새로운 기름에서 유래. Il.,IV: 478:XVII: 302, 미닌 타디우스 ….αιον, 짧지만 오래 지속되는 삶. Il., IX: 415, 내 인생은 오래갈 것이다. 11., V: 685, "인생이 나를 버리고 당신의 도시에서 영원히 살게 해주십시오." 당신의 도시에서. Il., XVI : 453, 혀는 살찌고, 영혼은 나이를 먹는다. 주노는 목성에게 사르페돈을 죽게 하고, 사후에 묻히게 하며, 그의 영혼이 그를 떠나게 하라고 조언합니다. Il., XIX : 27, 4세기부터 쇠퇴함; 적절한 시기에 항상 썩는다. 생명은 추방되었다. 오디세이 V: 152, 하강하다 그의 (율리시즈) 달콤한 삶은 숨을 내쉬고 있었습니다. 집으로 돌아가고 싶어서. Od., V: 160, 세월이 흘러가지 않게 하시고, 당신의 생명도 사라지지 않게 하소서. 오드, VII: 224, 그들은 나와 내 몸의 지방을 보고 영원히 나를 소유할 것이다. 당신은 큰 집을 지었고, 그것을 높이 올렸습니다. 삶이 나를 버리게 해주세요. Od., IX: 523, 영혼과 영원에 대하여 당신은 그것을 해냈습니다. 당신에게 생명을 박탈하고 영혼. 오드, XVIII: 204, 분노의 냄새를 풍기며 나는 영원히 사라진다. 여기서 페넬로페는 다이아나에게 그녀를 죽게 하라고 요구한다. "그 슬픔이 더 이상 그녀의 삶을 삼키지 않을지도 모른다."

78) Il., XXII : 58.
79) Il., XXIV: 725.
80) Hist. Fut.Ret.

헤시오도스(기원전 800년)는 이 단어를 두 번 사용했습니다. "그(결혼한 남자)에게 아이오노스(aiōnos 삶) 동안 악은 끊임없이 노력한다" 등.

아이스킬로스(기원전 525년)는 이 단어를 21번 사용했습니다. "이 삶(aiōn)은 길어 보인다" 등. "영원히 멈추지 않는 세상의 왕, 주피터"(aiōnos apaustou) 등.

핀다로스(기원전 522년)는 "긴 삶은 네 가지 미덕을 낳는다" 등 18가지 사례를 제시했습니다.

소포클레스 (B.C. 495)는 아이온(aiōn)을 아홉 번, 마크르아이온(makraiōn)은 다섯 번, 유아이온(euaion)은 세 번 사용합니다.[81] 그는

---

81) Elect. 1030- 그런 마음을 실천하는 사람은 영원히 살 것입니다. 계속 노력하십시오. 인생 내내 똑같은 생각을 합니다. Ib. 1091. 그리고 당신은 항상 슬픈 삶을 선택했습니다. 아약스 플래그. 657.

오틀라콘 신부님, 당신이 믿게 된다면 그는 명예롭지 못한 아이였습니다. *그렇지 않다면 누가 그들에게 음식을 주었나요? 아이온 아이아키단 - 불행한 아버지, 당신은 곧 얼마나 슬픈 재앙을 배우게 될 것인가 당신의 아들은 (살아 있는 사람, 생명이 없는 사람)이 결코 겪어보지 못한 것과 같습니다. 에아쿠스의 가족이지만, 이 가족은 그렇지 않습니다. 안티그. 589. 에우다이모네스, 악을 행한 자여, 누구의 삶도 악의 맛으로부터 자유로운가. 오이디푸스. 콜론. 1812년. 이 황량한 사막을 누가 보겠는가, 밖에는 백 년의 잠이 있는데, 나는 어디에서 저녁을 먹을까. 항구에서의 생활은 황량하고 앞으로의 삶에 압도될 것인가? Trachiniæ. 2. 연령 제한 없음. 죽기 전에 좋은 것이든 나쁜 것이든 먹는 법을 배운 자들은 - 아니오 사람은 죽기 전에 선한지 악한지 그 사람의 삶을 알 수 있습니다. 어느. 위와 같음. 34. 그런 사람은 영원히 다른 집으로, 심지어 다른 집으로 보내집니다. 숭배자 - 그런 삶은 국내와 국외에서 항상 남자를 기다리고 있습니다. 누구의 하인인가. 필록. 179. 오, 벌레들의 어려운 종족들이여, 평범한 나이대란, 평범한 삶을 살아보지 않은 비참한 인간 종족을 말합니다. Ib.. 1390. 오 잔혹한 영원이여, 당신은 내가 무엇을 바라보고 있는지 보시나요? 당신은 나를 떠나지 않으셨습니까? 헛되이 방황하다니, 아, 혐오스러운 인생이여, 왜 아직도 나를 위해 붙잡아 두고 있느냐? 무덤으로 가는 방법을 허가해 주시겠습니까? 5배 긴 치유력(Ed. Tyr.) 526, 1118; 아약스플래그.195;안티고네, 999; 에드. 148.9절) 긴 의미로 삶과 εὐαίων은 행복한 삶을 세 번이나 의미합니다. (Trach. 81; Philoc. 855). 우리가 부여한 것 이상의 다른 의미는 불가

'Long'을 무기의 힘을 강화하는 데 사용하는데, 만약 그 단어 자체가 끝없는 지속을 의미한다면 그것은 불필요한 것보다 더 나쁠 것입니다.

히포크라테스(460년경): "인간의 아이온은 일곱 가지입니다. 날짜가 중요해요."[82]

유리피데스(기원전 480년)는 이 단어를 32번 사용했습니다. 우리는 네 가지 사례를 인용합니다: "필멸자들과의 결혼, 좋은 위치에 있는 것은 행복한 아이온입니다." "필멸자의 모든 아이온은 불안정하다." "긴 아이온은 할 말이 많다." "그는 아이오나를 내쉬었다."

엠페도클레스(기원전 444년): "행복한 삶(aiōnos)이 없는 지상의 육체".

이소크라테스(기원전 436년):15 "경건함과 의로움을 가지고 사는 자들은 현재에 안전하게 살며, 온전한 아이온에 대해 매우 달콤한 희망을 품는다." 엘레우시스 『신비를 이해하는 자들』, 그는 "그들은 삶의 종말과 온전한 아이온에 대해 매우 달콤한 희망을 품는다"라고 말합니다. 분명히 여기서 삶은 아이온과 정확히 같은 의미입니다.

클라크 교수는 에린나(기원전 560년), 에우리피데스(기원전 450년), 에픽테토스(서기 140년), 플루타르코스(서기 160년), 디오도로스(기원전 75년), 알키노우스, 필로 유다에우스(서기 60년) 등 후대 작가들의 많은 구절을 인용하며, 이들이 영원이라는 단어에 영원의 의미를 부여했으며, 형용사 '항상'은 끝없는을 의미한다는 견해를 제시합니다. 그러나 그의 인용문을 주의 깊게 읽어보면, 이 구절들이 '영원'이라는

능합니다.

82) 페리 사르콘. 히포크라테스는 이렇게 말합니다. "인간은 너무나 분명하게 7일 동안만 살아야 하기 때문에, 7일 동안 먹고 마시는 것을 삼가면 죽을 것입니다." 그는 아리스토텔레스와 마찬가지로 이 단어를 사용합니다.

단어를 그리스어로 'bios', 즉 삶의 의미로 사용했음을 알 수 있습니다. 그 기간은 연관성에 따라 결정됩니다. 그의 인용문 몇 가지를 소개합니다. "기원전 1세기에 디오도로스는 이렇게 썼습니다. '별의 순서와 인간의 본성을 하나의 공통된 비유로 연결하면 그것은 모든 아이온을 끊임없이 순환한다.' 또 그는 이렇게 말합니다. '어떤 사람들은 우주가 태어나지 않고 불멸한다고 가정하면서 인류가 아이온에서 존재했다고 단언했다.' 또, '신체의 해악과 모든 아이온(영혼을 위해 필요하다고 여겨지는 종교적 장례를 치르지 못하는 것을 의미)에 대한 불명예스러운 평판에 대한 두려움 때문에.' 그는 다시, '다가오는 하데스에서 경건한 자들과 함께 아이온을 보내기 위해.'라고 썼습니다. 기원전 무렵, 그리고 그 후 수 세기 동안, 모든 그리스어 사용 국가에는 세상이 시작되기 전에 신으로부터 수많은 영원히 살 하등 신들이 나왔다고 믿는 무리들이 있었습니다. 그들은 이들을 아이오네스라고 불렀는데, 이는 플라톤을 불완전하게 모방하거나 훨씬 더 오래된 관념을 따르는 것이었습니다. 기원전 6세기 초의 여신인 에린나는 여신 로메(힘)에게 바치는 송가에서 이렇게 썼습니다. '모든 것을 뒤흔들고 삶을 다양하게 변화시키는 가장 위대한 아이온, 오직 너에게만 통치의 순풍을 바꾸지 않으신다.' 그리고 5세기에 에우리피데스는 '운명은 많은 것을 만들어내고, 크로노스의 아들 아이온은…'이라고 썼습니다. 기원후 2세기에 에픽테토스는 '나는 아이온이 아니라 인간이다.'라고 썼습니다. 2세기에 플루타르코스는 자살자들에 대해 '그들은 이렇게 아이온에게 가서는 안 된다.'라고 말했습니다."

비처 박사는 이러한 사례들과 다른 사례들을 제시하는데, 우리는 대부분 또는 전부를 인용했다고 생각합니다. 헥토르에게 안드로마케는, (II. XXIV, 725), "너무 일찍 세상을 떠났구나"(aiōn). 사르페돈이

헥토르에게, "내 생명(aion)이 나를 떠나지 않도록 해라." 메르쿠리우스 찬가(42절, 119절)에서 신은 잔치를 준비하기 위해 산거북의 생명(aion)과 두 마리 소의 생명(aionas)을 파괴하는 것으로 묘사됩니다. 핀다로스(Hypochor. III., 5)에서 "그의 생명(aion)은 뼈를 뚫고 나갔다", 아이스킬로스 바이스(Prometheus, 862), "모든 아내는 남편의 생명을 빼앗을 것이다"(aion). 에우리피데스(Orestes, 603), "행복한 삶"(aion). 바카이의 시에서 세멜레는 "이 삶을 떠났다"(aion). 소포클레스는(필록테테스, 179) "오! 비참한 필멸의 세대여, 그들에게는 견딜 수 있는 삶(aion)조차 할당되지 않았다." 또한(1348) "오! 슬프고, 혐오스럽고, 우울한 삶"(aion). 에우리피데스는(헤쿠바, 754-7) 아가멤논이 헤쿠바에게 "당신을 섬기는 삶"(aion)이라고 말했다. 헤쿠바는 "내 평생을 섬기는 것"(aion)이라고 대답한다. 그는 끝없는 지속이 단어 안에 담겨 있지 않다고 주장한다.

에즈라 S. 굿윈 목사는 고전을 통해 이 단어를 인내심 있고 솔직하게 추적하여 거의 모든 작가에게서 명사가 자주 등장하지만, 형용사가 등장하기까지는 그 단어의 창시자인 플라톤이 사용했습니다. 그는 처음부터 플라톤까지 오랜 시간 동안 철저하게 조사한 결과, "우리는 약 6세기 동안 플라톤 시대까지 이어지는 일곱 명의 그리스 작가들의 모든 증거를 가지고 있습니다. 그들은 다른 단어들과 함께 아이온을 사용했지만, 그들 중 누구도 영원이라는 의미로 아이온을 사용한 적이 없습니다."라고 말합니다.

플라톤(기원전 429년)은 그의 선배들이 했던 것처럼 명사를 사용합니다. "삶(aiona)을 살아가는 것은 고난을 수반한다."[83] 그는 aion을 8

---

83) De Leg. Lib. III. 플라톤이 다음과 같은 단어를 사용한 구절입니다. —Protaa., Vol.I; Gorgias, De Leg., Lib.X; Axioch. Vol. III; Timæus; De Repub., Lib.II; De Leg., Lib. X, 그리고 Phædon.

번, aionios를 5번, diaionios를 1번, makraion을 2번 사용합니다. 만약 그가 명사를 영원을 의미한다고 생각했다면 그는 짧고 긴 접두사를 붙이지 않았을 것입니다.

클라크 교수[84]는 플라톤의 『티마이오스』에서 19번을 인용했습니다. 플라톤은 신이 영원한 본질에서 눈에 보이는 하늘을 만들면서 자신이 볼 수 있는 최고의 신적 본질을 모방했으며, 그 지속은 아이온이라고 말했습니다. 클라크 교수에 따르면, 플라톤은 "그 패턴은 무한하거나 영원한 살아있는 존재, 즉 영원을 통한 실재적 존재"(아이온)라고 말합니다. 하지만 '영원' 대신 지속 또는 존재라고 말하는 것은 어떨까요? 여기서의 의미는 그리스어 비오스와 동일하지 않을까요?

플라톤은 한 구절에서 '아이온'을 네 번, '아이오니오스'를 세 번, '디아이오니오스'를 한 번 사용하며,[85] 이는 '아이디오스'(영원함)와 대조됩니다. 그가 영원함(아이디오스)이라고 부르는 신들은 영혼과 물질적 본성은 시간에 속하는 '아이오니오스'이며, "이 모든 것"은 "시간의 일부"입니다. 그리고 그는 시간(크로노스)을 '아이오니오스'의 이미지라고 부릅니다. 저자가 여기서 정확히 무엇을 의미하는지는 분명하지 않지만, 한 가지는 분명합니다. 그는 '아이오니오스'와 '아이오니온'으로 영원과 영원을 의미할 수 없습니다. 변동하고 변화하는 시간, 시작과 끝, 그리고 변화로 가득 찬 시간이 영원의 이미지라는 사실보다 더 넓은 것은 없기 때문입니다. 그것은 가능한 모든 특수한 경우에서 정반대입니다.[86]

---

84) "Aionion이 Endless인가?" New York Examiner와 Chronicle에 실린 기사.

85) Timæus.

86) Protag., Vol. I.:-내 인생의 운명(μοιραν αἰῶνος). Gorg.-생명, 존재, (τὸν αἰῶνα ἡμῶν). De Leg. Lib. III:—비참한 삶 (χαλεπὸν αἰῶνα). 악시오코스, Vol. III. 저자가 의미하는 바는 명확하지 않습니다. 그 영원을 의미할 수는 없었다. 그는 말한다:-"인류가 그럴 수 있다면 이 세상의 관계는 서로 연관되어 있다(εἰς τὸν αἰῶνα). 조직화

형용사 '아이오니오스'는 플라톤을 제외하고는 위에 인용된 어떤 저자에게서도 발견되지 않습니다. 굿윈 목사는 플라톤이 이 단어를 만들었다고 생각합니다. 플라톤의 스승인 소크라테스조차도 이 단어를 사용하지 않았기 때문입니다. 600년이 넘는 기간을 다룬 그리스 문헌에서 이 단어는 전혀 발견되지 않습니다. 물론 이 단어는 어원인 명사와 같은 의미여야 합니다. 이 명사가 한정된 기간을 나타내는 데만 사용되고 영원을 나타내는 데는 사용되지 않는다는 것이 분명해졌으므로, 형용사도 같은 의미를 가져야 한다는 것도 마찬가지로 분명합니다. 명사 'sweetness'는 형용사 'sweet'에 풍미를 더합니다. 형용사 'long'은 명사 'length'와 정확히 같은 의미를 가집니다. 'sweet'이 산미를 나타내고 'long'이 짧음을 나타낼 때, aionios는 aion에서 파생된 'everyday'를 의미할 수 있습니다. 한정된 기간. 이 단어의 창시자인 플라톤이 형용사를 영원을 의미하는 데 사용했다고 말하는 것은 그 자신도 그의 선배들 중 누구도 영원을 의미하는 명사를 사용한 적이 없는데, 그렇다면 가장 현명한 사람 중 한 명을 어원적으로 어리석다고 비난하는 것과 같을 것입니다. 그는 그런 어리석음을 범했을까요? 그는 이 단어를 어떻게 사용할까요? 하데스[87]에 있는 특정 영혼들을 언급하면서, 그는 그들을 아이오니온의 도취에 빠져 있다고 묘사합니다. 하지만 그가 이 단어를 끝없는 의미로 사용하지 않았다는 것은 파이돈에서 분명하게 드러납니다. 그는 거기서 "이 세상을 떠난 영혼들이 지옥으로 돌아가고 그 후 이 세상에

(ganization), 생명 속으로, 완전한 실체 또는 존재." 의미는 모호하다. 다만 영원은 불가능하다는 점만 빼면요. Makraion은 DeKepnb에서 발생합니다. 도서관. II, 그리고에핀. 2권(아마도 플라톤의 제자 중 한 명이 쓴 것으로 추정됨). 그는 무사이오스의 저서에서 "고대 의견"을 인용합니다.

87)   De Repub.,Lib.II.

서 살기 위해 돌아온다는 것은 매우 오래된 견해입니다."라고 말합니다. 아이오니온(aionion) 중독이 끝난 후에, 그들은 땅으로 돌아가는데, 이는 그가 그 단어를 무한함을 의미하는 것으로 사용하지 않았음을 보여줍니다. 다시 말해, 그는 '아이오니온(aiōnion)'이 아니라 '불멸(anolethron)'에 대해 말합니다. 그는 두 단어를 대조적으로 사용하는데, 만약 그가 '아이오니온'을 무한함을 의미하는 것으로 사용하려 했다면, '불멸'과 '아이오니온'이라고 했을 것입니다.

플라톤에서 이 형용사는 다섯 번 등장합니다.[88] "미덕에 대한 최고의 보상은 지속적인 고양" 또는 "끊임없는 고양", 즉 문자 그대로 "평생의 도취"를 뜻하는 메텐 아이오니온(μέθην αἰώνιον)입니다. 그는 영혼과 육체를 불멸이며 아이오니온(aionion)은 아니라고 합니다. 여기서는 시간적 지속이 의미인데, 아이오니온(aionion)은 불멸과 대조되기 때문입니다. 티마이오스에서 아이오니오스(aionios)는 세 번 등장합니다. 그는 신들은 아이디온(ἀίδιον) 즉 영원하지만, 동물은 아이오니온(αἰώνιον)이라고 말합니다. 신이 우리가 시간이라고 부르는 존재의 아이온적 이미지를 창조했기 때문입니다. 시간과 하늘은 함께 생성되었는데, 만약 둘이 해체된다면 가능한 한 서로 비슷하도록 하기 위해서였습니다. 둘 다 아이온적 본성을 가지고 있습니다. 그는 이어서 별들이 아이온적 본성을 모방하여 살아있는 존재처럼 만들어졌다고 덧붙입니다. 플라톤의 의미를 쉬운 영어로 옮기는 것은 쉽지 않지만, 이 형용사가 처음 다섯 번 등장한 기록된 사례가 끝없는 지속을 의미하지 않는다는 것만큼 분명한 것은 없습니다.

많은 사람들이 플라톤이 악인의 고통이 영원하다고 가르쳤다고 생각해 왔습니다. 하지만 그가 분명히 가르친 것이 있다면, 모든 영혼의

---

88)　De Repub.,Lib.II.

다양한 윤회가 결국에는 정화로 이어진다는 것입니다. "그는 가장 분명하게 형벌은 형벌받는 자에게 이로울 것이라고 가르칩니다." 이 논문에서 형벌과 관련하여 논의된 이 단어를 사용한 것은, 흔히 추측되는 것처럼, 그가 그 교리를 믿었다는 증거가 아닙니다. 올림피오도로스가 보여주듯이, 플라톤은 이 단어를 천상의 영역에 적용했는데, 이는 어떤 영혼들이 형벌을 받는 주기 또는 에온(œon)을 의미하기 때문입니다. 올림피오도로스는 "형벌은 영원할 수 없다. 끝없는 고통은 무익하기 때문에 선을 행할 수 없다. 신과 자연은 헛된 일을 하지 않는다"라고 잘 지적합니다. 플라톤이 이 단어를 사용한 방식은 고전학 전반에 걸쳐 그 의미와 완전히 일치했습니다.

우리는 아리스토텔레스의 『De Mundo (우주에 대하여)』, 2장 "별들은 존재하는 동안 조화롭게 움직인다"(오랫동안). 위와 같음, 5장 "별과 달은 한 시대에서 움직이고, 또는 œōn, 다른 사람에게," (ἐξαιῶνος εἰς ἕτερον ἐιῶνα). Ib. :-지구의 그는 그녀의 인생 동안 그녀의 안전을 위해 변화가 필요하다고 말합니다. 영원한 구원). Ib. :-지구의 존재 또는 존재 설명: 우주를 오랜 세월 동안 부패하지 않게 보존한다는 것입니다. 7장 "하나님의 존재는 한 시대, 즉 에온에서 다른 시대로 확장됩니다." (영원부터 영원까지 통치함). 『Metaph (형이상학)』, 제 14권 7장 "생명과 영원하고 영원한 존재는 하나님"(그러므로 생명과 영원은 하나님 안에서 계속되고 존재합니다). Ibid, 9장 "전 생애 또는 전 존재"(τὸν απαντα ἐιῶνα). 『De Cœlo (천상에 대하여)』, 제 1권 10장 "존재 전체"(τὸν απαντα αἰῶνὰ). Ib. 제2권 1장 "온 하늘은 하나이다 그리고 영원하며(ἀΐδιος), 시작도 없고 끝도 없는 전체 존재 또는 존재"(나는 모든 것의 시작도 없고 끝도 없다). 동물 부분론 『De Part. An.』 제1권 5장 "전 생애"(모든 시간 동안). 수사학자, 자유주의자 나.,

13장 "생명이 그들을 버릴 것이요", 세는 것을 버릴 것이요, (입법자의 의무) "나머지는 영원을 위한 것이므로 계산합니다." 『물리학』. 제8권 그는 엠페도클레스의 말을 인용합니다. 운동은 영원하며 어떤 것들에 대해서는 다음과 같이 선언합니다. 인생(aiōn)은 영구적이지 않습니다.

"또는 그는 많은 것들을 통해 자연스럽게 되는 법을 배웠습니다.
아니면 또 한 사람이 탈출하면 이제 처형당할 것입니다.
그것은 나에게 일어나고 있으며, 영원의 깊이가 어디에 있는지"

아리스토텔레스(기원전 384년)는 이 단어를 여러 번 사용했습니다. 그는 지구의 존재[89] 또는 지속(ahem), 무한한 아이오노스(aionos),[90] 그리고 "신과 관련된" "영원한 (행동) $α\acute{ι}δη$"(또는 존재)에 대해 언급합니다. 아리스토텔레스가 신에게 영원성을 부여하기 위해 아이온(aiōn)에 아이디오스(aidios)를 덧붙일 필요가 있다고 생각했다는 사실은 그가 아이온(aion)*이라는 단어에서 영원성을 전혀 발견하지 못했음을 보여줍니다. 또한 그가 아이온(aion)*이라는 단어가 끝없는 지속을 의미한다고 생각했다는 생각을 완전히 버리고, 심지어 일부 사전 편찬자들의 의견에 따르면 aei On에서 유래했거나 고대인들이 그렇게 생각했다는 것을 인정하기까지 합니다. 이 단어의 유사한 용례는 『DeCælo (천상에 대하여)』에도 나타납니다. "전체 하늘은 하나이고 영원하며(aidios), 전체 aion의 시작도 끝도 없다." 같은 책[91]에서 아리스토텔레스가 이 단어의 유래를 설명한 것으로 알려

89) De Mundo. Cap. 5.
90) Metaph., Lib. XIV.
91) Ib., Lib. I., Cap. 9. See also Cap. 10.

진 유명한 구절이 나온다.

굿윈웰 씨는 이 단어가 아리스토텔레스 시대보다 천 년 전에 존재했으며, 아리스토텔레스는 그 단어의 기원에 대한 지식이 없었고, 오늘날의 많은 학자들보다 그 기원을 추적하는 능력이 부족했다고 지적합니다. "따라서 우리는 고대 단어의 유래에 대한 아리스토텔레스의 의견을 광범위한 학식과 오랜 세월에 걸맞은 존중으로 간주하겠지만, 그의 의견이 반박할 수 없는 권위는 아니라는 점을 명심해야 합니다." 굿윈 씨는 아리스토텔레스가 'aei On'을 지속이 아니라 신에게 적용했으며, (앞서 살펴본 바와 같이)[92] 인간의 존재는 'aion'이라고 단언합니다. 완전성은, 짧든 길든, 그의 생각입니다. 아리스토텔레스가 사용했듯이 "aion은 영원의 의미를 포함하지 않았습니다."[93]

『De Mundo (우주에 관하여)』에서[94] 아리스토텔레스는 "별, 해, 그리고 달 또한 하나의 아이온에서 다른 아이온으로 가장 완벽한 단위로 움직인다"라고 말합니다. 아리스토텔레스가 그 단어가 처음에는 항상 존재를 의미하는 두 단어에서 유래했다고 말했다 하더라도, 그가 직접 사용한 표현은 그 당시(기원전 350년)에는 그런 의미가 아니었음을 보여줍니다. 또한 그는 지구에 대해 "이 모든 일은 지구의 선을 위해, 지구의 아이온(aionos), 즉 생명의 지속 기간 동안 안전을 유지하기 위해 행해지는 것 같다"라고 말합니다. 그리고 더욱 중요한 것은 하나님의 존재에 대한 그의 언어, "생명과 지속적이고 영원한 아이온"이 그 목적에 부합한다는 것입니다. 그리고 더욱 중요한 것은 하나님의 존재에 관한 그의 언어,[95] "생명과 지속적이고 영원한 아이

---

92) Etymology.
93) Chris. Exam.
94) DeMundo. Cap. 5.
95) Metaph. Lib. XIV.

온(aion)"입니다. 여기서 아이디오스(aïdios, 영원)라는 단어는 아이온을 한정하고 아이온에 아이온 자체에는 없는 영원함이라는 의미를 부여하기 위해 사용됩니다. 아리스토텔레스는 '영원한 영원'이라는 표현을 사용할 수 없습니다. 만약 아이온이라는 단어가 그의 시대나 그의 정신 속에서 영원이라는 개념을 담고 있었다면, 그는 아이디오스를 덧붙이지 않았을 것입니다. "모든 사람의 삶의 시간을 둘러싸는 한계는 그의 지속적인 존재, 즉 아이온(aion)이라고 합니다. 같은 원리로, 온 하늘의 한계이자 우주의 체계를 둘러싸는 한계는 신성한 것, 즉 불멸하고 항상 존재하는 아이온이며, 아이온이라는 이름은 항상 존재하는 것(aei on)에서 유래합니다." 아리스토텔레스의 저작에서 12번의 사례 중 11번에서 아이온은 의심스럽게 사용되거나 위에서 인용한 사례와 유사한 방식으로 (한 아이온에서 다른 아이온으로, 즉 한 시대에서 다른 시대로) 사용되지만, 이 마지막 사례에서 아이온은 끝이 없다는 것이 분명합니다. 아이디오스와 같은 형용사로 묘사될 때에만 끝이 없으며, 그 의미는 끝이 없습니다. 아리스토텔레스가 창조된 사물이 하나의 아이온에서 다른 아이온으로 존재한다는 것과, 영원한 신의 존재는 그렇게 미약한 단어로는 설명될 수 없으며, 끝없는 지속을 표현하는 또 다른 단어가 추가되어야 한다는 것을 직접 들은 후, 그 단어가 어떻게 생겨났는지는 중요하지 않습니다. 아이온은 불멸을 의미하는 단어로 강화될 때에만 영원한 지속의 힘을 얻습니다.

대부분의 경우 이 단어는 묘사적인 형용사에 의해 확장됩니다. 아이스킬로스는 유피테르를 "끊임없는 아이온의 왕"이라고 부르고, 아리스토텔레스는 한 경우 천국의 아이온은 "시작도 끝도 없다"라고 명시적으로 언급하고, 다른 경우 그는 인간의 삶을 그의 아이온이라고 부르고, 천국의 아이온은 '불멸'이라고 부릅니다. 아이온이 영원을 의미한다면, 그 의미를 확장하기 위해 "시작도 끝도 없다" 또는 '불멸'을 덧붙이는 이유는 무엇일까요? 이러한 인용문들은 고전에서 아이온이 영원을 의미하지 않는다는 것을 반박할 수 없이 보여줍니다. 아이온과 관련된 한정어나 주어가 그 본질적인 가치를 더하지 않는 한, 영원을 의미하지는 않습니다.

비처 박사는 이렇게 말합니다. "로마에는 세속 게임으로 알려진 특정 정기적인 경기들이 있었는데, 이는 라틴어로 '세쿨룸(seculum)', 즉 기간 또는 시대를 의미하는 단어에서 유래했습니다. 그리스어로 글을 쓴 역사가 헤로디아스는 이를 '아이온 경기', 즉 세쿨룸의 끝에 주기적으로 발생하는 경기라고 불렀습니다. 사실, 이를 영원한 경기 또는 영속적인 경기라고 부르는 것은 매우 특이한 일입니다. 크레머는 그의 걸작 『신약 그리스어 사전』에서 이 단어의 일반적인 의미를 '아이온에 속하는'이라고 설명합니다." 헤로도토스, 이소크라테스, 크세노폰, 소포클레스, 디오도로스 시켈로스는 이 단어를 정확히 같은 방식으로 사용합니다. 디오도루스 시쿨루스는 ton apeiron aiona, 즉 '무한한 시간'을 말합니다.

그러므로 70인역이 기록되기 6세기 전부터 고전 그리스 저술가들은 명사 aion과 그 형용사를 사용했지만, 끝없는 지속이라는 의미로는 한 번도 사용하지 않았던 것으로 보입니다. 따라서 70인역이 히브리어 성경을 그리스어로 번역했을 때, 그들은 이 단어들에 어떤 의미를 부여하려고 했을까요? 그들이 선행 그리스 문헌에서 가졌던 의미와 다른 의미로 이 단어들을 사용했을 가능성은 없으며, 전혀 추측할 수 없습니다. '말'을 의미하는 히브리어 단어가 '말'을 의미하는 그리스어 단어로 번역되었고, 각 히브리어 단어가 정확히 같은 것을 나타내는 그리스어 단어로 바뀌었듯이, 히브리어에서 지속을 표현하는 용어들은 비슷한 지속을 나타내는 그리스어 용어가 되었습니다. 번역자들은 일관되게 olam을 aion으로 번역했는데, 둘 다 무한한 지속을 의미합니다.

우리는 영원이라는 개념이 구약성경이 기록될 당시 히브리인들의 정신에 들어오지 않았음을 보여주었습니다. 그렇다면 어떻게 끝없는 지속을 표현하는 용어를 사용할 수 있었을까요? 이제 우리는 그리스 문헌이 그 단어를 제한된 지속이라는 의미로 일관되게 이해한다는 것을 보여주었습니다. 이것은 70인역이 준비될 당시 그 단어가 어떻게 사용되었는지를 정확하게 알려주며, 구약성경을 이해하는 방법을 보여줍니다.

오랜 세월 동안 영원이라는 개념이 인간의 마음에, 아마도 그리스인들에 의해 처음으로 인식되었을 때, 그들은 그 개념을 나타내는 데 어떤 단어를 사용했습니까? 그들은 aion-aiōnion을 적절하다고 여겼습니까? 전혀 그렇지 않습니다. 하지만 플라톤과 아리스토텔레스, 그리고 다른 사람들은 아이디오스(aidios)를 사용하며, 우리가 논의하는 단어와 대조적으로 명확하게 사용합니다. 우리는 아리스토텔레스의 예를 들어보겠습니다. "온 하늘은 하나이고 영원하며(aidios), 완전한 aion(생명 또는 지속)의 시작도 끝도 없습니다." 같은 장에서 아이디오테스(aidiotes)는 영원을 의미하는 데 사용됩니다.

플라톤은 신들을 '아이디온'이라고 부르고, 그들의 본질을 '아이디온'이라고 부릅니다. 이는 시간적 개념인 '아이오니오스'와 대조됩니다. 따라서 '아이디오스'는 칠십인역과 동시대 그리스 작가들이 끝없는 지속을 묘사하는 데 가장 선호하는 단어입니다. '아이온'은 결코 그렇게 사용되지 않습니다.

굿윈은 이렇게 말합니다. "영원함을 아이온(aion)의 의미 중 하나로 지정하는 사전 편찬자들은 신학적, 히브리적, 랍비적 그리스어, 또는 사도 시대 이후는 아니더라도 70인역 이후의 어떤 종류의 그리스어에서 확실한 증거를 찾습니다. 저는 어떤 사전 편찬자도 aion이 영원을 의미한다는 증거로 고대 고전 그리스어의 용법을 제시한 사례를 알지 못합니다. 고대 고전 그리스어는 이를 완전히 거부합니다. …그가 '고대'라고 말한 것은 70인역 이전의 그리스 문헌을 의미합니다. 그는 이렇게 자신이 조사한 가장 오래된 7권의 그리스 고전에 대한 그의 성실한 조사를 한 줄 한 줄 결론짓습니다. 이러한 저자들의 aion은 결코 긍정적인 영원성을 표현하지 않습니다."

따라서 70인역이 히브리어 성경의 정확한 의미를 전달하는 구약성경의 그리스어 번역본을 세상에 내놓는 작업을 시작했을 때, 그들은 '아이온'과 그 파생어 및 중복 표현을 당시 사용했던 의미 그대로 사용했음이 드러납니다. '무한한 지속'은 당시 그리스 문학에서 그 단어들이 가졌던 의미가 아니었습니다. 따라서 구약성경 그리스어에서는 그 의미를 가질 수 없습니다. 히브리어 구약성경이 그리스어 70인역으로 번역될 당시 그리스 문학이 '아이온'에 무한한 지속이라는 의미를 부여하지 않았다는 것은 분명한 사실입니다. 따라서 우리는 구약성경을, 그 단어가 등장하는 모든 형태와 장소에 제한된 지속이라는 의미를 부여하는 구약성경으로 해석해야 합니다. 구약성경 전체를 살펴보면, 고전에서처럼, 그리고 사전 편찬자들과 비평가들이 정의한 대로 '무한한 지속'이라는 의미가 사용되었음을 알 수 있습니다.[96]

---

96) 클라크 교수는 우리의 모든 인용문을 검토한 후, 시인의 글에서 아이온이 생명을 의미하며 비오스와 거의 동일하다는 것을 인정하지만, 플라톤 시대부터 영원의 형이상학적 의미가 완전히 대체되었다고 생각합니다. 우리는 위대한 철학자가 단어의 의미를 혁명적으로 바꿀 만큼 엄청난 업적을 달성했다는 특별한 가정의 증거를 본 적이 없습니다. 모든 문헌학자에게는 매우 불가능해 보이는 일입니다. 증명되기 전까지는 학생들은 플라톤이 단어를 발견한 그대로 사용했다고 인정해야 합니다.

게다가, 우리가 지금 보여드리겠지만, 70인역은 클라크 교수가 그에게 돌린 예를 무시하고 다른 고전학파가 항상 그래왔던 것처럼 그 단어를 사용했습니다. 플라톤이 아이온에 영원의 의미를 부여하려 했다고 가정하면서 말입니다. 클라크 교수는 자신의 입장에 반대하는 가장 강력한 주장을 펼칩니다. 플라톤처럼 위대한 문학 독재자라 할지라도 그 의미를 고수할 수 없었기 때문입니다. 후대 작가들은 그의 권위를 인정하지 않고 선대 작가들이 했던 것처럼 그 단어를 계속 사용했습니다. 플라톤이 (그렇게 하지 않았지만) 자신의 저서에서 아이온에 영원한 지속을 주입했다면, 플라톤의 영향력이 사라지는 순간 그 본질적인 의미가 스스로를 드러냈을 것입니다. 하지만 우리의 인용문은 위대한 철학자의 관습이 선대 작가들의 관습과 조화를 이루었음을 보여줍니다.

참고. 고전 관련 장의 교정본을 화이트 총장에게 제출한 후, 그는 다음과 같은 중요한 수정 사항을 친절하게 알려주었습니다: 52페이지에서 클라크 교수는 단독으로 오류를 범한 것으로 보입니다. 에린나의 인용문을 참조하십시오. 일부 작가들은 에린나가 로마(힘)에게 송가를 바쳤다고 생각한다는 것을 알고 있습니다. 권위의 무게는 다른 곳에 있습니다. 바이드. αἰών라는 단어는 에린나(기원전 610년)만큼 이른 시기의 어떤 그리스 작가도 나이를 나타내는 의미로조차 사용하지 않았습니다. 이 시는 아마도 '로마의 수호신'(도시)에게 바쳤을 것이며, 사포의 제자였던 에린나(기원전 610년)가 아니라 기원전 300년경, 또는 적어도 로마가 패권했던 시기에 살았던 같은 이름의 다른 시인이 쓴 것일 것입니다. 같은 또는 유사한 관점을 취하는 다른 사람들은 이 시를 거의 같은 시기에 살았던 여시인 멜린나의 작품으로 돌립니다. 저는 몇 달 동안 살펴본 후 이 문제에 대한 제 오류를 발견했습니다. 이와 관련하여 꽤 자세한 이야기를 해드릴 수 있을 것입니다. 저는 단 하나의 근거만 인용하겠습니다. 뫼비우스는 그의 『아나크레온, 사포와 에린나 단편집』에 이 시를 삽입했지만, 사포와 동시대의 사람이 아니라고 말합니다. 뫼비우스의 주석은 라틴어로 되어 있습니다. 나는 다소 자유롭게 번역하겠습니다. "스토바이우스는 우리에게 이 가장 우아한 '고향에 대한' 시를 보존했고, 그것을 멜린다(혹은 멜린누스)의 시, 또는 레즈비언 에린나의 시라고 부릅니다. 이 에린나는 사포와 동시대 인물은 아니었지만, 로마가 권력의 정점에 도달했던 후대에 살았음이 분명합니다. 왜냐하면 이 시에서 도시 로마가 아니라 여신 '힘'이 찬양된다고 생각하는 사람들은 전혀 믿을 수 없기 때문입니다." 저자(뫼비우스)는 야콥의 『Lyrische Blumen』(227쪽)을 자신의 권위로 언급합니다. 또한 F. Th. Welker의 Creuzern Meletem. Vol.II., p. 18 등을 참고합니다. Welker는 일류 권위자입니다. 이는 매우 중요한 문제입니다.

2. 구약성경

오경은 바빌론 포로 생활에서 귀환할 무렵에 그리스어로 번역되었고, 구약 성경 전체는 기원전 384-347년경,[97] 플라톤이 사망할 무렵에 한 권으로 편찬되었는데, 플라톤은 아마도 이 책을 직접 보았을 것입니다.

그리스도 당시 유대인들의 문학이 얼마나 철저하게 그리스적이었는지 깨닫기는 어렵습니다. 게이키는 이렇게 말합니다.[98] "시리아 왕조 시대에도 팔레스타인은 그리스 도시들로 둘러싸여 있었고, 헤롯 시대에 그리스 정착민들의 이주로 인해 블레셋 해안과 데카폴리스의 도시들은 유대적인 것보다 훨씬 더 그리스적인 분위기를 풍겼습니다. 그리스어는 루이 14세 시대에 유럽의 프랑스어가 그랬듯이 제국의 궁정 방언이 되었습니다. 따라서 헤롯 영토의 상류층에서는 그리스어를 널리 선호하고 사용했습니다. 마치 다윗의 왕좌가 이교를 퍼뜨리기 위해서만 존재하는 것처럼 보였습니다!" 이러한 상황 때문에 팔레스타인의 유대인들은 히브리어 성경만큼이나 그리스어 구약 성경에도 익숙했고, 따라서 그리스도와 그의 사도들은 거의 예외 없이 칠십인역을 인용했습니다. 그들이 그리스어 단어에 고전 그리스어에서 사용된 것과 다른 의미를 부여했다고 말하는 것은 그 단어들이 그 단어들에 대해 말하고 읽은 모든 것과 다른 의미를 부여했다는 것은 자명한 사실과 모순됩니다. 물론 칠십인은 모든 그리스어 단어에 고

---

97) 프라이도(Prideaux, Connection, Vol. III., Part ii., Book I.)는 기원전 300-200년이라고 말합니다. 그러나 더 최근의 더 나은 권위자들은 기원전 384-347년, 프톨레마이오스 필라델푸스 통치 기간이라고 말합니다. 이 성경은 알렉산드리아에서 팔레스타인으로 즉시 전해져 당시 아람어를 사용하던 유대인들의 공통 성경이 되었습니다. 예수님과 사도들은 이 성경에서 거의 동일하게 인용했습니다.

98) The Life and Words of Christ, by Cunningham Geikie, D.D.

전 그리스어에서와 같은 의미를 부여했습니다. 그리스어 구약성서에서 aion이나 다른 단어가 무엇을 의미하는지 확인하려면 당시 그리스어로 그 의미를 배우기만 하면 됩니다. 70인역은 히브리어 단어인 '말'을 '파리'를 뜻하는 그리스어로 번역했을 것입니다. 마치 그들이 aion을 무한한 지속을 의미하는 단어로 사용했을 것처럼 말입니다. 만약 우리가 이미 보여주었고 앞으로 보여줄 것처럼, 만약 그 사실, 선행 및 동시대 그리스 문학이 aion을 제한된 지속을 나타내는 데 사용했다면 말입니다.

따라서 논의 중인 단어가 구약성경의 그리스어 버전에서 이전 및 동시대 그리스 문학에서[99] 의미했던 것과 같은 의미를 가지고 있다는 것을 부인하거나 의심할 수 없습니다. 히브리어 성경의 정확한 의미를 전달하는 구약성경의 그리스어 버전을 세상에 알리기 위해, 칠십인은 '올람'이 사용된 것과 같은 의미로 아이온을 사용했어야 합니다. '올람'은 '올람'과 변함없이 동일한 의미를 가지고 있기 때문입니다. 그리고 끝없는 지속은 그리스 문학에서 그 단어가 가졌던 의미가 아닙니다. 따라서 앞서 살펴본 바와 같이 그 단어는 구약성서 그리스어에서 그런 의미를 가질 수 없습니다. 당시 그리스 문헌에서 히브리어 구약성서가 그리스어 70인역으로 번역되었을 때, 아이온에 끝없는 지속이라는 의미를 부여하지 않았다는 사실보다 더 분명한 것은 없습니다. 따라서 구약성서는 그 단어를 무기한의 지속이라는 의미로 사용해야 한다는 것은 자명합니다. 그렇지 않으면 구약성서는 독자들을 오도할 것입니다.

---

99) 그리스어 구약성서는 히브리어 단어의 최고의 그리스어 동등어 사전입니다.

E. S. 굿윈 목사는 70인역에 대해 다음과 같이 말합니다.[100] - "이 번역자들은 그리스 학자들이었습니다. 유대인이든 이방인이든 그들은 그리스 문학에 정통했어야 했고, 그렇지 않았다면 번역 작업에 능숙하지 못했을 것입니다. 번역할 때, 그들은 가능한 한 고전적인 의미로 그리스어 단어를 사용했습니다. 히브리어 단어를 나타내는 그리스어 단어를 선택할 때, 그들은 진정한 그리스어로 그들이 히브리어 단어에 존재한다고 믿는 의미에 최대한 가까운 일반적인 의미를 유지하는 단어를 선택했습니다. 여러 의미를 유지하는 히브리어 단어를 번역할 때, 그들은 그 목적을 위해 가능한 한 비슷한 다른 의미를 유지하는 그리스어 용어를 선택했습니다. 문제의 그리스어 단어의 경우 그들이 특정 히브리-그리스어 의미로 사용했다는 증거가 없는 한 고전적인 의미로 이해되어야 합니다. 다양한 관용어법을 적절히 고려하여 두 언어, 그리고 서로 가장 유사한 단어에 존재하는 미묘한 차이점들을 위해 70인역은 히브리어 "올람"의 의미로 이해한 것을 나타내기 위해 아이온(αἰών) 또는 아이오니오스(αἰώνιος)를 균일하게 사용합니다. 매우 균일하여 현재 연구의 모든 목적에 대해 그들은 항상 그렇게 한다고 말할 수 있습니다. 그리스어에는 αἰών과 αἰώνιος 외에도 영원과 영원을 표현하는 용어들이 있는데, 후자가 이러한 개념을 표현하든 그렇지 않든 말입니다. 그러나 다른 용어들은 70인역이 '올람'이라는 단어를 번역할 때 결코 사용되지 않습니다. 히브리어 성경에서 그들은 αἰών과 αἰώνιος를 '올람'의 번역에 적절한 용어로 선택했습니다. 그들은 이 목적을 위해 이 단어들을 고집했습니다. 꼼꼼하고 고집스럽게. 추론은 간단합니다. 그들은 이 히브리어 용어가 고전 그리스어의 이 그리스어 단어들과 거의 같은 의미를 지닌다고 믿었

---

100) Chris. Exam. March. 1831.

다는 것입니다. 두 언어의 관용어가 인정하는 바와 같이 말입니다. 그렇다면 당시 그리스어로 αἰών 또는 αἰώνιος의 의미가 무엇이었든, 우리는 그들의 마음속에는 그런 의미가 있었을 것이라고 믿어야 하며, (그들의 유리한 상황을 고려할 때) 위에서 언급한 것처럼 적절한 허용을 통해 그것의 진정한 의미도 그랬을 것이라고 믿어야 합니다.

구약성서에서 그 단어의 용법을 보여주기 전에 우리의 조사의 시작 부분에서 잠시 멈추어 하나님께서 수백만 영혼의 불멸의 복지를 단 하나의 모호한 단어의 의미에 맡기셨다는 생각의 완전한 불합리성에 대해 이야기해 보겠습니다. 만약 그분이 어떤 단어로든 끝없는 형벌을 가르치려고 의도했다면, 그 단어는 너무나 명확하고 획일적이며 빈번하게 사용되어 어떤 필멸자도 그 의미를 오해할 수 없었을 것입니다. 그 단어는 처음부터 끝까지 가장 엄격한 주의를 기울여 보호되었을 것이며, 단어들 사이에서 독특하고 독특했을 것입니다. 더 이상 여호와의 신성한 이름이 유한한 존재에게 적용되는 것보다 어떤 경우에도 제한된 의미를 지닙니다. 모든 지속의 정도를 나타내는 대신, 영원보다 낮은 의미를 결코 갖지 않았을 것입니다. 하나님께서 인간의 최후 운명에 대한 질문을 그런 단어에 미루셨다는 생각은 사려 깊은 사람이라면 그런 생각을 품고 있다는 것을 알지 못했다면, 그리스도인들도 그런 생각을 품고 있다는 것을 알지 못했을 것입니다. 그러나 끝없는 지속은 구약성경에서 아이온이나 그 파생어로 표현되거나 암시된 적이 없습니다. 그것이 관련된 주제에서 의미를 얻는 경우를 제외하고는 위대한(great)이라는 단어가 신성을 묘사할 때 무한함을 의미하는 것처럼 말입니다. 구약성서에서 이 논쟁의 여지가 있는 단어가 504회 등장하는데, 그중 약 400회는 제한된 기간을 의미하므로, 구약성서의 상당 부분은 그리스 고전의 그것과 관례적으로 일치합니다. 나머지 사례들은 최고의 사전 편찬자들이 제시한 규칙을 따릅니다. 즉, 단어가 끝없는 것을 의미하는 것은 그 단어와 관련된 주어의 본질에서 무한함의 의미가 도출될 때에만 끝없는 것을 의미한다는 것입니다.[101]

비처 박사는 다음과 같이 업급합니다. "아이오니오스라는 용어에 무한함이라는 의미를 부여하면, 구약성경을 모순으로 가득채웁니다. 왜냐하면 구약 성경은 종종 단호하게 일시적이라고 선언하는 체계들의 절대적인 영원성을 선언하기 때문입니다. 또한 아이오니오스가 사물의 본성이 허락하는 한 지속됨을 의미한다고도 할 수 없습니다. 모세의 규례는 적어도 세상 끝날까지 지속되었을지 모르지만, 그렇지 않았습니다. 더욱이, 이 원칙에 따르면, 이 단어의 진정한 의미에 대한 예외는 그 적절한 용법을 넘어서는 경우가 많습니다. 왜냐하면 구약 성경에서 대부분의 경우 아이오니오스는 제한적이고 일시적인 것에 적용되기 때문입니다."

먼저 구약성경에서 명사가 어떻게 사용되었는지 살펴보겠습니다. 하나님께 적용되는 구절과, 하나님께 크게 적용하면 무한함을 의미하는 것처럼, 무한함을 함축하는 구절들을 제쳐두고, 일반적인 용법을 살펴보겠습니다. 전도서 1장 10절, "보라, 이는 새 것이라! 옛적부터 우리 전에 있던 것이라 할 만한 것이 있느냐?" 시편 25편 6절, "여호와여 주의 인자하심과 긍휼하심을 기억하옵소서. 이는 영원부터 있었음이니이다." 시편 119편 52절, "여호와여 주의 옛적 규례들을 기억하고 스스로 위로하였나이다." 이사야 46장 9절, "옛적 일을 기억하옵

---

101) 명사 394 회와 형용사 110 회: 그리고 4개를 제외한 모든 것은 olam의 번역입니다.

소서." 이사야 64장 4절, "세상이 시작된 이래로." 예레미야 28:8, "나와 너보다 앞서 있던 선지자들이 옛날에 여러 나라와 큰 왕국들에 대하여 전쟁과 악과 전염병에 대하여 예언하였느니라" 예레미야 2:20, "내가 옛적에 네 멍에를 꺾고 네 결박을 끊었느니라" 잠언 8장 23절, "나(지혜)는 영원부터, 태초부터, 땅이 생기기 전부터 세워졌느니라" 여기서 '영원'과 '세상이 있기 전'은 동격어입니다. 시편 73편 12절, "보라, 이들은 세상에서 번성하는 악인들이니라." 신명기 32장 7절, "옛날을 기억하라." 에스겔 26장 20절, "옛적 백성." 시편 113편 3절, "오래 전에 죽은 자들." 애가 3장 6절에도 동일하고, 아모스 9장 11절, "옛적 날들." 이사야 11장 9절, "옛적 세대들." 미가 7장 14절, "옛적날들." 말라기 3장 4절에도 동일하고, 시편 113편 1절에도 동일하며, 48:14, "이 하나님은 영원무궁토록 우리의 하나님이시니, 죽기까지 우리를 인도하시리라." 이 복수형은 '죽기까지'를 의미합니다. 그리스도의 왕국은 '영원히', '끝없이' 지속될 것으로 예언되어 있습니다(다니엘 2:44; 사 69:21; 시 100:4; 사 9:7; 시 139:29). 성경에서 가르치는 것이 있다면, 그것은 그리스도의 왕국이 끝날 것이라는 것입니다. 고린도전서 15장에서는 예수께서 왕국을 하나님 아버지께 넘겨주시고, 그의 통치가 완전히 끝날 것이라고 분명하고 분명하게 선포합니다. 따라서 다니엘 2:44과 같은 구절에서 그리스도의 왕국이 영원히 설 것이라고 읽을 때, 우리는 '영원히'라는 단어가 하나님께서 '만유 안에 있는 모든 것'이 되실 '끝'으로 제한된 메시아의 통치를 의미한다는 것을 이해해야 합니다.

모든 종들이 50년마다 해방되었을 때, 종들은 영원히 매여 있다고 선언되었습니다. 따라서 신명기 15장 16-17절에는 이렇게 기록되어 있습니다. "만일 그가 너와 네 집을 사랑하고 너와 잘 지내므로 네게 이르기를 내가 너를 떠나지 아니하겠노라 하거든, 너는 송곳을 가져다가 그의 귀를 문에 꿰어 꿰고, 그는 영원히 네 종이 되리라." 그리고 우리는 (레위기 25:10,39-41) 이렇게 말했습니다. "너희는 오십 년째 되는 해를 거룩하게 하여 그 땅의 모든 주민에게 자유를 선포하라. 이는 너희에게 희년이 될 것이며, 너희는 각 사람을 자기 소유지로 돌려보내고, 각 사람을 자기 가족에게 돌려보내라. 만일 너희와 함께 사는 네 형제가 가난하게 되어 너희에게 팔리면, 너는 그를 강제로 노예로 부리지 말고, 품꾼과 나그네로 부리되, 그는 너와 함께 있어 희년까지 섬기게 하라. 그 후에 그는 그의 자녀와 함께 너를 떠나 자기 가족에게로, 그의 아버지의 소유지로 돌아갈 것이다." 이 영원한 기간은 기껏해야 49년 364일과 몇 시간밖에 되지 않습니다.

그리고 다음 구절에서 아무도 아이온(aiōn)에 끝없는 지속의 의미를 부여하지 않을 것입니다. 사무엘하 7:16, "네 집과 네 나라가 네 앞에 영원히 견고하리라 네 왕위가 영원히 견고하리라." 사무엘하 7:29, "그러므로 이제 주의 종의 집에 복을 주사 영원히 주 앞에 있게 하옵소서. 주 하나님이 말씀하셨사오니 주의 종의 집이 영원히 복을 받게 하옵소서. 이것이 다윗의 집과 나라와 왕위니이다." 사무엘상 2:45, "솔로몬 왕은 복을 받을 것이요 다윗의 왕위는 여호와 앞에 영원히 견고하리라." 왕상 9:5, "내가 네 아버지의 왕위를 이스라엘 위에 영원히 견고하게 하리라. 내가 네 아버지 다윗에게 약속하여 이르기를 이스라엘의 왕위에 오를 사람이 네게서 끊어지지 아니하리라 한 대로" 역대상 17:27. 그러므로 이제 주의 종의 집에 복을 주사 영원히 주 앞에 있게 하옵소서. 주께서 복을 주시면 그 집이 영원히 복을 받을 것입니다." 역대상 28:4, "그러나 이스라엘의 하나님 여호와께서 내 조상의 온 집보다 먼저 나를 택하사 영원히 이스라엘의 왕이 되게 하셨으니 이는 그가 유다를 왕으로 택하셨음이요 유다 집에서 내 조상의 집을 택하셨음이니이다. 그리고 내 아버지의 아들들 가운데서 그는 나를 좋아하여 온 이스라엘의 왕으로 삼으셨습니다." 역대하 13:5, "이스라엘의 하나님 여호와께서 소금 언약으로 이스라엘 나라를 다윗에게 영원히 주셨음을 너희가 알지 못하느냐?" 시편 89:3-4, "내가 택한 자와 언약을 맺고 내 종 다윗에게 맹세하였노라 내가 네 씨를 영원히 견고하게 하며 네 왕위를 대대로 견고하게 하리라. 셀라." 시편 89:36, "그의 씨는 영원히 지속되고 그의 왕위는 해와 같이 내 앞에 있으리라." 시편 89:37, "그것은 달과 같이 영원히 굳게 설 것이요 하늘에 있는 충실한 증인과 같으리라. 셀라." 에스겔 37:25, "그들은 내가 내 종 야곱에게 준 땅에 거할 것이요, 네 조상들이 거하던 땅에 거하리라. 그들이 그 가운데 거하리니, 그들과 그들의 자손과 그들의 자손이 영원히 거할 것이요 내 종 다윗이 영원히 그들의 왕이 되리라." 사무엘상 13:13, "사무엘이 사울에게 이르되, 네가 어리석게 행하였도다. 네 하나님 여호와께서 네게 명하신 명령을 지키지 아니하였도다. 여호와께서 네 나라를 이스라엘 위에 영원히 세우셨을 것이니라." 예레미야 31:40, "죽음과 재의 골짜기 전체와 기드론 시내까지의 모든 밭과 동쪽 말문 모퉁이까지 여호와께 거룩한 곳이 되리니, 영원히 다시는 뽑히거나 무너지지 아니하리라."

삼하 7:13, 16, 25, 26, 22i:51; 왕상 2:33; 역대상 17:12, 14, 22, 23, 22:10, 28:7; 유딧 2:1; 역대하 7:3; 시 8편; 창 13:15; 대상 28:4, 7, 8; 에스겔 37:25; 예레미야 7.7; 삼하 7:24; 역대상 17:22; 요엘 3:20; 왕하 21:7; 대상 33:4; 유딧 48:8; 예레미야 17: 25; 역대상 28:25; 사 23:7; 왕상 9:3; 대하 30:8; 에스겔 37:26, 28 ; 대하 7:16 ; 출 19:9, 40:15; 역대상 23:13, 25; 역대상 15:2; 레 3:17; 대하 2:4; 출 12:24; 여호수아 4:7; 아모스1:11;

이사야 13:20; 33:20; 34:10; 왕상 10:9; 대하 9:8; 시 28장; 에스겔 43:7. 확실히 이 모든 텍스트에서 언어가 견딜 수 있는 최대 시간은 한정되어 있습니다. 그리고 이것들은 지배적인 것의 표본 구절입니다. 독자는 구약성경 전반에 걸쳐 이 용어가 갖는 의미를 쉽게 알 수 있을 것입니다.

형용사는 이 구절과 다른 구절에서 명사와 같은 의미로 사용됩니다.

창세기 9:12,16, 17:8, 13, 19; 민수기 25:13; 출애굽기 12:14, 17, 27:21, 28:43, 29:28, 30: 21, 31:16, 17; 레위기 6:18, 22, 7:34, 36, 10: 15, 16:29, 31, 34, 17:7, 23:14, 31, 41, 24: 3, 8, 9; 민수기 10:8, 15:15, 18:8, 11, 19, 23, 19:10, 21; 삼하 23:5; 역대상 16:17; 이사야 24:5; 에스겔 16: 60; 시편 77:5; 사 63:11; 예레미야 6:16, 18:15, 25:5; 사 40:8; 예레미야 5:22, 18:16, 25:9, 12; 에스겔 35:9; 예레미야 20:11, 23:40, 51:39; 미가 2:9

앞서 언급한 구절 중 일부를 인용해 보겠습니다. "너희는 무교절을 지켜야 한다. 바로 이 날에 내가 너희 군대를 이집트 땅에서 인도해 냈기 때문이다. 그러므로 너희는 이 날을 영원한 규례로 대대로 지켜야 한다." "너는 이스라엘 자손에게 명령하여 등불을 위해 찧어 낸 순수한 올리브 기름을 가져오게 하여 등잔을 항상 켜 두도록 하여라." "회중의 장막 안, 증거판 앞 휘장 밖, 아론과 그의 아들들은 저녁부터 아침까지 여호와 앞에서 그것을 관리해야 한다. 이는 이스라엘 자손을 위한 그들의 대대로 영원한 규례가 될 것이다." "아론과 그의 아들들이 회막에 들어오거나 제단에 가까이 와서 성소에서 섬길 때 이 옷을 입어야 한다. 그래야 그들이 죄악을 지고 죽지 않을 것이다. 이는 그와 그의 후손에게 영원한 규례가 될 것이다." "너는 악인들이 밟았던 옛길을 눈여겨보지 않았느냐?" "나를 두려워하지 말라. 내가 모래를 두어 바다의 경계를 삼고 영원한 명령으로 그것을 지나가지 못하게 하였으니, 그 파도가 거칠게 출렁거려도 이기지 못하고, 포효하더라도 그것을 건널 수 없느니라." 위의 모든 참조 구절은 비슷하게 사용됩니다. '영원한 뜻'이라는 단어를 번역하면, 다음 구절에서 그러한 정의가 얼마나 터무니없는지를 알 수 있습니다.[102] -"내가 너와 네 후손에게 네가 나그네로 있는 땅, 곧 가나안 온 땅을 영원한 소유로 주리라." "그리고 너는 그들의 조상에게 한 것처럼 그들에게 기름을 부어 그들이 제사장 직분으로 나를 섬기게 할지니, 그들의 기름 부음은 영원토록 제사장직이 될 것이니라." "그러면 그의 주인이 그를 문이나 문설주로 데려가서 송곳으로 흙을 파낼 것이요, 그는 영원토록 그를 섬길 것이다."

> "물이 나를 에워쌌습니다. 영혼까지도요.
> 잡초가 내 머리를 감쌌고, 나는 산기슭까지 내려갔습니다.
> 땅이 영원한 빗장으로 나를 감싸고 있었습니다."

덧붙여진 본문들은 통속적인 번역의 부적절함을 보여줍니다. 그 번역은 우리가 10절을 읽도록 강요합니다.[103] "주께서 영원토록, 영원토록, 그리고 그보다 더 오랫동안 통치하실 것이다." "지혜 있는 자들은 궁창의 빛과 같이 빛날 것이요, 많은 사람을 의로 돌아오게 한 자들은 별과 같이 영원토록, 그리고 그보다 더 오랫동안 빛날 것이다." "우리는 여호와 우리 하나님의 이름으로 영원토록, 그리고 그보다 더 오랫동안 행할 것이다." 그러나 대치된 시대와 의미는 완벽합니다. 출애굽기 15장 18절, "주께서 대대로, 그리고 그보다 더 오랫동안 통치하실

---

102) 창세기 17장 8절; 출애굽기 40장 15절; 21장 6절; 요나서 2장 5-6절. 그리스어는 요나서에 형용사를 사용하지만, 히브리어의 정확한 번역은 '영원'입니다.

103) 출애굽기 15:18; 다니엘 12:3; 미가서 4장:

것이다"; 다니엘 12장 3절, "대대로, 그리고 그보다 더 오랫동안"; 미가 5장, "대대로, 그리고 그보다 더 오랫동안."

구약성경을 편견 없이 읽고 그 단어가 매우 광범위한 의미를 가지고 있으며, '위대한'이라는 단어가 크기와 관련이 있는 것처럼 '크다' 라는 단어가 기간과 어떤 관계를 가지고 있다는 것을 알아차리지 못할 사람은 아무도 없습니다. 우리가 하나님을 위대한 하나님이라고 부를 때, 우리는 그분이 무한하다고 생각합니다. 위대하다는 것이 무한하다는 뜻이 아니라, 하나님은 무한하시기 때문입니다. 아이오니온 하나님은 영원하시지만, 아이오니온 이두매의 연기는 이미 꺼졌고, 아이오니온 언덕은 언젠가 무너질 것이며, 모든 아이오니온적인 것들은 더 이상 존재하지 않을 것입니다. 데이비드 스윙 교수는 이렇게 말합니다. "대중의 생각 속에는 '영원'이라는 단어는 많습니다: (1) 칭찬하는 자는 영원합니다. 오 왕이시여, 영원하시니! 하지만 왕은 그렇게 하지 않으실 것입니다. (2) 우정의 영원은 내가 당신을 영원히 사랑하듯이. (3) 수사학의 영원은 고통의 연기가 영원히 올라가듯. (4) 비교의 영원은 한 세대가 지나가고 또 다른 세대가 오지만 땅은 영원히 존재합니다. 세대의 짧은 삶과 비교하면 그렇게 될 것이지만, 땅은 본질적인 영원을 부여받지 못했습니다. 왜냐하면 땅이 하나님의 삶과 비교되는 순간, 땅은 일시적인 것이 되고 하나님은 영원하시기 때문입니다:

"태양 그 자체도 사라지고,
별이 빛나는 세상도 무너질 것이다.
그리고 광활한 영원을 통해
하나님은 모든 것을 이루실 것이다."

형용사가 명사를 수식하고 묘사하는 것이 언어의 규칙이지만, 명사가 때때로 형용사를 수식하는 것 또한 마찬가지입니다. 키가 큰 식물, 키가 큰 개, 키가 큰 사람, 그리고 모든 나무는 길이가 다르지만, 서로 다른 명사는 같은 형용사로 수식됩니다. 형용사는 각각의 경우에 명사에 의해 수식됩니다. 마치 요나를 사흘 동안 붙잡아 두었던 에온의 빗장과 아론의 에온의 제사장직이 이미 끝났고, 아직 파괴되지 않은 에온의 언덕과 항상 인간의 죄에 비례하는 에온의 형벌이 길이가 다른 것처럼 말입니다. 형용사는 수식되고 그 길이는 연결된 명사에 따라 결정됩니다. 따라서 창세기 21장 33절에서 하나님은 에온의 존재이고, 창세기 17장 8절에서 가나안은 에온의 소유이며, 민수기 14장 1-2절에서 가나안은 에온의 소유입니다. 민수기 25장 13절에서 아론 제사장직은 에온적입니다. 요나 2:6에서는 3일이 에온적입니다. 잠언 22장 28절에서는 땅의 옛 경계를 에온적이라고 부릅니다. 하박국 3:6에서는 언덕이 에온적입니다. 따라서 이 단어는 모든 의미를 지닙니다. 삼일에서 엄밀히 영원까지, 그 명사에 따라 의미가 달라집니다. 그렇다면 형벌에 적용될 때 반드시 영원을 의미해야 한다고 가정하는 것은 얼마나 어리석은 일입니까?

테일러 루이스 교수는 "한 세대가 지나가고 다른 세대가 오지만 땅은 영원히 존재한다"라고 말합니다. 이것은 엄밀한 의미에서 끝없는 영원을 의미하는 것이 아니라 단지 무한한 길이의 미래를 의미합니다. 출애굽기 31장 16절, '그러므로 이스라엘 자손은 안식일을 지켜 대대로 안식일을 지켜 영원한 언약을 삼을 것이다.' 여기서의 목적은 무한하거나 측정되지 않는 기간을 나타내는 과장된 용어로 해석될 수 있습니다. 문맥상 "나는 영원히 산다"와 같이 하나님에 대해 언급될 때, 그는 그것이 끝없는 기간을 의미한다고 말합니다. 왜냐하면 "이를 뒷받침하는 것은 그것이 적용되는 대상이며, 단어 자체의 어원적 필연성이 아니기 때문입니다." 그는 "올람"과 복수형인 '아이온', 즉 '시대'와 '시대들의 시대'는 두 단어 모두 그 자체로는 영원을 의미하지 않음을 보여줍니다. 그는 이 단어들이 영원에 대한 개념을 제시하는 데 사용되지만, 하나님과 그의 나라에 적용하면 시대는 유한하다고 인정합니다. L. 교수는 뛰어난 학식을 지녔고, 매우 정통적인 사람이었습니다.

가나안은 유대인들에게 영원한 소유로 주어졌습니다(창세기 17장 8절, 48장 4절; 산들은 영원합니다, 창세기 49장 26절;아론의 제사장 직은 영원합니다. 민수기 25장 13절;유대인의 율법은 영원해야 했습니다, 레위기 16장 34절; 산들은 영원했지만 흩어졌습니다, 합세전 3장 6절; 게하시는 영원히 병들게 될 것이었습니다, 열왕기하 5장 27절; 그리고 어떤 종들은 영원히 종이 될 것이었습니다. 신명기 15장 17절, 레위기 25장 46절; 그 땅은 아브람에게 영원히 주어졌습니다, 창세기 13장 15절; 예루살렘은 영원히 남을 것이었습니다, 예레미야 17장 25절, 31장 40절, 시 48장 8절; 요나는 사흘 동안 물고기 뱃속에 있었고, 나온 후에 "땅이 영원히 내 주위에 풀이 무성하였도다" (요나 6:6). 아무도 이두매 땅을 영원토록 지나가지 못할 것이요, 사 34:10; 그리고 유대인들은 그들의 땅에 영원토록 거할 것이요, 예레미야 7:7. 그러나 유대인들은 영원한 탁월함을 잃었습니다. 아론과 그의 아들들은 제사장 직분을 잃었고, 모세 제도는 기독교로 대체되었습니다. 유대인들은 더 이상 가나안을 소유하지 못했습니다.다윗과 그의 가문은 이스라엘의 왕좌를 잃었습니다. 유대인 성전은 파괴되었고, 예루살렘은 더 이상 거룩한 도시가 아니었습니다. 영원히 종이 될 종들은 모두 주인에게서 자유로워졌습니다. 게하시는 나병에서 치유되었고, 요단강의 돌들이 옮겨졌으며, 이두매의 연기가 더 이상 오르지 않았습니다. 의로운 자들은 약속된 땅을 영원히 소유하지 못했습니다. 언덕과 산 중 일부는 무너졌고, 시간의 이빨은 언젠가 그것들의 마지막을 먼지로 갉아먹을 것입니다. 유대인 제단에서 불이 꺼졌고, 요나는 감옥에서 탈출했습니다. 이 모든 것, 그리고 다른 수많은 영원한 것들, 영원히 지속되어야 했던 것들, 그리고 다양한 에온어 단어들이 적용된 것들, 이제 끝났습니다. 그리고 이 수백 가지 사례가 제한된 기간을 나타내야 한다면, 왜 같은 단어가 형벌과 연결되는 몇 안 되는 경우에 다른 의미를 가져야 합니까? 비록 끝없는 기간이 그 단어의 본질적인 의미라 하더라도, 성경을 읽는 모든 지적인 독자는 위에 인용된 구절에서 그 단어가 제한된 기간을 나타내는 데 사용되어야 한다는 것을 알 것입니다. 그리고 분명히 형벌과 연결되는 아주 적은 경우에도 비슷한 의미를 가져야 합니다. 누가 이 형벌을 집행합니까? 괴물도, 무한한 악마도 아닙니다. 사랑과 자비의 신이십니다. 그리고 우리가 그 단어에 끝없는 기간이라는 의미를 부여하는 것을 금하는 것과 같은 상식이 있습니다. 만약 그 단어의 문자적 의미가 우리가 이미 끝났다는 것을 아는 것에 적용될 때, 무한하신 아버지께서 잘못을 저지르지만 사랑하는 자녀를 대하는 것에 적용될 때에도 그 의미를 부여하는 것을 금할 것입니다. 하지만 우리가 구약성경에서 일반적으로 사용된 용법에 비추어 이 단어를 해석하고, 주어가 하나님을 언급할 때처럼 끝없는 의미를 지닐 때만 이 단어가 무한한 의미를 지닌다는 것을 인지한다면, 하나님의 형벌을 묘사할 때 이 단어가 끝없는 기간을 의미한다고 생각할 수 없습니다.

독자는 성경에서 이 단어가 사용된 다른 예를 살펴보도록 하겠습니다. 창세기 6장 4절, "그 당시 땅에는 거인들이 있었고, 그 후에도 하나님의 아들들이 사람의 딸들에게로 들어와 자식을 낳았는데, 그들은 옛날의 용사들, 곧 명성 있는 사람들이었다." 창세기 9장 12절, 노아와 맺은 하나님의 언약은 '영원한 세대를 위한' 것이었습니다. 창세기 9장 16절, 무지개는 하나님과 '땅 위의 모든 육체' 사이의 '영원한 언약'의 상징입니다. 창세기 13장 15절, 하나님은 아브라함과 그의 후손에게 '영원히' 땅을 주셨습니다. T. 클로우스 박사는 이 구절에 대해 인간의 수명을 의미한다고 말하며, "우리가 '올람'(아이온)이라는 단어를 이처럼 제한된 의미로 사용한다는 사실에 놀라지 마십시오. 이는 히브리어 '올람'과 그리스어 아이온의 가장 일반적인 의미 중 하나입니다."라고 덧붙입니다. 이사야 18장 12절에서는 이 단어가 '옛'과 '기초'로 번역됩니다. "그리고 네게서 나올 자들이 오래되고 황폐한 곳을 세울 것이며 너는 여러 세대의 기초를 쌓을 것이며 너는 무너진 곳을 보수하는 자라 일컬음을 받으리라." 예레미야 18장 15, 16절은 고대적이고 영원한 의미를 지닙니다. "내 백성이 나를 잊었으므로 그들은 헛된 것에 분향하였고, 그들의 길에서 그들을 넘어지게 하여 옛적 길에서 떠나게 하였으며, 닦지 아니한 길로 행하게 하였으며 그들의 땅을 황폐하게 하여 영원한 비웃음거리가 되게 하였으니, 그곳을 지나는 자마다 놀라서 머리를 흔들리라." 이러한 사례는 무한정 인용될 수 있습니다. 애굽기 15장 18절, "영원히 영원토록 더." 12 출애굽기 12장 17절, "너희는 무교절을 지켜야 한다. 이 날은 바로 내가 너희 군대를 애굽 땅에서 인도하여 낸 날이니, 너희는 이 날을 영원한 규례로 대대로 지켜야 한다." 민수기 10:8, "아론의 아들들 제사장들은 나팔을 불 것이니, 그것들은 너희 대대로 영원한 규례가 될 것이다." '너희 대대로'는 여기서 관용적으로 '영원히'와 정확히 같은 의미입니다. 가나안은 '영원한 소유'로 주어졌습니다(창세기 17:8, 48:4). 산들은 영원합니다(합세기 3:6). 아론의 제사장직(레위기 24:8, 9; 출애굽기 40:15; 민수기 25:13; 레위기 16:34)은 영원히 존재해야 했고, 영원한 기간 동안 계속되어야 했습니다. 솔로몬의 성전은 영원히 지속되어야 했지만(역대상 17:12), 오래전에 존재하지 않게 되었습니다. 노예들은 영원히 속박 상태에 있어야 했습니다(레위기 25:46). 그러나 50년마다 모든 히브리인 종들은 자유의 몸이 되어야 했습니다(레위기 25:10). 요나는 영원한 땅의 빗장 뒤에 갇혔습니다(요나 2:6). 이두매의 연기는 더 이상 올라가지 않지만 영원히 올라갈 것이었습니다(이사야 34:10). 유대인들에게 하나님께서는 (렘 32:40) "내가 너희에게 영원한 치욕과 영원한 수치를 가져오리니 이는 잊히지 아니하리라"라고 말씀하셨습니다. 그러나 이방인의 충만한 수가 들어온 후에 이스라엘은 회복될 것입니다.(롬 11:25-6)

이 모든 경우와 다른 수많은 경우에서 이 단어는 제한된 기간을 의미할 뿐만 아니라 복수형으로도 사용되어 끝없는 의미로 해석될 수 없습니다. 왜냐하면 영원은 오직 하나뿐이기 때문입니다. 다니엘 12:3에서 이 단어가 영원을 의미한다고 가정한다면 문자 그대로 해석하면 "영원히 그리고 더 멀리." 13 미가 4:5, "우리는 영원토록 우리 하나님 여호와의 이름으로 행하리라"; 출애굽기 15:18, "영원에서 영원까지 그리고 더 멀리까지"; 시편 119:43-44, "진리의 말씀을 내 입에서 조금도 빼지 마옵소서 내가 주의 판단을 바랐사오니 그리하시면 내가 주의 율법을 항상 영원토록 지키리이다." 이것은 에온 시대의 가장 강력한 어법의 조합이지만, 다윗이 자신을 '비난하는' 자들 가운데 '그의 순례의 집'에서 사는 한, 불신앙을 지키겠다고 약속한 것입니다. 시편 148:4, "하늘들의 하늘아, 하늘 위에 있는 물들아 그를 찬양하라. 그들이 여호와의 이름을 찬양할찌니 이는 그가 명령하셨고 그들이 창조되었기 때문이로다. 그는 또한 그것들을 영원무궁토록 세우셨으며, 사라지지 않을 법령을 정하셨도다. 해와 달과 빛의 별들과 하늘 위의 물들도 영원히 세워지리라." 그러나 궁창은 어느 날 접어진 옷처럼 될 것이며, 하늘의 구체들은 더 이상 존재하지 않을 것입니다. 이러한 경우와 유사한 많은 경우에서 끝없는 지속은 불가능합니다.

애가 5:19에서 '영원무궁토록'은 '대대로'와 같은 의미로 사용됩니다. 요엘 26-27, "너희는 풍족히 먹고 배부르며 너희에게 놀라운 일을 행하신 너희 하나님 여호와의 이름을 찬양할 것이요, 내 백성은 영원히 부끄러움을 당하지 아니하리라. 내가 이스라엘 가운데 있음을 알리라 내가 너희 하나님 여호와인 줄 알리라 다른 이가 없으리라 내 백성이 영원히 부끄러움을 당하지 아니하리라." 이것은 유대 민족에 대해 말씀하신 것입니다. 이사야 60장 15절, "네가 버림받고 미움을 받아 아무도 너를 지나가지 못하였거늘 내가 너를 영원한 영광과 여러 세대의 기쁨이 되게 하리라." 여기서 여러 세대와 영원은 정확한 동등어입니다. 사무엘상 1장 22절, "그러나 한나는 올라가지 아니하였으니 이는 남편에게 이르기를 아이가 젖을 떼기 전에는 올라가지 아니하겠노라 젖을 떼면 내가 그를 데리고 가서 여호와 앞에 뵈게 하고 거기서 영원히 있게 하리라 하였음이니라." 사무엘이 성전에 남아 있는 것은 '영원히' 지속될 것이었습니다. 열왕기하 5:27, "그러므로 나아만의 나병이 너와 네 자손에게 영원히 붙으리라." 게하시의 자손이 아직 땅에 있든 없든 나병은 이미 사라졌습니다. 다니엘 2:4, "그때에 갈대아 사람들이 시리아어로 왕에게 말하되 왕이여 만세수를 하옵소서." 갈대아 사람들의 '영원히 살다'는 프랑스어의 '만세'와 영어의 "왕이여 만세수를 하옵소서"와 정확히 같은 의미였습니다. 영원한 지속은 결코 생각되지 않았습니다. 예레미야 17:25, "그때에 이 성문으로 왕들과 방백들이 다윗의 왕좌에 앉아 병거와 말을 타고 들어올 것이요, 그들과 그들의 방백들, 유다 사람들과 예루살렘과 이 성의 주민들이 영원히 남아 있을 것이다." 영원은 여기서 약속된 것이 아닙니다. 긴 지속이 그 의미의 범위입니다. 여호수아 4장 7절, "너희는 그들에게 대답하여 이르기를, 요단 물이 여호와의 언약궤 앞에서 끊어졌다고 하라. 언약궤가 요단을 건널 때에 요단 물이 끊어졌으니, 이 돌들은 이스라엘 자손에게 영원한 기념물이 되리라." 이 돌들은 더 이상 기념물이 아니며, 이 영원한 기념물은 이미 끝났습니다.

영원무궁함은 하늘의 군대, 즉 해와 달과 별, 책에 기록된 글, 불타는 이두매 땅에서 올라온 연기, 그리고 유대인들이 유대에 거주할 때에 적용됩니다.[104]

칼이 다윗의 집에 남아 있을 때와 유대인들이 수치를 겪을 때에는 결코 적용되지 않습니다.[105]

영원(everlasting)[106]은 유대인들과 맺은 하나님의 언약, 아론의 제사장직, 모세의 규례에 적용됩니다. 유대인들이 가나안 땅을 소유할 때, 산과 언덕, 그리고 유대인 성전의 문에 이르기까지. 영원이란 인간의 지상 존재 기간을 의미합니다.[107]

영원은 인간의 지상 존재 기간, 어린아이가 성전에 거할 때까지, 게하시의 나병이 계속될 때까지, 다윗의 생애 동안, 왕의 생애 동안, 땅의 기간, 유대인들이 가나안 땅을 차지할 때까지, 예루살렘에 거주할 때까지, 종이 주인과 함께 거할 때까지, 예루살렘이 도시로 남을 때까

---

104) 시편 148:5-6; 이사야 30:8; 예레미야 7:7; 25:5
105) 삼하 12:10; 요엘 2:26-27.
106) 8 Univ. Book of Reference, pp. 106-7.
107) 창세기 17:7, 8, 13; 48:4; 49:26; 출애굽기 40:15; 레위기 16:54; 민수기 25:13; 시편 24:7; 하박국 3:6.

지, 유대인 성전의 기간, 모세의 율법과 규례, 다윗이 이스라엘의 왕이 될 때까지, 솔로몬의 왕좌, 요단 강에 세워진 돌들, 의인들이 땅에 거주할 때까지, 요나가 물고기 뱃속에 있을 때까지 적용됩니다.

그러나 유대인들의 '영원한 소유'인 가나안 땅은 그들의 손에서 떠났습니다. 할례 언약, 즉 '영원한 언약'은 거의 2천 년 전에 폐지되었습니다. 영원한 규례인 유대인의 속죄(레위기 16장)는 그리스도의 속죄로 폐지되었습니다. 다윗은 결코 이스라엘의 왕위에 앉을 사람을 원치 않을 것이었지만, 이 영원한 계승의 계보는 오래전에 끊어졌습니다.

많은 구절들이 땅이 영원히 지속됨을, 무덤이 인간의 '오랜 고향'임을, 하나님의 존재가 '영원히' 등으로 암시합니다. 종종 이 표현은 '세세토록' 또는 '세세에서 시대로'와 같은 의미를 지니며, 때로는 단어 자체가 영원한 지속을 강요하기 때문이 아니라, 다루는 주제가 영원한 지속을 요구하기 때문에 영원한 지속을 의도하기도 합니다. 이 형용사는 하나님, 시온, 그리고 본질적으로 끝없는 사물에 적용되며, 따라서 연결된 주어로부터 단어 자체에 내재하지 않은 의미를 얻게 됩니다. 다음 구절들에서처럼 말입니다. 창세기 21장 33절; 출애굽기 3장 15절; 욥기 12:12; 이사야 40:28, 42:14, 54:8, 55:3, 13, 56:5, 60:15, 19, 61:7, 8, 63:12; 에스겔 37:26; 다니엘 7:27, 9:24, 12:2; 하박국 3:6; 시편 112:6, 136:8. 따라서 "아브라함은 브엘세바에 아세라 나무를 심고 거기서 영원하신 하나님 여호와의 이름을 불렀더라" 형용사 아이오니온(aionion)은 여기서 영원하다는 의미로 하나님께 적용됩니다. 왜냐하면 하나님의 본성이 그것을 요구하기 때문입니다. 하지만 Knapp과 LeClerc가 말했듯이 이 언어의 저자는 그 용어를 사용할 때 끝없는 지속에 대한 명확한 개념을 가지고 있지 않았습니다. 그 단어는 같은 방식으로 여기서 사용됩니다. "너희 조상의 하나님 여호와, 아브라함의 하나님, 이삭의 하나님, 야곱의 하나님이 나를 너희에게 보내셨으니 이것이 나의 영원한 이름이요, 이는 모든 세대에 대한 나의 기념이니라." '모든 세대'는 여기에서 영원과 같은 의미로 사용되어, 이 단어가 정확하게 사용되기보다는 수사적으로 사용되었음을 보여줍니다. 이 단어는 앞서 언급한 구절들과 인용할 필요가 없는 다른 구절들에서 원래의 의미에 더하여, 그 연관성을 통해 더욱 강력한 의미를 얻습니다. 독자는 위의 참고 자료에서 해당 내용을 찾아볼 수 있습니다.

복수형인 시작과 끝이라는 용어의 용법과 이미 끝났거나 끝나야 할 수많은 주제에 대한 적용은 그 본질적인 의미가 주변 환경에 의해 결정되는 기간이라고 믿게 합니다. 알렉스 캠벨, 스칼렛, 스튜어트, 테일러 박사, 슐로이스너 등이 선언했듯이, 21 "말해지는 사람이나 사물, 그리고 주제의 범위에 의해 결정된다" 그리고 만약 그 단어가 연결된 주어에서 의미를 도출한다면, 자비로운 아버지께서 그의 약하고 잘못한 자녀들에게 가하시는 형벌과 관련하여, 특히 신약성서에서 이 단어의 용법에서 볼 수 있듯이, 그 형벌은 '징계하다, 바로잡다, 가지치다'를 의미하는 용어로 묘사될 때, 제한된 기간을 의미해야 합니다.

요나가 "지옥의 뱃속에서 내가 부르짖었으니, 땅이 그 빗장으로 영원히 나를 감쌌다"라고 말할 수 있었다면, 그가 말했듯이 '영원히 지옥에' 있었다면, 물고기 뱃속에서 단 3일을 보냈을 뿐인데, 그 단어 자체가 무한한 기간을 의미하지 않는다는 것이 분명하지 않습니까? 그리고 우리가 그 단어가 죄의 결과에 적용될 때, 신의 성품과 정당한 형벌의 본질과 조화를 이루는 의미를 부여해야 한다는 것이 더욱 분명하지 않습니까? 그렇게 정의한다면 누가 한 가지 이유를 제시할 수 있겠습니까? 이렇게 정의한다면, 누가 그것을 끝없는 의미로 이해할

수 있는 단 하나의 이유를 제시할 수 있겠습니까? 누가 형벌을 내리
는지 생각해 볼 때, '영원한'에 '영원한'이라는 의미를 부여하는 것은
요나의 '영원한'(72시간)이 문자 그대로 '끝없는'이었다고 말하는 것
이 수학적으로 터무니없는 것보다 도덕적으로 더 불합리합니다. 만
약 가나안이 유대인의 소유에서 벗어나고, 산들이 녹고, 아론의 제사
장 직분이 끝나고, 유대 율법이 폐지되고, 산들이 파괴되고, 게하시의
나병이 더 이상 지속되지 않고, 노예들의 쇠사슬이 녹고, 아브라함이
땅을 잃고, 예루살렘이 멸망되고, 요나가 물고기 뱃속에 3일만 머물
렀을 때, 모든 것이 영원하고, 영원하고, 영원할 때, 똑같은 한정어만
적용되었을 때 형벌이 영원히 지속될 것이라고 가정할 수 있는 어떤
이유가 있겠습니까?

Canon Farrar는 다음과 같이 말합니다.[108] "따라서 구약성서에
서 목표, aionios 및 이와 유사한 많은 표현 방식(eis aiona aionos)
(epaiona kai eti, in sœculum et ultra, '영원히 그리고 그 너머로!')
은 우리 번역에서 '영원히' 또는 '영원히 그리고 영원히'로 번역됩니
다. 그러나 반드시 끝이 없음을 암시하는 것과는 거리가 멀며, 수세
기 전에 중단된 많은 유대인 의식에 사용됩니다. 예를 들어 유월절에
상인방에 물을 뿌리는 것(출 12:24), 아론 제사장직과 그 제도(출 29:9,
40:15; 레 3:17; 민 18:19), 갈렙에게 주어진 상속(여호수아 14:9), 솔로
몬의 성전(열왕기상 8:13) 등이 있습니다. 노예의 수명(신명기 15:17;
욥기 41:4); 제단 위에서 불이 타는 것("그 불은 제단 위에서 항상 타
고 영원히 꺼지지 아니하리라", 레위기 6:13 등); 그리고 게하시의 나
병(열왕기하 5:27). 이 구절들이 얼마나 순전히 비유적인지는 다음과
같은 구절들에서 알 수 있습니다. "그 땅은 불타는 역청이 되어 밤낮

---

108)   Excursus inEternalHope.

으로 꺼지지 아니하고 그 연기가 영원히 올라가리라"(사 34:10). 그리고 이것은 너무나 잘 알려진 관용구이기 때문에 신명기 23:3, 6에서 '영원히'가 '열 대까지'와 나란히 나오는 것을 볼 수 있습니다. 그리고 "너는 그들의 평화와 번영을 영원히 구하지 말라"는 말씀이 덧붙여졌지만, 이 말씀이 언급된 바로 그 모압 사람들과 암몬 사람들에 대해서도 예레미야 48:47, 49:6에서 평화와 위로에 대한 예언을 찾아볼 수 있습니다. 형용사 aionios가 '끝없는' 것에 적용된다고 해서 물론 그 단어 자체가 '끝없는'을 의미했다는 것을 증명하는 것은 아니며, 이러한 번역을 여러 구절에 도입하는 것은 전적으로 불가능하고 불합리한 일입니다. 대부분의 구절에서 '영원한'으로 번역되었는데 몇몇 구절에서는 '영원한'으로 번역하는 것은 순전히 제멋대로이고 자의적인 변형이며, 불행히도 같은 구절(마태복음 25:46)에 이런 변형이 있습니다."

이제 형벌과 관련된 단어의 용법을 살펴보겠습니다. 시편 9편 5절, "주께서 악인을 멸하셨으니." 어떻게? 그 설명은 다음과 같습니다. "주께서 그들의 이름을 영원히 지우셨으니." 이것은 끝없는 고통이 아니라 망각입니다. 솔로몬은 다른 곳에서 잠언 10장 7절에서 "악인의 이름은 썩을 것이다"라고 말하고, 다윗은 시편 112편 6절에서 "의인은 영원한 기억 속에 있을 것이다"라고 말합니다. 시편 78편 66절에서 "그분께서는 그들(그의 원수들)을 영원한 치욕에 빠뜨리셨습니다"라고 말합니다. 이사야 33편 14절에서 "우리 중에 누가 소멸하는 불과 함께 거하겠느냐? 우리 중에 누가 영원한 불길과 함께 거하겠느냐?"라고 말합니다. 선지자는 여기서 불로 상징되는 하나님의 현세적 심판에 대해 말하고 있습니다. "땅이 애통하며 레바논이 부끄러워하도다. 백성은 타오르는 석회와 같으리라." 이 불같은 심판, 이 아이온적인 불길 속에서 누가 안전하게 거할 것인가? '곧게 행하는 자.' 곧은 자들이 안전하게 거할 세상의 심판이 여기에 묘사되어 있으며, 이후의 끝없는 불이 아닙니다. 예레미야 17:4, "너희가 내 분노로 영원히 타오를 불을 피웠도다." 이것은 어디에 있을 것인가? 앞 구절은 우리에게 알려줍니다. 네가 알지 못하는 땅에서 네 원수를 섬기게 할 것이다. '내가 알지 못하는' 예레미야 23:40, "내가 영원한 치욕을 네게 가져오리라. 그리고 영원히 잊혀지지 않을 수치가 될 것이다." 이 연결은 이것을 충분히 설명합니다. 39절-"내가 너희를 완전히 잊고 너희와 내가 너희와 너희 조상에게 준 이 성읍을 버리리라." 다음을 참조하십시오. 예레미야 20:11, 말라기 1:4, "여호와께서 영원히 진노하시는 백성이로다." 이것은 에돔에 대한 하나님의 심판에 대한 선포입니다. "그들은 세우되 내가 헐어버리리니, 그들은 그들을 악의 경계라 부르리라. 여호와께서 영원히 진노하시는 백성이로다."

　다니엘 12장 2절, "땅의 티끌 가운데에서 자는 자 중에 많은 사람이 깨어나 영생을 얻는 자도 있고, 수치와 영원한 부끄러움을 당할 자도 있을 것이요." 이 일은 언제 일어날 것입니까? '그때에.' 언제 일어날 것입니까? 11장 31절은 '황폐하게 하는 가증한 것'의 임함에 대해 말합니다. 예수님께서는 이렇게 말씀하십니다. (마태복음 24:15, 16; 누가복음 21:20, 21) "그러므로 너희가 (제자들이) 선지자 다니엘이 말한 멸망의 가증한 것이 거룩한 곳에 선 것을 보거든 유대에 있는 자들은 산으로 도망할지어다. 예루살렘이 군대들에게 에워싸이는 것을 보거든 그 멸망이 가까운 줄 알라. 그때에 유대에 있는 자들은 산으로 도망할지어다. 그 가운데 있는 자들은 나가고, 그 지방에 있는 자들은 그리로 들어가지 말지어다." 다니엘은 이것이 (12:7) "거룩한 백성의 권세를 흩어지게 할 때에"라고 말합니다. 그리고 그는 이렇게 말합니다. "그때에 환난의 때가 있으리니," 나라가 생긴 이래로, 그 당시까지도 그런 일은 결코 없었습니다. 예수님께서 말씀하십니다. "그때에 큰 환난이 있으리니, 세상 시작부터 지금까지 그런 환난이 없었고, 앞으로도 없을 것이다." 그리고 예수님께서는 그 환난이 언제 있었는지 말씀하십니다. "이 세대는 이 모든 일이 이루어질 때까지 지나가지 아니하리라." 다니엘서에 묘사된 사건들은 마태복음 24장에 나오는 사건들과 동일하며, 예수님을 십자가에 못 박으신 세대에 이 세상에 왔습니다. '땅의 티끌 가운데서 자는'이라는 구절은 물론 위에서 비유적으로 사용되었으며, 시 45:25; 이사야 25:12, 26:5; 디모데전서 5:6; 시 44:25에서처럼 게으름, 영적인 무기력함을 나타냅니다. "우리의 영혼이 흙먼지에 눌렸음이로다" "그리고 당신의 성벽의 높은 요새를 무너뜨리고, 낮추고, 땅에, 흙먼지에 이르게 하실 것입니다" "그는 높은 성을 낮추시고, 땅에까지 낮추시고, 진흙에까지 이르게 하십니다." "그러나 쾌락에 사는 자는 살아 있는 동안 죽은 것이니라" "나는 네 행위를 아노니 네가 이름이 있고 또 살아 있으면서 죽은 것이니라." 이것은 예수님의 강림과 함께 온 도덕적 각성에 대한 예언이었으며, 그 후 성취되었습니다. 마태복음 24장과 25장을 살펴보면 이 심판의 본질을 알 수 있을 것입니다. 발푸어는 이것을 이렇게 묘사합니다.[109] "'그들'(예수님의 부르심에 순종한 자들)은 하나님의 아들의 음성을 듣고 살았습니다. (요한복음 5:21, 25, 28, 29; 에베소서 5:14 참조) 나머지 사람들은 하나님의 진노가 그들에게 완전히 임할 때까지 계속 살았습니다. 마침내 그들은 모두 깨어났습니다. 그러나 그것은 모든 민족 가운데 흩어짐으로써 수치와 영원한 멸시를 받게 되었고, 오늘날까지도 그들은 비웃음과 조롱거리가 되었습니다. 예레미야는 23

---

109) Second Inquiry.

장 39, 40절에서 바로 이 형벌을 예언하며 그것을 '영원한 치욕과 끊임없는 수치'라고 부릅니다."

이 몇 구절은 끝없는 형벌에 대한 암시를 전혀 담고 있지 않지만, 구약성경에서 우리의 말씀을 형벌과 연결해 주는 전부입니다.

다트머스 대학의 S. C. 바틀렛 박사(D. D.)는 구약성경에서 영원으로 번역된 단어의 본질적인 의미는 무한한 지속이라고 선언합니다. 그는 이렇게 말합니다.[110] "보편주의자들은 '영원한'이라는 히브리어 단어가 '영원한 언덕'처럼 절대적인 영원보다 낮은 것을 의미하는 몇 가지 사례를 많이 제시합니다. 그러나 이 구절이 미래의 시간에 적용될 때, 항상 주어가 할 수 있는 가장 긴 기간을 나타냅니다. '영원한 언덕'은 세상 끝까지 계속될 것입니다. '그는 영원히 당신을 섬길 것입니다' 즉, 그가 할 수 있는 가장 긴 기간, 즉 그의 전 생애 동안 말입니다. 한나는 사무엘을 '영원히'(삼상 1:22) 주님께 바쳤습니다. 즉, 그는 결코 사생활로 돌아가지 않았습니다. '영원한 규례'는 그것이 속한 전체 경륜을 통해 지속되는 것입니다. 그러한 사례는 많지 않지만, 그것이 절대적인 영원을 의미하는 수많은 사례, 즉 그 용어의 원래적이고 적절한 의미와 정신적으로 어긋나지 않습니다."

이제, 1. 만약 절대적인 영원이 그 단어의 의미라면, 그것은 오직 하나님께 적용될 때만 진정한 의미로 사용됩니다. 왜냐하면 '절대적인 영원'은 시작도 없고 끝도 없으며 오직 하나님께만 속할 수 있기 때문입니다.

2. 우리가 구체적으로 보여주듯이, 성경에서 대부분의 경우 제한된 기간 동안 사용됩니다.

---

110) Modern Universalism, p.82.

3. 일반적으로 "주제가 가능한 가장 긴 기간"을 의미하는 데 사용되지 않습니다. 바틀렛 박사가 언급한 "영원한 언덕"을 예로 들어 보겠습니다. 그들의 모든 것은 파괴 과정에 있으며 언젠가는 지구가 되기 전에 파괴될 것입니다. 왜냐하면 "모든 골짜기는 돋우어지고 모든 산과 작은 산은 낮아질 것"이기 때문입니다(사 40:4). 게다가, 그 용어는 성경에서 이미 파괴된 언덕에도 적용됩니다! 합 2:1-2, 3:6, "영원한 산들이 흩어졌다." 바틀렛 박사가 인용한 또 다른 구절도 마찬가지입니다. "그는 너를 영원히 섬길 것이다." 평생 동안이 아니라 희년이 돌아올 때 시효에 의해 봉사가 만료되었는데, 바틀렛 박사가 잘 알고 있어야 합니다. 이것은 그 단어가 '절대적인 영원'을 의미하지 않을 때 그것이 속한 경륜의 지속 기간만큼을 의미한다는 그의 주장의 오류를 보여줍니다.

4. 그는 증명되어야 할 것을 주장함으로써 전체 질문을 회피합니다. 만약 형벌이 '그것이 속한 경륜의 지속 기간만큼' 지속된다고 가정한다면, 주요 질문은 얼마나 오래 지속되는가? 그 경륜은 무엇인가? 무엇을 위해 형벌이 가해지는가? 우리가 죄라고 대답할 때, 우리는 바틀렛 박사의 입장에서 그를 만나고, 그의 칼로 그를 몰살시키는 것입니다. 죄를 유한한 존재의 행위로, 형벌을 자비로운 아버지의 행위로 생각할 때, 죄를 근절하기 위한 영원한 형벌은 사물의 본성상 제한적이어야 합니다. 하나님의 자녀는 죄로 병들었습니다. 현명하고 선한 의사 아버지는 환자에게 영원히 치료를 해 줄까요, 아니면 치료해 줄까요? 바틀렛 박사는 아버지의 형벌이 본질적으로 끝이 없으며 필연적으로 끝이 없다는 것을 증명해야만 자신의 잘못된 정의를 그 단어에 적용할 수 있습니다.

따라서 이 저자는 짧은 한 단락으로, 사실에 대한 주장에서 거짓을 보이고, 심지어 자신의 잘못된 진술에 대한 적용에서도 거짓을 보이며, 주석에서도 거짓을 보이며, 전반적으로 완전히 잘못되었습니다.

인류의 수백만 명을 기다리는 끝없는 형벌이 있다면, 그리고 이 단어가 그것을 나타낸다면, 어떻게 다윗, 이사야, 예레미야, 다니엘, 말라기만이 형벌의 기간을 정의하는 데 이 단어를 사용했을 수 있었을까요? 열두 번도 안 되는 횟수였습니다. 욥, 모세, 여호수아, 룻, 에스라, 느헤미야, 에스더, 솔로몬, 에스겔, 호세아, 요엘, 아모스, 오바댜, 요나, 미가, 나훔, 하박국, 스바냐, 학개, 사가랴는 한 번도 이 단어를 사용하지 않았을까요? 일반적인 가설에 따르면, 그러한 침묵은 범죄에 해당합니다. 이 거룩한 사람들은 모든 문장에 이 단어를 가득 채워 영혼에 대한 끔찍한 메시지를 저항하거나 반박할 수 없는 강조로 전달했어야 했고, 또 그렇게 했을 것입니다. 이 단어가 형벌에 적용되는 경우가 매우 드물고, 극소수에 의해서만 적용되고, 구약성서에서는 죽음 이후의 형벌에 적용되지 않는다는 사실은 이 단어가 무한함을 의미할 수 없음을 보여줍니다.

최고의 비평가들은 구약성경에서 끝없는 형벌 교리가 가르쳐지지 않는다는 것을 인정합니다. 그러나 논쟁의 여지가 있는 단어는 구약성경에서 형벌과 관련하여 발견됩니다. 이는 그들이 그 단어가 구약성경에서 끝없는 지속이라는 의미를 갖지 않는다는 것을 인정하는 것입니다. 밀먼은 "입법자(모세)는 정치적인 것은 아니더라도 적어도 종교적인 입법의 근본적인 조항, 즉 다른 삶의 보상과 형벌에 대해 깊은 침묵을 지키고 있습니다."라고 말했고, 워버튼은 "모세의 율법 어디에도 다른 삶의 보상과 형벌에 대한 언급이 전혀 없습니다."라고 말했습니다. 페일리, 얀, 왓엘리어도 같은 취지로 말하며, H. W. 비허는 "구약성경만 있다면 미래의 형벌이 있는지 알 수 없을 것입니다." 라고 말합니다.[111]

구약성경에서 그 단어의 모든 형태의 일반적인 의미가 제한된 지속이라는 것보다 더 확실한 것은 없습니다.

여기 네 가지 질문이 억제 할 수 없는 힘으로 마음을 압박하며, 그 답은 오직 하나뿐입니다. 1. 만약 하나님께서 끝없는 형벌을 의도하셨다면, 구약 성경은 그것을 분명하고 틀림없이 드러내지 못했을까요? 2. 하나님께서 구약 성경에서 그것을 선포하지 않으셨다면, 다른 곳에서 그것을 계시하셨다고 가정할 수 있을까요? 3. 그분은 자신이 창조하시고 그 운명에 노출시키신 수많은 사람들에게 그토록 끔찍한 운명을 수천 년 동안 숨기셨을까요? 4. 만약 구약 성경에 없다면, 율법의 엄중한 형벌들 가운데서, 복음의 은혜에 대한 더 온화한 메시지에서 그것을 찾을 수 있을 것이라고 기대해야 할까요? 어떤 그리스도인도 이러한 질문들에 대해 분개하며 부정적인 답변을 하지 않음으로써 하늘에 계신 아버지를 비난해서는 안 됩니다.

---

111) Hist.Jews, Vol. II., p. 117; Div. Leg., Vol. III., pp. 1-2, Vol. V.; Sermon XIII. Archæology, p. 398; Essays, p 44. Christian Union.

3. 유대 그리스어 문헌

안타깝게도 그리스도와 그의 사도들과 동시대의 유대-그리스 문헌은 거의 남아 있지 않습니다. 타르굼은 기독교 시대보다 훨씬 뒤떨어진 시기의 것이어서 그리스도 당시 그리스어를 사용하는 유대인들 사이에서 단어의 의미를 거의 밝혀주지 못합니다. 이교도와의 접촉과 다른 원인들로 인해 그들의 종교적 사상은 크게 타락했으며, 타르굼에 담긴 전통과 우화는 인간의 운명이라는 중요한 문제를 논의하는 데 거의 가치가 없습니다.

그러나 그리스도와 동시대였던 유대인들에 대해 우리는 한 가지 확실한 주장을 할 수 있습니다. 그들은 구약성서에서 사용된 것과 똑같은 방식으로 그 단어를 사용했습니다. 그들은 칠십인역을 부지런히 연구했으며, 우리가 본 그리스어 성경의 해석과 다른 해석을 할 수 없었습니다.

우리는 요세푸스를 참고하면 이 진술의 진실성이 확립되는 것을 발견합니다. 그는 이 단어를 폭군 요한이 로마인들에게 유죄 판결을 받은 감옥, 헤롯의 명성, 그가 글을 쓸 당시 이미 파괴된 성전 재건 당시 세워진 기념비, 같은 문장에서 파괴되었다고 말한 성전에서의 예배, 군인들이 얻은 영광에 적용했습니다. 그리고 그는 율법의 공포와 그의 기록 사이의 시간을 긴 아이온(aion)이라고 불렀습니다.[112] 그가

---

112) 요세푸스가 이 단어를 사용하는 방식은 다음에서 볼 수 있습니다. 이것이 시간적 문제에 적용되는 사례입니다. 그는 팬의 명성에 대해 말한다. 군대는 "행복한 삶, 영원한 영광"을 의미합니다. Ant. Jud., Lib. IV., Cap. 6, § 5, 우리에게 행복한 삶과 영원한 영광 등을 주시고, 불멸의 영광도 주시고.
그는 기념비적인 에오니아인이라고 부릅니다. Jud. Lib.I., C. 13, § 4. 그리고 영원한 기억-인 셈피테르나 메모리아. Ant. Jud., Lib. XII. C. 7, § 3. aeonium τὴν εὐκλιαν etc.-vos æternam manere gloriam 등 Ant.Jud., Lib. XV., C. 11, § 1 및 영원한 기억

이 단어에 불확실한 지속성 이외의 다른 의미를 부여했다고 비난하는 것은 자신을 무능하게 만들었다고 비난하는 것입니다. 그는 다니엘에 관한 논문에서 "그는 살아 있는 동안 왕들과 백성들에게 가장 큰 총애와 영예를 받았으며, 죽은 후에도 여전히 (μνήμην αἰώνιον) 영원한 기억 속에 있다"라고 말합니다. 아피온을 반박하는 글에서 "이 사실에서 우리가 이 글들을 얼마나 신뢰하는지 분명해진다. 오랜 세월이 흐른 지금(τοσούτον αἰῶνος ἤδη παρωχηκότος) 아무도 감히 무언가를 더하거나, 줄이거나, 바꾸지 못했기 때문이다."

그러나 그가 무한한 지속을 묘사하고자 할 때 그는 다른 명확한 용어를 사용합니다. 바리새인들의 교리에 대해 그는 이렇게 말합니다.[113] "그들은 영들이 불멸의 활력을 가지고 있다고 믿으며, 이생에서 선하게 살았든 악하게 살았든 땅 아래에서 보상과 형벌이 있을 것이며, 이 마지막 형벌들은 영원한 감옥(eirgmon aidion)에 갇히게 된다고 믿습니다."

또,[114] "처음 언급된 두 사람 중 바리새인들은 그들의 법을 해석하는 데 가장 능숙하다고 여겨지며, 첫 번째 종파를 이룹니다. 그들은 모든 것을 운명과 신에게 돌리지만, 운명은 항상 협력하지만 옳은 일을 하는 것은 주로 인간의 능력 안에 있다고 인정합니다. 모든 영혼은 부

을 위한 실천, atquefuturum ad sempiternam. 또한 ib를 참조하세요.Ant. Jud., Lib. IV. C. 6. § 5; Lib. XV., C. 15. § 5; De Bello. Lib. 제6조, 제2항, 제1항; C. 9. § 4.

113) Ant. Jud., Lib. XVIII, C. 1, § 3, 영혼을 강화하는 불멸의 신앙 그들에게는 미덕과 악덕에 대한 정당화와 명예가 속하며, 크톤에 따라서도 그렇습니다. 삶 속에서 인연이 맺어졌고, 자신의 작품 등을 통해서도 인연이 맺어졌습니다.

114) De Bello Jud., B. II , C. 8, § 14, 내 앞에 두 바리새인도 있었고, 법률적 문제를 정확하게 설명하고 첫걸음을 내딛으려고 노력합니다. 이단이라 하더라도, 그것이 저질러지고 모든 것을 하나님께 돌리는 자, 그리고 그것을 행하는 자 정의는 대부분 사람들에게 주어지는 것이 아니라 도움을 주는 것입니다. 각 사람은 죄 지은 자와 함께; 하지만 모두 썩지 않는 영혼을 가지고 있으며, 그들은 사라져 버립니다. 다른 몸에서는 선행에 대한 처벌만 있지만, 악행에 대한 처벌은 지옥에서 있습니다.

패할 수 없지만, 선한 사람의 영혼은 다른 몸으로 옮겨지는 반면, 악한 사람의 영혼은 영원한 형벌(aidios timoria)을 받습니다."

다른 곳에서 그는 에세네파가 "악한 영혼들에게 어둡고 폭풍우가 치는 곳, 끊임없는 형벌(timoria adialeipton)로 가득 찬 곳을 할당하여 불멸의 형벌(athanaton timorian)을 받게 한다"고 말합니다. 그가 때때로 형벌에 '아이온'을 적용하는 것은 사실이지만, 이는 그의 평소 관습이 아니며, 마치 '위대한'이라는 단어를 영원한 지속, 즉 무한을 묘사하는 불확정적인 용어로 사용하는 것처럼 그렇게 한 것 같습니다. 그러나 '아이온'과 '아타나톤'은 그가 가장 좋아하는 용어입니다. 이것들은 분명합니다. 만약 미래의 형벌 기간에 대한 유대교의 관념을 정의하는 데 '아이온'만 사용했다면, 그들이 형벌이 영원하다고 생각했다는 증거는 없을 것입니다.

그리스도와 동시대에 살았던 필로는 일반적으로 '아이온'을 끝없는 것을 의미하는 데, '아이온'은 일시적인 지속을 나타내는 데 사용했습니다. 맨지 박사는 자신의 필로 편에서 자신이 결코 '아이온'을 끝없는 지속을 의미하는 데 사용하지 않았다고 말합니다. 그는 마태복음 25장 46절의 정확한 어법을 그리스도께서 사용하셨던 방식과 똑같이 사용합니다. "즉각적인 도움을 주지 않는 것보다 약속하지 않는 것이 낫다. 전자의 경우에는 비난받을 것이 없지만, 후자의 경우에는 약자의 불만과 더 강한 자의 깊은 증오와 영원한 형벌이 있기 때문이다."[115] 여기서 우리는 주님께서 사용하신 정확한 용어들을 볼 수 있는데, 이는 그리스도 시대에 '아이온'이 끝없는 것을 의미하는 것이 아니라 제한된 지속을 의미했음을 보여줍니다. 짐승이 자기 자식을 걱정하는 것에 대해 언급하면서, 그는 "멀리서도 (아이온)의 통찰

---

115) Fragmenta, Tom. II., p. 667, ed.Mangey, 1741.

력으로[116] '멀리서도 알아보는' 것이라고 말합니다. 필로는 영원을 나타내는 데 아타나톤(athanaton), 아텔류테톤(ateleuteton), 또는 아이디온(aidian)을, 그리고 일시적인 지속을 나타내는 데 아이오니온(aionion)을 사용합니다. 한 곳에 악인에 관한 이 문장이 나옵니다.[117]

"ζῆν ἀποθνήσκοντα ἀεὶ καὶ τρόπον τινα θάνατον ἀθάνατον ὑπομείνων καὶ ἀτελεύτητον, 항상 죽으며 살고, 마치 불멸하고 끝없는 죽음을 겪는 것"

스티븐스는 그의 동의어 사전에서 유대인 저작[118]에서 "그들은 3대에 걸쳐 신성한 의식을 거행했다는 소식을 듣고 이들을 아이오니오스라고 불렀다"라고 인용합니다. 이는 '3대'라는 표현이 당시 아이오니온과 완전히 동일한 의미를 가졌음을 결정적으로 보여줍니다.

이 저명한 학자들은 그리스어로 글을 쓴 유대인들이었고, 자신들이 사용한 단어의 의미를 분명히 알고 있었습니다. 그들은 아이오니온이라는 단어에 우리가 주장하는 바와 같이, 다루는 주제에 따라 결정되는 무한한 지속이라는 의미를 부여했습니다.

따라서 우리 구주 시대의 유대인들은 끝없는 지속을 나타내는 데 아이오니온이라는 단어를 사용하지 않았습니다. 성경 전체에 걸쳐 일시적인 일에 적용되는 이 단어는 영원한 지속을 가르치지 않기 때문입니다. 만약 예수께서 유대인들이 믿는 교리를 가르치려 하셨다면, 분명히 그들의 용어를 사용하셨을 것입니다. 그러나 예수께서는 믿는 자들에게 영원한 형벌을 내리실 것이라고 위협하셨습니다. 아이오니온은 예수의 말씀이었고, 그들의 말씀은 아이디온, 아디알레이프톤, 또는 아타나톤이었습니다. 이처럼 예수께서는 그들의 어법을 사용하지 않으셨을 뿐만 아니라, 제한된 지속을 나타내는 형벌과 관

---

116) De Humanitate, Tom. 11., pp. 396-7.
117) De Præmiis and Poems, Tom. II., pp. 19-20, Mangey's ed.
118) Solom. Parab.

련된 단어들만 사용하심으로써, 그들의 교리를 거부하셨습니다.

예수께서 말씀하실 당시 유행했고 다른 사람들이 끝없는 고통이라
는 개념을 전달하기 위해 사용했던 용어를 채택하셨다고 말하는 경
우가 있습니다. 하지만 이제 우리는 그분이 그런 종류의 표현을 전혀
사용하지 않으셨다는 것을 보여주었습니다. 불멸의 죽음을 의미하는
타나톤 아타나톤(thanaton athanaton), 영원한 감금을 의미하는 에
이르그몬 아이디온(eirgmon aidion), 영원한 고통을 의미하는 아이
디온 티모리안(aidion timorian), 끝없는 죽음을 의미하는 타나톤 아
텔루테톤(thanaton ateleuteton) 대신, 제한된 기간을 의미하는 형용
사 아이오니온 콜라신(aionion kolasin)과 수정을 의미하는 명사 고
통(suffering)을 사용하셨습니다.[119] 그분은 이교도에게서 물려받은
유대인들의 견해를 인정하지 않으셨을 뿐만 아니라, 그들을 절대적
으로 정죄하셨습니다. 예수께서는 자신을 죽인 잔인한 사람들을 언
급하시며 제자들에게 [120]"바리새인과 사두개인(끝없는 비참함과 멸망
을 믿는 자들)의 누룩(교리)을 주의하고 조심하라"라고 말씀하셨습니
다. 만약 아이오니온이 가장 강력한 단어였다면, 특히 그것이 끝없는
기간을 명백히 의미했다면, 19세기 전 유대인 그리스인들이 형벌에
대해 일반적으로 사용했을 것이라는 것을 누가 알지 못하겠습니까?
그들은 끝없는 형벌을 믿었지만, 아이오니온 어법보다 더 강한 어조
로 그것을 표현했습니다.

이제, 그리스도와 동시대의 유대 그리스인들이 일반적으로 다른 단

---

119) 마태복음 25장 46절에서 형벌로 표현된 콜라신에 대한 설명은 다음 장을 참조하
세요.
120) 마태복음 16장 6절.

어들, 그리고 신약성경 용법을 다룰 때 보여드릴 더 강력한 단어들을 사용했다는 사실이, 그들이 믿는 자들이 겪는 끝없는 형벌을 정의하고 일시적인 지속을 묘사하기 위해 아이오니온 용어를 사용했을 때, 아이오니온 용어들이 당시 끝없는 지속을 의미하지 않았음을 보여주지 않습니까? 만약 그러한 의미가 그들의 의미가 아니었다면, 예수께서 그들에게 그러한 의미, 즉 다른 누구도 그들에게 주지 않았고, 아무도 그 의미를 이해하지 못할 의미를 부여했다고 가정하는 것은 터무니없는 일이 아닙니까?

따라서 우리는 사전 편찬과 고전, 구약, 그리고 동시대 용법의 끊임없는 사슬을 가지고 있으며, 이 모든 용법은 우리가 주장하는 의미를 그 단어에 부여합니다. 그래서 우리는 신약성경을 펼칠 때 제한된 지속이라는 의미로 아이오니온 용어가 사용되었음을 기대하게 됩니다.

4. 신약성경

예수님과 그분의 사도들이 모든 단어를 구약성경에서 사용했던 것과 똑같은 의미로 사용했다는 것은 분명합니다. 구약성경에 나오는 단어들에 변화를 암시하지 않고 새로운 의미를 부여하는 것은 그것을 듣거나 읽어야 할 사람들을 오도하는 것입니다. 그러한 행태는 용납될 수 없습니다. 히브리어 성경에서 인용된 것이 아니라, 신약성경에 나오는 구약 구절의 6분의 5 이상이 70인역에서 직접 인용되었습니다. 70인역은 그리스도와 사도들이 언급한 성경이었습니다. 우리가 기록한 단어의 전기는 따라서 신약성경에서 70인역과 같은 의미를 가져야 합니다. 우리는 이것이 불확실한 기간임을 보았습니다. 신약성경을 살펴보면 그 의미가 구약성경과 동일하다는 것을 알 수 있습니다.

이 단어의 여러 형태는 신약성경에 199번 등장합니다. 명사는 128번, 형용사는 71번입니다. 정경(Established Version)에서는 명사가 72번 영원히(ever), 2번 영원한(ever), 36번 세상(world), 7번 결코(negative), 3번 영원히(evermore), 2번 세상들(worlds), 2번 시대들(ages), 1번 과정(course), 1번 끝없는 세상(world without end), 2번 그것은 어떤 번역어 없이 지나쳐 갑니다. 형용사는 영원히(ever), 42번 영원한(forty-two), 3번 세상(world), 25번 영원한(everlasting), 1번 전 시대(foregages)로 번역됩니다.

1. 그리스도의 왕국에 10번 적용됩니다. 누가복음 1장 33, 35절, "그는 야곱의 집을 영원히 다스릴 것이며 그의 나라는 끝이 없을 것입니다. 그는 우리 조상들에게, 곧 아브라함과 그의 자손에게 영원토록 말씀하셨습니다." (즉, 고대에) 히브리서 6장 20절, "우리를 위해 앞서 가신

예수님께서 멜기세덱의 반차를 따라 영원한 대제사장이 되어 들어 가셨습니다." "네가 멜기세덱의 반차를 따라 영원한 제사장이라고 증거하셨으니"(7장 17, 21절) 베드로후서 1장 11절, "그리하여 우리 주 구주 예수 그리스도의 영원한 나라에 너희에게 넘치는 은혜가 임하리라"(베드로후서 3장 18절은 끝없는 기간을 의미할 수 있으며, 요한계시록 1장 6절과 베드로전서 4장 11절도 마찬가지일 수 있습니다). 요한계시록 11:15, "일곱째 천사가 나팔을 불자 하늘에 큰 음성들이 나서 이르되 이 세상 나라들이 우리 주와 그의 그리스도의 나라가 되어 그가 영원무궁토록 왕 노릇 하시리로다 하더라." 그러나 그리스도의 왕국이 영원한 왕국이며 그가 영원무궁토록 왕 노릇 하실 것이라고 선포하는 구절들은 제한된 기간을 나타내야 합니다. 왜냐하면 그리스도의 왕국은 끝나고 그의 통치는 그가 왕국을 아버지께 넘겨드릴 때 끝나기 때문입니다. 고린도전서 15:24, 25에서처럼, "그 후에 마지막이 오리니 그가 왕국을 하나님 아버지께 넘겨드릴 때라. 그가 모든 통치와 모든 권세와 능력을 폐하실 때라. 왜냐하면, 그분께서 모든 원수를 그의 발 아래 두실 때까지 통치하셔야 하기 때문입니다." 그분의 통치는 그분께서 모든 영혼을 하나님께 복종시키신 기간으로 제한되며, 그때 아들은 아버지께 복종하게 될 것입니다. 따라서 그리스도의 통치를 '영원하다', '영원토록' 등으로 부르는 모든 구절에서 제한된 기간이 가르쳐집니다. 이와 유사한 것으로 요한계시록 14장 6절의 '영원한 복음'이 있습니다. 복음은 좋은 소식입니다. 모든 사람이 그 진리를 알게 되면 더 이상 뉴스가 아닐 것입니다. 복음이라는 것은 존재하지 않을 것입니다. 믿음은 열매를 맺고 소망은 시야에서 사라지며, 장로 경륜의 언약처럼 복음은 폐지될 것이지 파괴되지 않을 것입니다.

2. 이 구절은 유대인 시대에 30회 이상 적용됩니다. 고린도전서 10장 11절, "이 모든 일은 그들에게 본보기가 되어 일어났습니다. 그리고 그것들은 세상 끝에 이른 우리의 훈계로 기록되었습니다." 마태복음 12:32, "또 누구든지 인자를 거스려 말하면 사하심을 얻되 누구든지 성령을 거스려 말하면 이 세상에서도 오는 세상에서도 사하심을 얻지 못하리라." 마태복음 13:22, 39, 40, 49, "가시떨기에 뿌려진 씨는 말씀을 듣는 자니 이 세상의 염려와 재물의 유혹이 말씀을 막아 결실하지 못하게 되는 자니라. 그것을 뿌린 원수는 마귀요, 추수는 세상 끝이요, 추수꾼은 천사들이니라. 그러므로 가라지를 모아 불에 태우는 것같이 이 세상 끝에도 그러하리라. 세상 끝에도 그러하리라. 천사들이 나와서 의인 중에서 악인을 갈라낼 것이다." 24:3, "당신의 임하심과 세상 끝에는 무슨 징조가 있겠습니까?" 28:20, "내가 너희에게 분부한 모든 것을 가르쳐 지키게 하라. 볼지어다 내가 세상 끝날까지 항상 너희와 함께 있으리라." 마가복음 4:19, "세상의 염려와 재물의 유혹과 기타 욕심이 들어와 말씀을 막아 열매를 맺지 못하게 하는도다." 또한 누가복음 1장 70절, 16장 8절, 20절, 34절, 요한복음 9장 32절, 사도행전 3장 21절, 15장 18절, 로마서 12장 2절, 고린도전서 2장 6, 7, 8절, 3장 18절, 고린도후서 4장 4절, 갈라디아서 1장 4절, 에베소서 1장 21절, 2장 2절, 3장 9절, 딤후 4:10; 디도서 2장 12절, 히브리서 9장 26절을 참고하십시오. 위의 마지막 인용문은 "그러나 이제 세상 끝에 단 한 번 나타나셔서 자신을 제사로 드려 죄를 없게 하셨느니라"라는 용법을 보여줍니다. 여기서 언급된 세상은 아이온이며, 그 명백한 의미는 유대 시대입니다. 그러나 그것은 그리스도의 왕국의 수립으로 끝났습니다. 따라서 이 단어는 이 모든 구절에서 제한된 기간을 의미합니다.

3. 에베소서 3장 21절에서 복수형으로 사용되었는데, '세상 모든 시대'(tou aionos ton aionon)입니다. 히브리서 1장 2절, 11장 3절에서는 "그로 말미암아 만물을 지으셨으니, 만물은 하나님의 말씀으로 지어졌느니라."라고 했습니다. 영원은 오직 하나뿐입니다. "그로 말미암아 만물을 지으셨으니"라고 말하는 것은 헛소리일 뿐입니다. 끝없는 지속은 이러한 본문들에는 주입되지 않습니다.

4. 이 단어는 로마서 16장 25절, 고린도후서 4장 17절, 디모데후서 1장 9절, 빌레몬서 15장, 디도서 1장 2절과 같은 구절에서 유한한 지속을 분명히 가르칩니다. 로마서 16장 25절, "세상이 시작된 이래로"를 읽어 보십시오. 고린도후서 4장 17절, "지극히 크고 영원한 영광의 중한 것"을 읽어 보십시오. 여기서 "그리고"는 번역자들이 덧붙인 단어이며, 문자적으로는 '지나치게 초과하는 에온의 무게'입니다. 그러나 끝없는 것은 넘어설 수 없습니다. 따라서 여기서 아이오니온은 영원한 것을 의미하지 않습니다.

5. 이 단어는 마태복음 21:19; 마가복음 11:14; 요한복음 13:8; 고린도전서 8:13에서 '오랜 시간 동안'과 같은 의미로 사용됩니다. "베드로가 그에게 '내 발을 절대로 씻지 못 하시리라'고 말하니"는 이 단어의 이러한 용법의 한 예입니다.

6. 이 단어는 생명, '영원하고 영원한 생명'에 적용됩니다. 그러나 이 구절은 기간을 나타내기보다는 복된 삶의 질을 나타냅니다. 다음 구절에서는 끝없는 것이 아니라 지속적인 의미를 갖는 것으로 보입니다. 마태복음 19장 16절, 29절, 25장 46절; 마가복음 17장 30절; 누가복음 10장 25절, 16장 9절, 18장 18절, 30절; 요한복음 3장 15, 16, 36절, 4장 14, 36절, 5장 24, 39절, 6장 27, 40, 47, 54, 68절, 10장 28절, 12장 25, 50절, 17장 2, 3절; 로마서 2장 7절, 5장 21절, 6장 22, 23절; 갈라디아서 6

장 8절; 데살로니가 후서 2장 16절; 디모데 전서 1장 16절, 6장 12절; 디도서 1장 2절, 3장 7절; 히브리어. 5장 9절; 요한 1서 1장 2절, 2장 25절, 3장 15절, 5장 11, 13, 20절; 유다서 21절; 마가복음 10장 30절; 누가복음 18장 30절; 요한복음 4장 14절, 6장 51, 58절, 8장 51, 52절, 10장 28절, 11장 26절. '영생'이 이 세상에서의 불멸의 존재가 아니라, 그 기간과 관계없이 이 세상이나 저 세상에서의 믿음의 삶이라는 것이 충분히 밝혀질 때, 이 주제에 대해 더 자세히 다루겠습니다.

7. 그것은 하나님, 그리스도, 복음, 선, 부활의 세상 등에 적용되며, 여기서는 끝이 없다는 의미가 허용됩니다. 왜냐하면 슐로이스너가 이 책 37~42페이지에서 선언한 것처럼, 다루는 주어에 의해 단어에 부여되었기 때문입니다. 로마서 1:25, 9:5, 11:36, 16:27; 갈라디아서 1:5; 빌립보서 4:20; 디모데전서 1:17; 디모데후서 4:18; 요한복음 1:17; 베드로전서 1:11; 요한계시록 7:12, 15:7; 로마서 16:26; 고린도후서 4:18, 5:1; 디모데후서 2:10; 히브리서 6:2; 12, 14, 15, 13:20; 베드로전서 1장 10절; 요한복음 8장 35절, 12:34, 14:16; 고린도후서 9장 9절, 11:31; 에베소서 3장 11절; 히브리서 7장 24, 28절, 13장 8, 21절; 베드로전서 1장 25절; 베드로후서 3장 18절; 요한이서 2장; 유다서 25절; 요한계시록 1장 18절, 4장 9, 10절, 5장 13절, 10장 6절, 22장 5절. 이 구절들에서 '끝없음'이라는 의미가 허용되는 것은, '위대함'이라는 단어가 이러한 주제에 붙을 때 일반적으로는 갖지 않는 의미를 갖는 것과 같습니다.

여러 구절을 살펴보면 그 단어가 영원하다는 의미를 가질 수 없다는 것을 알 수 있습니다. 마태복음 13장 22절, "세상의 염려와 재물의 유혹이 말씀을 막습니다." 그 시대 또는 "시간"의 염려 말입니다. 39, 40, 49절, '추수는 세상의 끝입니다.' 즉 시대, 유대인의 시대입니다. 마태복음 24장에서 가르친 것과 같습니다. 예수님의 말씀을 듣고 살아서 보게 될 것이었고, 실제로 보았습니다. 누가복음 1장 33절, "그가 야곱의 집을 영원히 다스리시리니 그의 나라는 끝이 없을 것이다." 그 의미는 그가 세세토록(eis tous aionas) 통치하실 것이라는 것입니다. 여기서 길고 불확실한 기간이 의미되지만 제한적이라는 것은 고린도전서 1장 34절에서 분명하게 드러납니다. 15장 28절, "만물이 그에게 복종하게 될 때에는 아들 자신도 만물을 자기에게 복종하게 하신 이에게 복종하게 되리니 이는 하나님이 만물 안에 만유가 되려 하심이니라." 그의 통치는 영원무궁토록, 즉 시대를 초월하여 계속되지만, 그칠 것입니다. 누가복음 1장 55절, "우리 조상들에게 말씀하신 것과 같이 아브라함과 그의 후손에게 영원무궁토록, (에오스 아이오노스) 곧 옛날부터 말씀하셨느니라." 누가복음 1장 70절, "세상이 시작된 이래로 거룩한 선지자들의 입을 통하여 말씀하신 것과 같이" 또는 "옛적부터"(아포 아이오노스)라고 했습니다. 누가복음 16:8, "이 세상의 자녀들이 자기 세대에서는 빛의 자녀들보다 더 지혜롭습니다." 즉, 당시 사람들은 당시 그리스도인들이 계획을 세울 때보다 일을 처리하는 데 더 신중했습니다. 요한복음 9장 32절은 "세상이 시작된 이래로 맹인으로 태어난 자의 눈을 뜨게 했다는 소문이 들리지 아니하였느냐?"라고 말합니다. 시대(ek tou aionos), 즉 우리의 지식과 역사의 시작부터입니다. 로마서 16장 25절은 세상이 시작된 이래로 비밀이었던 신비가 그때에 드러났으므로 영원보다 짧은 기간을 분명히 보여줍니다. 그 신비는 아이오니온이었지만 영원히 지속되지는 않았습니다. 그것은 "이제 모든 민족에게 나타났습니다." 빌립보서 4장 20절은 "하나님 우리 아버지께 영광이 세세토록 있을지어다 아멘"이라고 말합니다. 세세토록(eis toun aionas ton aionon). (갈라디아서 1장 5절, 동일) '영원히 영원토록'은 터무니없는 표현입니다. 하지만 '세상들'은 적절합니다. 여기서 '영원'을 의미할 수도 있지만, 만약 '아이온'이라는 단어가 그 의미를 표현한다면, 그런 중복은 약하고 부적절할 것입니다. 디모데전서 6장 17절, "이 세상에서 부요한 자들에게 명하라"(시대 또는 시간). 디모데전서 1장 17절, "이제 영원하신 왕께 영광이 영원토록 영원하리라." 이것은 영원하신 하나님께 드리는 예물이 아닙니까? 영원은 여기서만 의미될 수 있습니다. 왜냐하면 시대들은 길고, 어쩌면 끝없는 지속을 의미하기 때문입니다. "모든 시대는 하나님의 것이니, 그분께 영광을 돌리라"가 이 말의 완전한 의미입니다. 영원이라는 단어를 번역해 보면 얼마나 터무니없는 말인지 알 수 있습니다. 영원하신 하나님께 영광이 영원토록 영원토록 영원하리라. 히브리서 1장 8절, '시대의 시대.' 에베소서 2장 7절, "이는 오는 여러 시대(aions)에 그의 은혜의 지극히 풍성함을 보이려 하심이니라." 여기에는 적어도 두 가지 아이온이 올 것입니다. 분명히 그 중 하나는 다른 하나가 시작되기 전에 끝나야 합니다. 에베소서 3장 21절, '시대들의 시대의 세대를' 딤후 4장 18절, '시대들의 여러 시대들' 같은 표현 방식이 히브리서 13장 21절; 베드로전서 4장 11절; 계시록 1장 6절, 4장 9절, 5장 13절, 7장 12절, 14장 11절, 15장 7절, 20장 10절에도 있습니다. 고통의 연기가 여러 시대 동안 올라간다(eis tous aionas ton aionon)는 것을 읽을 때, 우리는 길지만 제한된 지속 기간을 떠올리게 됩니다. 나이가 제한되어 있듯이, 아무리 많은 사람이라도 제한되어야 합니다. 그들의 고통의 연기가 영원토록 올라간다고 말하는 순간, 우리는 신성한 수사학을 전문 용어로 바꿔버립니다. 영원은 오직 하나뿐입니다. 따라서 하나 이상의 아이온(aion)에 대해 읽을 때, 아이온은 영원을 의미할 수 없습니다. 다시 고린도전서 10장 11절에 "우리에게 주는 경고는, 아이온(시대, ta tele ton aionon)의 끝이 온 자들에게"

라고 했습니다. 즉, 모세 율법의 종말과 복음 시대의 시작을 의미합니다. '영원들의 끝'이라고 말하는 것은 얼마나 어리석은 일입니까! 여기서 사도는 하나 이상을 지나쳤고, 결과적으로 적어도 세 번째 아이온에 들어갔습니다. 히브리서 9장 26절에 "이제 시대의 끝에" 마태복음 13장 39, 40절, 24장 4절에 "시대의 종말에"라고 했습니다. 영원에는 끝이 없으며, 영원의 끝이라고 말하는 것은 헛소리입니다. 디모데후서 1장 9절, "세상이 시작되기 전", 즉 아이온 시대가 시작되기 전에. 영원에는 시작이 없었으므로 여기서 형용사 아이온은 영원이라는 의미를 갖지 않습니다. 아이온이 끝나고 시작된다고 말하는 것은 영원을 의미하지 않는다는 것을 보여줍니다.

이 구절들에서 '영원'이라는 단어를 번역해 보세요. 성경이 얼마나 어처구니없는지! 갈라디아서 1장 5절, "영원히 영광이 그들에게 있을지어다." 고린도전서 10장 11절, "이 모든 일이 그들에게 일어난 것은 본보기가 되었고 또한 말세를 만난 우리에게 경고가 되게 하려고 기록되었느니라." 에베소서 2장 7절, "이는 장차 올 세상에서 그의 은혜의 지극히 풍성함을 나타내시려 하심이니라." 골로새서 1장 26절, "영원과 만대로부터 감추어졌던 신비라." 히브리서 9장 26절, "그러나 이제 영원한 세상 끝에 단 한 번 나타나셔서 자기를 제사로 드려 죄를 없게 하셨느니라." 마태복음 13장 39절, "추수는 영원의 끝이다." 마태복음 13:40, "이 영원의 끝에도 이와 같으리라." 마태복음 24:4, "언제 이런 일들이 있겠으며, 주의 임하심과 영원의 끝에 무슨 징조가 있사옵나이까." 하지만 '시대' 또는 '시대들'로 대체하면 기록의 의미가 보존됩니다.

만약 '영원'이 아이온의 영어식 동의어라면 '이 영원', '저 영원', '영원이 시작된 이래로', '영원의 시작부터', '영원이 존재하는 동안', '다가올 영원에', '영원 끝에', '영원으로부터 숨겨진 신비', '영원과 영원', 그리고 수사학적으로나 문법적으로나 완전히 터무니없는 온갖 표현으로 읽어야 함을 알 수 있을 것입니다.

『성경 사전』의 저자, 인 존 비어드 박사(John R. Beard)는 이렇게 썼습니다. "잠시 그 단어, 즉 '영원한' 또는 '영원한'이라는 단어에 대해 생각해 봅시다. 우선, 영어 성경의 독자들은 그 단어 자체보다는 그 번역에 관심을 갖습니다. 두 단어가 의미가 동일합니까? 각각 같은 영역을 포괄합니까? 절대 그렇지 않습니다. 우리의 영원 개념은 그리스인이나 히브리인의 개념보다 훨씬 더 절대적입니다. 그리스인들은 해당 단어가 일반적으로 불확실하고 알려지지 않은 기간을 나타냈습니다. 우리는 영원에 대해 말할 수 있습니까? 그들은 말할 수 있습니다. 그렇습니다. '영원들의 영원', '영원들 앞에서', 그리고 '영원들의 영원까지'는 신약성경에서 사용되는 언어 형태입니다. 그렇다면 어떻게 됩니까? 영원에는 여러 가지가 있으며, 영원은 영원에 덧붙여집니다. 분명히 그리스어 원문은 영어 표현보다 훨씬 적은 것을 의미하며, 만약 무한한 것보다 적다면, 이 단어는 시간을 나타내며, 우리가 영원이라고 부르는 것은 아닙니다. 따라서 이 단어는 본질적으로 제한된 지속 시간을 가진 주체에도 사용됩니다. 사물에도 사용됩니다. 사물은 불멸할 수 있는 것일까요, 아니면 썩어 없어질 수 있는 것일까요? 이 세상에도 사용되지만, 이 세상은 지나갑니다. 시간들에도 사용됩니다. 그러나 시간은 반복되는 해, 날, 시간에 불과할 수 있습니다. 불에 사용되지만, 꺼지지 않는 불은 다른 것들을 태우고 스스로를 태우는 불이 하나님의 불멸성을 공유하지 않는 한 불가능합니다. 형벌에 사용되지만, 개혁으로 끝나지 않는 형벌은 보복이며, 자비로우신 아버지께 돌릴 수 없습니다. 그 이름과 본질은 사랑입니다."

우리는 신약성서에서 아이온의 시작에 대해 읽습니다. 아이온의 시작은 누가복음 1장 70절에 언급되어 있는데, 옛날에 나온 것인가요, 아니면 고대에 나온 것인가요? 요한복음 9장 32절 (인간의 기억으로부터) 사도행전 3장 21절, 15장 18절 (ἀπ' αἰῶνος), 옛날, 고대; 에베소서 3장 9절 (ἀπὸ τῶν αἰῶνων), 옛 경륜의 시대로부터.

반복되는 장면이 많습니다. 그 단어는 반복됩니다. 다음 구절에서는 매우 긴 지속 시간을 표현합니다. 요한계시록 1장 18절, "보라 내가 살아 있느니라(εἰς τοὺς αἰῶνας τῶν αἰώνων)세세토록." 에베소서 3장 21절, (εἰς πάσαςτὰςγενεὰς τοῦ αἰῶνος τῶν αἰώνων) 문자 그대로, Macknight에 따르면 "모든 시대를 통해 "시대의 왕께". 디모데전서 1장 17절, "시대의 왕께"(των αἰώνων) 불멸하시고 썩지 아니 하시며 오직 하나님만 지혜로우시고 영광과 존귀가 세세토록 있기를 빕니다 (εἰς τοὺς αἰῶνας τῶν αἰώνων)." 요한계시록 14장 11절, "그들의 고통의 연기가 (εἰς αἰῶνας αἰώνων) 영원히 올라가느니라." 아이작 뉴턴 경은 [121] "어떤 불타는 것에서 나오는 연기가 영원히 올라가는 것은 정복당한 사람들이 영원한 예속과 노예 생활의 비참함 속에서 계속 살아가기를 바라는 마음에서입니다." 참조> 갈 1:5; 빌 4:20; 딤후 4:18; 히 1:8, 13:21; 벧전 4:11, 5:11; 계 4:9, 10, 5:13, 14, 7:12, 10:6, 11:15, 15:7, 19:3, 20:10, 22:5.

그것은 영원한 것 이상의 의미를 가지고 있습니다. 만약 아이온이 영원을 의미한다면, 그리고 아이오니오스는 영원하다면 그 이상은 없다. 영원, 혹은 영원한. 그러나 사도(고후 4:17)는 주목할 만한 구절 (과잉에서 과잉으로, 영원한 영광의 무게), 합병하기에 영원한 초월함. 만약 아이온이 영원을 뜻한다면, (다니엘 12장 3절) 우리는 영원토

---

121)   Prophecies ofDanielandRevelations,LondonEdition. 1738. p. 18.

록, 그리고 더 나아가 (세세토록). 출 15:18, "주께서 영원토록 통치하시리라(τὸν αἰῶνα καὶ ἐπ' αἰῶνα καὶ ἔτι) 영원부터 영원까지, 그리고 그 이상". 미가 4장 5절 "우리는 우리 하나님 여호와의 이름으로 행하리라"

"(εἰς τὸν αἰῶνα καὶ ἐπέκεινα) 영원과 그 너머로." 단 7:18, "영원히, 영원의 영원까지" 시편 48:14, "이 하나님은 영원토록 우리의 하나님이시니 (εἰς τὸν αἰῶνα καὶ εἰς τὸν αἰῶνα τοῦ αἰῶνος), 영원무궁토록". "영원무궁토록" 또는 "시대의 시대에 이르기까지"이라는 구절은, 시편 119편 44절, 14편 2절, 21절, 148편 6절[122]에서 찾아볼 수 있습니다.

이는 다양한 의미를 갖습니다. 이런 일은 많은 곳에서 볼 수 있습니다. 누가복음 20장 34,35절에 "이 세상의 자녀들은 결혼하고, 시집보내지만, 그 세상을 얻기에 합당하다고 여겨질 자들은 ... 천사들과 동등하니라."등등. 여기서 "그 세상"(tou aionos)은 영원한 세상을 의미합니다. 단어 자체가 그 의미를 가지고 있기 때문이 아니라, 부활 상태가 담론의 주제이기 때문입니다. 단어는 문자 그대로 그 시대나 시대를 의미하지만, 이 경우 불멸의 세상은 그 단어를 정의하고 그 의미를 확장하는 주어입니다. 따라서 그 단어가 하나님을 지칭할 때는 유대교 시대에 적용될 때와는 다른 기간을 의미합니다. 논의된 단어가 언급된 곳 중 일부에서 단어가 끝없는 의미를 가지고 있다는 것은 의심할 여지가 없지만, 모든 경우 그 의미는 그것과 관련된 주어에서 비롯됩니다.

아이온은 신약에서 단수로 63회, 복수로 18회, 중복으로 23회, 총 104회 등장합니다.

"이 세상"은 20회, "세상"은 6회, "저 세상"은 1회 등장합니다. "저 세

---

122) 이 아이온, 그 아이온, 그 아이온은 신약성경에 27번 등장합니다. 이 시대나 저 시대는 적절하지만, 이 영원이나 저 영원은 적절하지 않습니다.

상"은 마태복음 12:22, 39, 40, 49, 13:32, 24:3, 28:20; 마가복음 4:19; 누가복음 1:70, 16:8, 20:34, 35; 사도행전 3:21; 로마서 12:2; 고린도전서 1:20, 2:6, (두 번) 8, 3:18; 고린도후서 4:4; 갈라디아서 1:4; 에베소서 1:21, 2:2, 6:12; 디모데전서 1:1-20 vi: 17; 딤후 4: 10; 딛 2: 12.

이 단어는 "영원히"로 20번, "결코"로 7번 번역되었습니다. "다가올 세상"으로 3번, "영원히"로 2번, "세상이 시작된 이래"로 1번, "세상의 시작부터"로 1번, "세상이 있는 동안"으로 1번, 그리고 "영원히"로 1번 번역되었습니다. 각 번역의 장소는 다음과 같습니다. 마태복음 21:19; 마가복음 10:30, 11:14; 누가복음 1:55, 18:30; 요한복음 4:14, 6:51, 58, 8:35(두 번), 51, 52, 9:32, 10:28, 11:26, 12:34, 13:8, 14:16; 사도행전 15:18; 고린도전서 8:13; 고린도후서 ix:9; 히브리서 5:6, 6:5, 20, 7:17, 21, 24, 28; 베드로전서 1:23, 25; 베드로후서 3:18; 요한일서 2:17; 요한이서 2:2.

이 단어는 복수형으로 18번 나옵니다. "세상"으로 세 번, "세상들"로 두 번, "시대들"로 한 번 번역되었습니다. 고린도전서 2:7, 10:11; 엡 2:7; 히브리서 1:2, 9:26, 11:3. "영원히"로 일곱 번, "영원히"로 두 번, "영원히"로 한 번, "세상 시작부터"로 한 번, "시대들"로 한 번 번역되었습니다. 마태복음 6:13; 누가복음 1:33; 로마서 1:25, 9:5; 11:36; 16:27; 고후 11:31; 엡 3:99, 11; 골 1:26; 딤전 1:17; 히 13:8.

이 단어는 23번 중복되어 있습니다. 21번은 "영원무궁토록"(forever and ever) 그리고 1번은 "영원히"(forevermore), 1번은 "모든 시대에 걸쳐, 끝없는 세상"(throughout all ages, without end)로 번역되었습니다. 이 구절은 하나님의 영광이 끝없이 지속됨을 표현하기 위해 10번 사용되었습니다. 다음과 같습니다. 갈 1:5; 엡 3: 21; 빌 4: 20; 디모데전서 1: 17; 디모데후서 4:18; 히브리서 13: 21; 베드로전서 4: 11, 5: 11;

계 1:6, 7:12. 이것은 신성의 영원성을 표현하는 데 네 번 사용되었습니다(계 4:9, 10, 10:6, 15:7). 여호와의 보좌의 영원성을 나타내는 데 한 번(히 1:8). 그리스도의 불멸성과 영원성을 나타내는 데 한 번(계 1:18). 그리스도의 통치 기간을 나타내는 데 한 번(계 11:15). 그의 영광의 기간을 나타내는 데 두 번(계 5:13, 14). 구속받은 자들의 행복의 기간을 나타내는 데 한 번(계 22:5). 짐승과 그의 우상을 경배한 자들의 형벌 기간을 나타내는 데 한 번(계 14:11). 바빌론을 불태울 불이 지속되는 기간을 나타내는 데 한 번(계 19:3). 그리고 한 번은 마귀와 짐승과 거짓 선지자가 불못에서 견뎌야 할 고통의 기간을 나타내기 위해, 한 번(계 20:10 "세세토록 unto the ages of the ages") 사용되었습니다.

휘튼 박사는[123] 이렇게 말합니다. "신약성경에서 이 단어가 나오는 모든 구절을 살펴보면 다음과 같은 결과를 얻을 수 있습니다. 1. 이 단어는 지속 기간을 나타냅니다. 2. 이 단어는 고전 그리스어보다 훨씬 더 자주, 복수형으로 사용됩니다. 이 사실은 에온(œon)이 본질적으로 무한한 지속이라는 개념을 가지고 있다는 주장을 뒷받침합니다. 왜냐하면 유한한 것만이 복수형을 가질 수 있기 때문입니다. 우리는 다가올 영원에 대해 말할 수 없습니다. 그러나 바울은 (엡 2:7) '다가올 시대들(œons)'에 대해 말합니다. 3. 현재 세계 기간 또는 사물의 흐름은 이 에온(æon), 또는 그 에온(the œon), 또는 한 에온(an œon)에 대해 말하는 것입니다. 4. 현재 바로 다음에 올 기간 또는 사물의 흐름도 마찬가지로 '이 에온'(this œon), 또는 '그 에온'(the œon), 또는 '다가올 그 에온'(œon)이라고 불립니다. 5. 과거의 지속, 즉 현재에 선행한 사물의 과정 또는 과정들을 '그 에온들'(œons) 또는 간단히 '에온들'(œons)이라고 합니다. 6. 그 미래의 지속은 그 전체 범위에서

123)   Is Eternal PunishmentEndless? pp. 11-13.

에온들(œons)의 연속으로 묘사됩니다. 7. 무제한의 지속, 즉 에온들(œons) 또는 에온들의 에온들(œons의 eons)을 의미하는 일반적인 어구는 엄밀하게 말하면 유한한 기간 또는 기간의 중단없는 연속을 나타냅니다. 8. 우리가 사용하는 영원(eternity)의 의미를 규칙적으로 전달하는 단일한 단어는 없습니다."

명사인 day는 형용사로 daily를 사용하고, month와 monthly, year와 yearly는 명사든 형용사든 동일한 기간을 나타내므로, 마태복음 24장 3절의 명사 aion은 마태복음 25장 46절의 aionios와 같은 의미를 가져야 합니다. 만약 하나가 age 또는 world를 의미한다면, 다른 하나는 worldly 또는 age-long을 의미해야 합니다. 더 나아가 œonian을 의미하는 것은 전혀 틀렸습니다. 만약 마태복음 25장 46절의 aionion이 끝이 없음을 의미한다면, 제자들은 마태복음 24장 3절에서 예수님께 "영원의 끝에는 무슨 징조가 있겠습니까!"라고 물었을 것입니다.

명사가 사용되는 방식을 조감해 보면, 그 명사의 시간적 의미가 제한적임을 증명할 수 있습니다. 마태복음 28장 20절, "그 에온(œon)의 끝"; 마가복음 19절, "그 에온(œon)의 걱정."; 누가복음 1장 33절, "영원히(œons) 야곱의 집을 다스릴 것이다"; 요한복음 4:14절, "영원히 목마르지 아니하리라"; 요한복음 9:32, "세상(œon)이 시작된 이래로."; 로마서 12:2, "이 세상(œon)을 본받지 말라."; 고린도전서 2:7, "에온이 있기 전에"; 고린도전서 10:11, "세상(œon)의 끝이 이르렀느니라."; 고린도후서 11:31, "세상(œon)을 위하여 하나님께 영광을 돌리라"; 에베소서 2:2, "세상(œon)의 운행을 따라"; 에베소서 2:7, "앞으로 올 세상(œons)"; 에베소서 3:21, "세상의 모든 세대에"; 디모데전서 1:17, "세상(œons)의 왕"; 히브리서 1:2, "그는 세상(œons)을 만드셨느니라"; (E.

V.: "세상") 계시록 4장 9절, "영원히(the œons of the œons) 살아 계시는 이시니," (E. V., "영원히 영원토록")

이 구절의 다양한 용법을 더 살펴보겠습니다. 마태복음 6:13은 아마도 위조된 표현일 것입니다.[124] "영원히 주의 영광이 주의 것이니이다", 즉 '그 시대 내내'이다. 여기서 영원을 암시할 수도 있지만, "영원히"라는 구절은 문자적으로 "그 시대 동안"을 의미합니다. 마가복음 10:30, "그러나 그는 현세에서 백 배나 더 많은 집과 형제와 자매와 어머니와 자녀와 토지를 받을 것이요, 박해도 받을 것이요, 내세에서는 영생을 받을 것이다." 문자 그대로, 내세에서 그 시대의 삶, 즉 복음, 영적인, 그리스도인의 삶을 의미합니다. 우리는 다가올 세상이 기독교 시대를 가리킨다는 것을 보여주었습니다. 마가복음 11장 14절은 "이제부터 영원토록 아무도 네 열매를 따 먹지 못하리라", 즉 "세상에는" 나무가 존재하는 기간을 의미합니다. 요한복음 12장 34절은 "사람들이 대답하되 우리는 율법에서 그리스도께서 영원토록 거하시느니라"라고 했습니다. 유대인들은 그들의 시대가 계속될 것이며, 메시아께서도 그 시대가 지속되는 한 계속 거하실 것이라고 믿었습니다. 이 말은 그리스도께서 모세 시대까지 계속 거하실 것이라는 의미입니다. 유대인들은 그렇게 생각했습니다. 요한복음 13장 8절은 "내 발을 절대로 씻지 못하리라"와 같은 의미입니다. 요한복음 14장 16절은 "내가 아버지께 구하겠으니 그가 또 다른 보혜사를 너희에게 주사 영원토록 너희와 함께 있게 하시리니"(eis Ion aiona), 즉 "세상에는", 즉 다가올 기독교 시대로 그들을 인도하실 것이라는 의미입니다. 요한복음 6장 51, 58절, "누구든지 이 떡을 먹으면 영원히 살리라"(eis ton aiona), 즉 "세상 속으로", 즉 장차 올 생명, 곧 그리스도인의 삶을 누

---

124)   Griesbach, Knapp, Wetstein.

리게 될 것입니다. 그 생명의 지속 기간은 여기에 전혀 설명되어 있지 않습니다. 요한복음 8장 35절, "종은 영원히 (세상 속으로) 집에 거하지 아니하되 아들은 영원히 거하느니라." 유대인들은 여기서 그들의 종교가 그리스도에 의해 대체될 것이라는 말씀을 듣습니다. 그들은 죄의 노예가 되어 집을 떠나야 하지만, 아들은 영원히 그곳에 머무를 것입니다. 요한복음 8장 51, 52절, "진실로 진실로 너희에게 이르노니, 사람이 내 말을 지키면 영원히 죽음을 보지 아니하리라." 그러자 유대인들이 예수께 말하였습니다. "이제 네가 귀신 들린 줄 아노라. 아브라함과 선지자들도 죽었거늘, 네 말은 사람이 내 말을 지키면 영원히 죽음을 맛보지 아니하리라 하니." 그리스도의 말씀을 지키는 한, 사람에게는 도덕적, 영적 죽음이 불가능합니다. 이것이 그 말씀의 온전한 의미입니다.

형용사 아이오니오스(aionios)는 스튜어트 교수가 신약성경에 66회 나온다고 (잘못) 언급했지만, 우리는 72회라고 합니다. 이 중 57회는 의인의 행복과 관련하여, 3회는 하나님이나 그분의 영광과 관련하여, 4회는 다양한 형태로, 그리고 7회는 형벌과 관련하여 사용됩니다. 이 57회는 불확실한 기간을 의미하며, "영생"은 항상 영원히 지속될 수도 있고 그렇지 않을 수도 있는 삶을 의미합니다. 주어가 무한한 기간을 요구할 때는 무한한 기간이 허용되지만, 일반적인 용법은 그렇지 않습니다. 물론 형용사는 명사와 같은 의미를 가져야 합니다.

따라서 신약성경에서 주로 사용되는 용법은 제한된 기간입니다. 하지만 그렇지 않다면, 하나님의 성품을 옹호하기 위해 아버지가 자녀에게 내리는 형벌을 묘사할 때 이 단어를 제한된 의미로 이해해야 합니다. 그러나 199가지 사례 중 150가지 이상의 사례가 제한되어 있으므로, 우리는 다른 고려 사항과는 관계없이, 그리고 그 단어의 사용에 의해서만, 그것이 처벌에 적용될 때 무한함의 힘을 전달하지 않는다는 것을 이해할 준비가 되어 있습니다.

신약 전체에서 형벌이라는 단어가 모든 형태로 형벌을 의미하는 경우는 몇 번이나 됩니까? 신약 전체에서 13개 구절 중 단 14번만 언급되었고, 그것도 단 10번만 언급되었습니다! 명사는 마태복음 12장 32절, 마가복음 3장 29절, 베드로후서 2장 17절, 유다서 13절, 요한계시록 14장 11절, 19장 3절, 20장 10절에 나옵니다.

형용사는 마태복음 18장 8절, 25장 41절, 46절, 마가복음 3장 29절, 데살로니가후서 1장 9절, 유다서 7절, 히브리서 6장 2절에 나옵니다. 하나님의 형벌이 제한되어 있다면 이 단어가 형벌을 정의하는 데 단 14번만 사용되어야 한다는 것을 이해할 수 있습니다. 하지만 형벌이 무한하다면, 신약 전체에서 형벌과 관련된 이 모호한 단어가 단 14번만 사용된 것을 어떻게 설명할 수 있겠습니까? 만약 사실이라면 모든 문장을 뒤덮고, 모든 줄에 눈살을 찌푸리게 하는 교리가 단 열네 번만 언급되었는데, 그것도 다른 모든 곳에서는 '제한된 기간'이라는 의미를 가진 단어로만 언급되었으니! 그 생각은 터무니없고 믿을 수 없습니다. 만약 그 단어가 제한된 기간을 의미한다면, 신약성서에서 위협하는 형벌은 경험이 범법 행위에 따르는 형벌과 같다고 가르칩니다. 하지만 그것이 무한함을 의미한다면, 누가와 요한은 구주께서 그 단어를 사용한 사례를 한 번도 기록하지 않았고, 마태는 네 번, 마가도 두 번 기록하지 않았으며, 바울은 사역 중에 그 단어를 두 번만 사용했고, 요한과 야고보는 서신에서 그 단어를 전혀 언급하지 않은 사실을 어떻게 설명할 수 있겠습니까? 이러한 침묵은 그 단어에 무한함의 의미를 억지로 끼워 넣으려는 모든 시도에 대한 반박할 수 없는 반박입니다. "영원한 불"은 세 번, "영원한 멸망"은 한 번, "영원한 형벌"은 한 번, "영원한 저주"는 단 한 번 등장합니다. 신약성경이 끝없는 고통을 드러내고, 그 단어가 199번 등장하는데 그중 형벌에 적용되는 경우는 매우 드물고, 신약성경을 쓴 사람들 중 상당수가 그 단어를 전혀 사용하지 않는다고 생각할 수 있겠습니까? 아닙니다. 신약성경의 용법은 그리스 고전과 구약성경의 의미와 일치합니다. 하나님께서 이 교리를 수천 년 동안 숨기셨다는 것이, 그리고 4000년의 계시 동안 무한한 지속의 의미로 확장된 동일한 단어를 가르치기 위해 끊임없이 사용하셨다는 것이 솔직한 사람에게는 불가능해 보이지 않습니까? 제한된 지속이라는 단어는 구약성경 전체에 걸쳐 무한한 지속을 의미합니다. 그리스어를 사용하는 사람들에게는 (우리가 이미 증명했듯이) 무한한 지속이라는 의미를 가진 적이 없습니다. 그러나 예수님은 무한한 형벌의 교리를 선포하시고, 자신의 의미를 전달하는 단어로 고전과 70인역에 그런 의미가 전혀 없었던 바로 그 단어를 선택하셨습니다. 그리스어에는 무한한 지속이라는 개념을 명확하게 전달하는 단어들이 많았는데도 말입니다! 마태가 히브리어나 아람어로 썼다 하더라도 그는 자신의 복음을 그리스어로 번역했고, 그 안에서 무한함을 의미하는 모든 단어를 거부하고, 그런 종류의 것을 가르치지 않는 단어를 차용했습니다. 이것이 무능한 번역가의 실수이거나 무모한 필사자의 불완전한 기록이라면, 우리는 이해할 수 있겠지만, 복음서 기자의 영감받은 펜이 고의로 또는 부주의하게도 끊임없이 그때까지 제한된 기간만 가르쳤다는 교리를 가르치기 위해 단어를 사용함으로써 수많은 사람들의 불멸의 복지를 위태롭게 했다고 말하는 것은 그 자체로 반박을 불러일으키는 선언을 하는 것입니다.

이제 우리는 분파주의 교회의 큰 이단의 핵심, 곧 오래되고 오래되었지만, 아직 완전히 포기되지 않은 끝없는 형벌에 대한 오류의 주요 증거 구절에 대해 살펴보겠습니다. 마태복음 25장 46절은 "이들은 영벌에, 의인들은 영생에 들어가리라"라고 말씀합니다. 우리는 이 성경의 잘못된 견해에 반박하는 몇 가지 요점을 제시해 보겠습니다. 1. 이 기록 전체는 비유입니다. 2. 형벌은 불신앙 때문이 아니라 궁핍한 자들에게 유익을 주지 않기 때문입니다. 3. 기간을 의미하는 단어의 일반적인 선행 용법은 기간이 제한되어 있음을 증명합니다. 4. 형벌의 한 가지 목적은 형벌받는 자들을 개선하는 것이므로, 형벌은 제한되어야 합니다. 5. 여기에 묘사된 사건들은 이 세상에서 일어났으므로, 기간이 제한되어야 합니다. 6. 형벌로 번역된 그리스어 콜라신은 그 의미에 개혁이 함축되어 있으므로 징계(chastisement)로 번역해야 합니다.

1. 이 이야기는 일반적으로 문자적인 설명으로 여겨지지만, 주의 깊게 읽어보면 비유임을 알 수 있습니다. "그는 양은 오른쪽에, 염소는 왼쪽에 두실 것이다." 양은 영생에 들어가고 염소는 영원한 형벌에 들어갈 것입니다. 양은 굶주린 자에게 먹이를 주고, 헐벗은 자에게 옷을 입히는 등의 일을 했지만, 염소는 이러한 친절한 직분을 감당하지 못했습니다. 양들을 위해 왕국이 준비되었지만, 염소는 마귀와 함께 가두어질 것이었습니다.

이 이야기 전체는 비유입니다.

2. 에온 시대의 형벌은 악행에 대한 것입니다. 실천적인 자비는 여기서 그 보상이 선포되는 미덕이며, 불친절은 여기서 그 형벌이 위협받는 악덕입니다. 천국과 지옥이 일반적으로 근거하는 믿음과 불신앙이 아닙니다. 마태복음 25장 34-45절, "그때에 임금이 오른편에 있

는 자들에게 이르시되, 내 아버지께 복 받을 자들아, 와서 창세로부터 너희를 위하여 예비된 나라를 상속하라. 내가 주릴 때에 너희가 먹을 것을 주었고 목마를 때에 마실 것을 주었고 나그네 되었을 때에 영접 하였고 헐벗었을 때에 옷을 입혔고 병들었을 때에 돌보았고 옥에 갇 혔을 때에 와서 보았느니라. 그때에 의인들이 대답하여 이르되, 주여, 우리가 어느 때에 주께서 주리신 것을 보고 공양하였으며 목마르신 것을 보고 마시게 하였나이까? 어느 때에 나그네 되신 것을 보고 영 접하였으며 헐벗으신 것을 보고 옷을 입혔나이까? 어느 때에 병드시 거나 옥에 갇히신 것을 보고 찾아왔나이까? 그러면 임금이 대답하여 이르시되, 내가 진실로 너희에게 이르노니, 너희가 내 형제 중에 지극 히 작은 자 하나에게 한 것이 곧 내게 한 것이니라. 그때에 임금이 왼 편에 있는 자들에게 이르시되 저주받은 자들아 내게서 떠나 마귀와 그의 사자들을 위하여 예비된 영원한 불 속으로 들어가라 내가 주릴 때에 너희가 먹을 것을 주지 아니하였고 목마를 때에 마실 것을 주지 아니하였고 나그네 되었을 때에 영접하지 아니하였고 헐벗었을 때 에 옷을 입히지 아니하였고 병들었을 때에나 옥에 갇혔을 때에 돌보 지 아니하였느니라. 그때에 그들도 대답하여 이르되 주여 우리가 어 느 때에 주께서 주리신 것이나 목마르신 것이나 나그네 되신 것이나 헐벗으신 것이나 병드신 것이나 옥에 갇히신 것을 보고 공양하지 아 니하였나이까? 그러면 그가 그들에게 대답하여 이르시되, 내가 진실 로 너희에게 이르노니, 이 지극히 작은 자 하나에게 하지 아니한 것 이 곧 내게 하지 아니한 것이니라 하시리라." 가난한 자들을 잔인하 게 대하는 것, 심지어 그들을 방치하는 것조차도 그리스도를 거부하 는 것이라면, 여기서 분명히 가르치는 바와 같이, 죄지은 자들은 모두 끝없는 고통을 겪게 된다면, "그렇다면 누가 구원받을 수 있겠습니까?" 여기서 믿음이 아니라 행함이 제자됨의 시험이 된다는 단 하나의 고려 사항만으로도 이 본문에 대한 통속적인 관점의 토대가 무너집니다.

3. '아이오니온'이라는 단어는 제한된 기간을 의미합니다. 이 단어는 고전 및 구약 성경에서 자주 등장합니다. 예수님께서 '영원한'으로 번역된 단어를 우리가 선행 문헌에서 보여준 것과 다른 의미로 사용하셨을 가능성은 없습니다.

4. 하나님의 형벌은 시정을 위한 것입니다. 하나님의 모든 형벌은 아버지의 형벌이며, 따라서 그분의 자녀들의 발전에 맞게 적용되어야 합니다. 히브리서 7:5-11, "내 아들아, 주의 징계하심을 경히 여기지 말며 그에게 꾸지람을 받을 때에 낙심하지 말라. 주께서 사랑하시는 자를 징계하시고, 받으시는 아들마다 채찍질하시느니라. 만일 너희가 징계를 참으면 하나님이 아들과 같이 너희를 대하시나니, 아버지가 징계하지 아니하는 아들이 어디 있느냐? 또한 우리에게는 육신의 아버지가 있어서 우리를 징계하였으나 우리는 그들을 공경하였느니라. 하물며 영의 아버지께 복종하여 사는 것이 더 낫지 아니하겠느냐? 그들은 잠시 자기의 뜻대로 우리를 징계하였지만, 우리의 유익을 위하여 징계하사 우리로 그의 거룩하심에 참여하게 하셨느니라. 징계는 당시에는 기뻐 보이지 않고 근심스럽게 보이나, 후에 징계는 그것으로 말미암아 연단받은 자들에게 의의 평강한 열매를 맺느니라." 잠언 3:11,12, "내 아들아, 여호와의 징계를 경히 여기지 말며 그의 징계에 싫증내지 말라. 여호와께서 사랑하시는 자를 징계하시되 마치 아버지가 그 기뻐하는 아들을 징계함 같으니라." 애가 3:31,33, "여호와께서 영원히 버리지 아니하시리라. 비록 근심하게 하시더라도 그 크신 자비에 따라 긍휼히 여기시리라. 이는 그가 고의로 사람의 자녀들을 괴

롭히거나 근심하게 하시는 것이 아니기 때문이라." 또한 욥기 5장; 레위기 26장; 시편 119편 67, 71, 75절; 예레미야 2:19 참조.

5. 이 사건들은 이미 일어났습니다. 여기에 묘사된 사건들은 예수님께서 말씀하신 지 30년 이내에 이 세상에서 일어났습니다. 이제 그 사건들은 지나갔습니다. 마태복음 24장 4절에서 제자들은 당시 존재하던 시대가 언제 끝날지 주님께 물었습니다. 안타깝게도 아이온(aíōn)이라는 단어는 '세상'으로 번역되었습니다. 만약 그것이 세상을 의미했다면, 세상을 의미하는 코스모스(kosmos)를 사용했을 것입니다. 왜냐하면 아이온(aion)은 그렇지 않기 때문입니다. 세부 사항들을 설명한 후, 그는 모든 것이 성취될 것이며, 아이온은 그 세대에, 그의 청중 중 일부가 죽기 전에 끝날 것이라고 선언했습니다. 만약 그의 말이 옳았다면, 그때 끝이 왔습니다. 그리고 이는 마태복음 24장과 25장에 걸친 전체 담화를 주의 깊게 연구함으로써 입증됩니다. 제자들은 예수님께 어떻게 주의 임재와 그 시대의 끝을 알 수 있는지 물었습니다. 그들은 실제 세상의 종말에 대해 묻지 않았습니다. (잘못 번역된 부분입니다.) 하지만 그들은 시대에 대해 물었습니다. 이 질문에 예수님은 질문하는 제자들, 즉 제자들 스스로가 유대교 시대(아이온)의 종말이 다가오고 있음을 알 수 있도록 징조들을 설명하심으로써 답하셨습니다. 예수님은 자신의 속히 오심에 대해 열다섯 번이나 말씀하셨습니다(마태복음 24:3, 27, 30, 37, 39, 42, 46, 48, 50, 그리고 25:6, 10, 13, 19, 27, 31). 예수님은 이 재림 때 살아 있을 자들에게 이렇게 말씀하셨습니다(마태복음 24:6, 20, 33, 34). "너희는 전쟁 등의 소식을 듣게 될 것이다. 너희의 도망하는 일이 겨울에 일어나지 않도록 기도하여라." 이와 같이 너희도 이 모든 일을 보거든 인자가 가까이 곧 문 앞에 이른 줄 알라. 진실로 내가 너희에게 이르노니 이 모

든 일이 다 이루기 전에는 이 세대가 지나가지 아니하리라." 캠벨, 클라크, 웨이크필드, 뉴턴[125]은 이 구절을 "세상의 끝"(sunteleias tou aionos), "시대의 종말", "이 경륜의 끝"으로 번역합니다. 그렇다면 질문은 무엇이 당신의 재림과 모세 경륜(aiōn)의 끝을 나타낼 것인가였습니다. "이 모든 일이 언제 이루어질 것인가?" 마가복음 13:1, 34. 예수께서 성전에 대해 말씀하시며(누가복음 21:5, 7) 돌 하나도 돌 위에 남지 않게 하라고 말씀하셨고, 제자들은 이 일이 언제 일어날지 어떻게 알 수 있느냐고 물었습니다. 그 답은 (마태복음 24:6, 15, 20)입니다. "너희는 전쟁 소식을 듣고 멸망의 가증한 것을 보리라. 너희의 도피가 겨울에 일어나지 않도록 기도하라." 부사 "그때"와 "언제"는 두 장에 관련된 모든 사건을 하나의 끊김 없는 연속으로 연결합니다. 그리고 그는 이 사건들이 "그때"에 일어날 것이라는 어떤 확실한 증거를 주었습니까? 마태복음 24:34, "진실로 너희에게 이르노니 이 모든 일이 다 이루기 전에는 이 세대가 지나가지 아니하리라." 무슨 일입니까? "인자가 구름 가운데 영광 중에 오는 것"과 기존 아이온(시대)의 끝입니다. 마가는 "이 모든 일이 다 이루어지기 전에는 이 세대가 지나가지 아니하리라"라고 표현합니다. 누가복음 21:25, 32을 보십시오. 이 전체 이야기는 예루살렘의 멸망으로 상징되는 유대 아이온(시대)의 끝과 새로운 목표, 세상, 혹은 다가올 시대, 즉 기독교 시대가 수립되는 것을 묘사하는 비유입니다. 이제 예수님의 권위로 당시 존재했던 아이온은 한 세대 안에 끝났습니다. 즉, 서기 70년경. 따라서 아이온(aionion)이라는 형벌, 즉 그 표징의 형벌로 보내진 자들은 아이온(aion)이라는 단어의 의미, 즉 영속적인 상태에 상응하는 기간으로 보내졌습니다. 형벌은 끝이 분명하게 나타난 사건을 묘사하는 명사

---

125) Com. in Loc.

에서 파생된 형용사로 정의될 때 끝없는 것일 수 없습니다.

6. 형벌로 번역된 단어는 개선을 의미합니다. 이 단어는 '코라신'(κόλασιν)입니다. 따라서 권위 있게 정의됩니다.[126] "징벌, 형벌." "나무나 덩굴의 무성한 가지를 다듬어 개선하고 열매를 많이 맺게 함." "깎거나 가지치기하는 행위 - 제한, 억제, 질책, 견제, 징벌." "범죄자의 개선을 위한 형벌의 종류는 그리스 철학자들이 콜라시스(κολασίς) 또는 징벌이라고 부른 것입니다." "가지치기, 견제, 형벌, 징벌, 교정." "우리는 형벌이라는 단어를 만든 사람들의 마음속에 무엇이 가장 중요했는지 알고 싶습니까? 형벌을 뜻하는 라틴어 pœna 또는 punio 는 산스크리트어 어근 pu(pu)로, 청소하다, 정화하다를 의미하는데, 이 라틴어 어원은 원래 단순한 때리기나 고문을 표현하는 것이 아니라, 정화하고, 바로잡고, 죄의 얼룩에서 구출하는 것을 의미했음을 알려줍니다." 그리스어에서 이 의미를 지닌다는 것은 플라톤의 다음과 같은 구절을 인용한 것입니다.[127]—"타인의 자연적 또는 우연적 악에 대해 아무도 화를 내거나, 훈계하거나, 가르치거나, 처벌(kolazein) 하지 않습니다. 그러나 우리는 그러한 불행으로 고통받는 사람들을 동정합니다. 오, 소크라테스여, 만약 당신이 악인을 처벌(kolazei)하는 의도가 무엇인지 생각해 본다면, 이것 자체만으로도 사람들이 덕을 획득할 수 있는 것으로 생각한다는 것을 보여줄 것입니다. 왜냐하면 악인을 처벌(kolazein)하는 사람은 과거만 보고, 자신이 저지른 잘못 때문에 처벌하지 않기 때문입니다. 즉, 야수처럼 행동하지 않고, 생각 없이 복수만 바라는 사람은 이런 일을 하지 않습니다. 따라서 이성을 가지고 처벌(kolazein)하려는 사람은 과거의 잘못 때문에 처벌하

---

126)   Greenfield, Hedericus, Donnegan, Grotius, Liddell, MaxMüller.

127)   Protag. Sec. 38, Vol I., p. 252.

는 것이 아니라 미래를 위해서, 즉 처벌받는 사람 자신이 다시 잘못을 저지르지 않도록, 또는 다른 어떤 그가 징계받는 것을 본 사람이 누구인가? 그리고 이런 생각을 품는 사람은 덕을 가르칠 수 있다고 믿어야 하며 악행을 막기 위해 (콜라제인) 처벌한다." 다른 많은 단어들처럼 이 단어도 항상 정확하고 완전한 의미로 사용되는 것은 아닙니다. 외경은 개혁과 관계없이 이 단어를 고통의 동의어로 사용합니다. 위스콘신 3장 11절, 16장 1절; 마카비 1장 7절 7절 참조. 또한 요세푸스도 참조하십시오. 신약성경에는 이 단어가 네 번만 나옵니다. 사도행전 4장 21절에서 유대인들은 요한과 베드로를 "더 이상 처벌할 방법을 찾지 못하여"(콜라손타이) 놓아주었습니다. 그들은 그들을 개혁하려는 의도가 아니었을까요? 그들이 받은 처벌은 그들을 유대인 공동체로 돌아오게 하는 것이 아니었을까요? 그들의 관점에서 이 단어는 분명히 개혁이라는 개념을 전달하는 데 사용되었습니다. 요한복음 4장 18절, "두려움에는 고통이 있느니라." 여기서 "고통"이라는 단어는 억제(restraint)로 번역되어야 합니다. 『엠패틱 다이어글롯(Emphatic Diaglot)』에서는 이렇게 번역되었습니다. 즉, 우리가 완전한 사랑을 가지고 있다면 하나님을 두려워하지 않지만, 두려워한다면 그분을 사랑하지 못하게 된다는 것입니다. "두려움에는 억제가 있느니라." 이 단어는 여기서 단 하나의 의미로만 사용됩니다. 베드로후서 2장 9절에서 사도는 우리 주님께서 사용하신 것처럼 이 단어를 사용합니다. 즉, 불의한 자들은 심판날까지, 형벌을 받기 위해(콜라조메누스) 보존되어 있습니다. 이는 단어의 사전 편찬과 정확히 일치하며, 성경과 그리스어 문헌에서 일반적으로 사용되는 용법은 사전 편찬자들이 제시한 의미와 일치합니다. 비록 '벌'로 번역된 단어가 요세푸스와 다른 학자들에 의해 때때로 고통만을 의미하는 데 사용되었지만, 신의 영감은 분명 그 정확한 의미로 사용했을 것입니다. 따라서 신약성경에서 예수께서 신의 벌을 지칭하기 위해 사용하셨을 때, 일반적으로 그 완전한 의미로 사용되었음을 확신해야 합니다. 사전 편찬자들과 위의 플라톤은 고통, 제지, 그리고 교정, 개선이 뒤따르는 것을 보여줍니다. 이 단어의 의미에서 고통은 결코 배제되지 않습니다. 하나님은 실제로 그의 자녀들이 길을 잃을 때 고통을 주십니다. 그분은 '소멸하는 불'이시며, 우리가 죄를 지을 때 우리를 향해 끔찍하게 타오르시지만, 그것은 그분이 우리를 미워하시기 때문이 아니라 사랑하시기 때문입니다. 그분은 연단하는 자의 불로서, 죄의 찌꺼기가 깨끗해질 때까지 형벌의 도가니에서 인류의 불멸의 금을 괴롭히십니다. 말라기서 3:2, 3, "그러나 그의 임하는 날을 누가 견디겠느냐? 그가 나타날 때 누가 서리요? 그는 정련하는 자의 불과 같고 표백하는 자의 잿물과 같으니라. 그는 은을 정련하고 깨끗하게 하는 자처럼 앉아서 레위 자손을 깨끗하게 하고 금이나 은처럼 그들을 연단하여 의로운 제물을 여호와께 드리게 하리라." 그러므로 '콜라시스'는 그의 형벌을 묘사하기에 딱 맞는 단어입니다. 그 형벌은 영혼을 위해 가지치기가 나무에 미치는 영향, 정련하는 자의 도가니가 은광석에 미치는 영향과 같은 역할을 합니다.

이는 형벌의 본질 때문에 더욱 분명해집니다. 형벌은 목적을 위한 수단입니다. 선한 결과를 이루기 위한 형벌로서 가해지는 고통입니다. 복수와 형벌의 차이점은 다음과 같습니다. 복수는 선한 목적 없이 가해지는 고통입니다. 형벌은 선한 목적을 위해 가해지는 고통입니다. 형벌은 세 가지 목적을 지향합니다. 1. 죄의 예방, 2. 죄인의 교정, 3. 일반적인 선. 끝없는 고통은 형벌이라는 단어의 정확한 의미로는 형벌이라고 할 수 없습니다. 왜냐하면 형벌은 이러한 결과 중 어느 것도 이루지 못하기 때문입니다. 형벌은 죄를 예방하는 것이 아니라 영속화합니다. 형벌이 끝이 없다면 교정하지도 않고, 일반적인 선을 증진하지도 않습니다. 일반적인 선이 현세적인 죄로 인해 손상되면, 끝없는 죄악으로 인해 무한히 더 손상될 것이기 때문입니다. 게다가 모든 신의 형벌은 죄인의 선을 목표로 해야 합니다. 왜냐하면 형벌은 오직 축복하기 위해 치시는 분에게서 나오기 때문입니다. 그분은 아버지이십니다. 사람들은 그분의 자녀입니다. 그들의 죄는 그들을 진정한 존재의 대상에서 추방합니다. 그의 형벌은 사건의 본질과 그가 형벌을 가한다는 사실로 볼 때, 인간의 선을 성취하는 것을 추구해야 하며, 따라서 기간이 한정되어 있고, 개혁으로 끝나야 합니다.[128]

『Emphatic Diaglot』의 저자는 이것을 그리스어의 문자적 번역으로 제시합니다.[129] "그리고 이들은 아이오니아의 절단으로 나아갈 것이요, 의로운 자들은 아이오니아의 생명으로 나아갈 것이다." 그리고 이 구절에 그는 다음과 같은 포괄적이고 시사적인 주석을 덧붙입니다. "일반적인 번역본과 많은 현대 번역본에서 콜라신을 '아이오니온', 즉 영원한 형벌로 번역합니다. 이는 일반적으로 해석되는 '바시노스', 즉 고통을 의미합니다. 콜라신은 다양한 형태로 신약성경의 다른 세 곳, 즉 사도행전 4장 21절, 베드로후서 2장 9절, 요한복음 1장 18절에 등장합니다. 이 단어는 콜라주에서 유래되었으며, 1. 나무 가지를 자르는 것처럼 잘라내다, 가지치기하다, 2. 제지하다, 억압하다, 그리스인들은 '마부(콜라주)는 그의 불같은 말을 억제한다.' 3. 징벌하다, 처벌하다

---

128) "모든 그리스 문학에서 신성하든 세속적이든, 아이오니오스(aiōnios)는 불멸의 것의 열 배에 달하는 종말을 뜻하는 데 사용되므로, 공정한 비평가라면 누구나 이 단어가 미래의 형벌과 연관될 때 형이상학적 무한함이라는 엄격한 의미를 지닌다고 단언할 수 없을 것이다." Alger. Hist.Doct. Fut. Life. p. 323.
129) S. R. Wells. New York. 1873.

라고 씁니다. 개인을 삶이나 사회에서 단절시키거나 심지어 제지하는 것은 형벌로 간주됩니다. 따라서 이 단어의 세 번째 은유적 용법이 생겨났습니다. 주된 의미는 다음과 같습니다. 문장의 두 번째 부분과 더 잘 일치하여 대조의 힘과 아름다움을 유지합니다. '의인은 생명에 이르고 악인은 생명에서 끊어짐이나 사망에 이른다.' 데살로니가후서 1장 9절을 참조하십시오.

비록 aionion(아이오이온)과 kolasis(콜라시스)가 둘 다 의미상 의심스럽고 그 의미가 불확실하다 하더라도, 우리는 하나님께 의심을 선의로 여기고 그 단어를 그분을 공경하는 방식으로, 즉 제한된 의미로 이해해야 합니다. 그러나 거의 모든 보편적인 용법이 aionion(아이오니온)의 기간을 제한하고, 모든 권위자들이 kolasin(콜라신)이라는 단어가 가지치기, 징계를 의미한다고 선언할 때, 기독교 교사들이 두 단어가 함께 사용될 때 일시적인 형벌이 아닌 다른 의미를 가질 수 있다고 생각하는 것은 놀라운 일입니다. 특히 그 담화에서 완전한 성취가 이생에서, 예언이 선포된 후 한 세대 안에 이루어진다고 명확히 선언된 경우라면 더욱 그렇습니다.

캐넌 패러(Canon Farrar), "영원한 희망"의 "Excursus"에서는 다음과 같이 말합니다. "이 경우 명사 kolasis는 그 자체의 고유한 의미로 '견뎌내는 자의 교정과 개선을 향상시키는 것'을 가리키는 단어다. (Philo. Leg. ad Cai. I 참조) 따라서 알렉산드리아의 클레멘트는 kolasis를 merikai paideiai(부분적인 훈육)로 정의합니다. 트렌치 대주교는 실제로 (New Testament Synonyms, p. 30); 'kolasis(콜라시스)와 timoria(티모리아)의 구별을 신약에 사용된 단어로 옮기는 것은 매우 심각한 오류일 것이다'라고 언급합니다. 단어에 본래 없는 의미를 부여하지 않는 것이 왜 심각한 오류일까요? 아리스토텔레스에 따르면 kolasis(콜라시스)는 교정적이고, timoria(티모리아)는 오직 보복적입니다. kolasis(콜라시스)는 가해자의 개선을 목표로 하고, timoria(티모리아)는 가해자의 만족을 목표로 합니다. (ἡ μὲν κόλασις τοῦ πάσχοντος ἕνεκά ἐστιν· ἡ δε τιμτοντος τοῦ ποιοῦντος ἵνα ἀποπλιρΩθῆ.-Rhet. 1: 10, 17). 아타나토스 티모리아(athanatos timoria, 불멸의 형벌) 및 에이르고스 아이디오스(eirgmos aidios, 영원한 감금)와 같은 문구를 사용하는 사람은 우리 주님과 그의 사도들이 아니라 요세푸스입니다. 그리고 '영원한 죽음'이라는 표현이 우리 예배에서 발생하기는 하지만, 우리가 '에오니안(æonian)의 생명'에 대해 자주 읽는 것처럼 성경 어디에도 그런 말은 나오지 않습니다."

플럼트레 목사는 캐논 패러의 설교에 관한 편지에서 이렇게 말합니다. "복음서 기자가 사용했을 법한 단어는 두 가지가 있습니다. 콜라시스(kolasis), 티모리아(timoria). 이 중 첫 번째 단어는, 가장 위대한 그리스 윤리학자의 정의에 따라, 개혁 과정이라는 개념을 담고 있습니다. 그것은 '고통받는 자를 위해' 가해집니다. 반면 두 번째 단어는 순전히 보복적이거나 응징적인 형벌을 묘사합니다. 마태는—우리 주님께서 그리스어로 말씀하셨다고 믿는다면, 그분 자신도—후자가 아닌 전자를 선택했습니다."

딘 트렌치는 이렇게 말합니다:[130]—"콜라신과 티모리아. 티모리아는 한때(히브리서 10:29), 콜라신(마태복음 25:46; 요한일서 4:18)으로 불렸습니다. 티모리아는 보복적인 형벌로, 라틴어로 uitio는 형벌받는 자를 만족시키는 것을 의미하며, timee와 ouros에서 유래하여 명예를 보호하는 것을 의미합니다. 콜라시스는 형벌 받는 자를 바로잡고 개선하는 것(castigatio)을 의미하며, 플라톤(Protag, 323e)참조. 또

---

130)   Aristotle, Rhet. I., 10.

한 알렉산드리아의 클레멘스의 스트롬 4:24, 아리스토텔레스의 수사학 1:10을 참조하십시오." 트렌치는 마태복음 25장 46절의 콜라신이 일반적인 의미와 다르다고 가정하며, 아무런 이유도 제시하지 않고 자신의 의견을 피력했습니다. "마태복음의 콜라신 아이오니온은 요세푸스의 아타노스 티모리아(B. J. ii: 8-11)와 플라톤의 아이디오스 티모리아(Ax. 372, a)와 정확히 동일하며, 예수께서 위협하실 때(마가복음 9:43-48)도 마찬가지다. 요세푸스(Ant. xv: 22), 필로(Philo.)에서도 동일한 개념을 찾아볼 수 있습니다. (De Agricul. 9, Mart. Pol. 2), II. Mace. iv: 38; Wisd. Sol. xix:4." 이러한 근거없는 의견은 비평가가 신학자의 입장에 빠질 때 얼마나 쉽게 오류에 빠질 수 있는지를 보여줍니다.

『살바토르 문디』의 저자 사무엘 콕스(Samuel Cox) 목사는 그의 저서 『영원의 교리』에서 다음과 같이 말합니다. "우리 주님께서 벌레와 불에 대해 말씀하실 때, 우리는 그분이 실제 벌레와 게헨나 계곡의 실제 불, 또는 이것들의 어떤 영적인 유사체, 즉 자연계에서 실제 벌레와 실제 불이 하는 일을 영계에서 행하는 어떤 훈련이나 고통을 의미하는 것으로 이해해야 합니다. 자연계에서 벌레의 활동은 비록 그들이 부패를 촉진하는 것처럼 보이지만, 그것을 예방하기 위한 것입니다. 벌레는 감염을 일으킬 수 있는 유해 물질을 먹고, 부패의 찌꺼기를 자신의 살아 있고 건강한 유기체로 변형시킵니다. 불은 다시 한 번 죽고 유해한 물질을 태우고, 새 작물의 가장 좋은 거름인 재만 남기고, 다른 모든 것을 더 높고 보이지 않는 형태로 변형시킵니다. 땅에서 유해하고 전염성이 있는 것을 제거하고, 생명력 있고 건강한 형태로 변형시키는 것이 바로 불의 고유한 기능입니다." 자연계에 벌레와 불이 존재한다는 것은 놀라운 일입니다. 그렇다면 이 둘의 도덕적 유사점은, 부패하고 타락시키는 것을 파괴하고, 해로운 것을 해롭게 만들며, 죽음의 문턱에서 생명 자체를 진화시키는, 그토록 엄중하고 혹독한 훈련이 아니고 무엇이겠습니까? 여기서 우리 주님께서는 자신의 생각을 우리에게 설명하시며, 그가 염두에 두셨던 게헨나의 불, 즉 영원한 불이 보복적이고 굴욕적인 형벌이 아니라 정화하고 생명을 불어넣는 교정의 상징임을 보여주십니다. '우리 하나님은 소멸하는 불이시니,' 모든 악한 것이 다 타버릴 때까지 타오를 불이십니다.

동양의 목동들이 염소를 양만큼이나 귀하게 여겼다는 사실을 잊지 말아야 합니다. 우리 주님께서는 염소에게 오른손 다음으로 좋은 자리, 즉 왼손을 주심으로써 이를 암시하십니다. 그리고 주님께서는 염소에 대해 부드럽게 말씀하십니다. 왜냐하면 32절에서는 '염소'가 아니라 '어린 염소'를, 33절에서는 '어린 염소들'(ἐρίφια)을 의미하기 때문입니다. 이는 분노나 증오가 아니라 동정심과 친절을 나타내는 것으로, 마치 예수님께서 불행한 염소들이 그들을 정화하고 온전하게 하기 위해 엄하지만 징계적인 형벌을 받게 될 것이라고 말씀하신 것처럼 보입니다.

이러한 견해에 대한 고정관념적인 반대는 성 아우구스티누스에게서 비롯되었습니다. 그는 "만약 우리가 아이오니오스 콜라시스(aionios kolasis)를 끝없는 형벌을 의미하는 것으로 이해하지 못한다면[131], 아이오니오스 조에(aionios zoe)를 영원한 생명을 의미하는 것으로 이해해서는 안 된다"라고 말했습니다. 이는 이치에 맞지 않습니다. 왜냐하면 이 단어는 그리스어에서 같은 문장에서 다른 의미로 사

---

131) A. D. 414.-DeCiv. Dei XXI., 23. "그러나 영생은 끝이 없고, 형벌은 영원한 끝이 있을 것이라는 이 한 가지 의미로 말하는 것은 매우 터무니없는 일입니다." 어거스틴은 또한 인류 전체가 "저주받은 무리이며 멸망의 덩어리!"라고 말했습니다. (저주받은 먼지, 파괴의 덩어리)

용되었기 때문입니다. 예를 들어, 하박국 3장 6절에서 "영원한 산들이 흩어졌고, 그의 길은 영원하다"라고 한 것처럼 말입니다. 여기에 일반적인 주장을 적용해 보겠습니다. 산과 하나님은 동일한 지속성을 가져야 합니다. 왜냐하면 같은 단어가 둘 다에 적용되기 때문입니다. 둘 다 일시적이거나 둘 다 끝이 없습니다. 그러나 산은 일시적이라고 명시적으로 언급되어 있습니다. 즉, "흩어졌다"는 것은 하나님이 영원하지 않다는 것을 의미합니다. 또는 하나님이 영원하므로 산도 영원해야 합니다. 하지만 산은 흩어졌기 때문에 영원할 수 없습니다. 이 주장은 타당하지 않습니다. 아이오니오스 산들은 파괴되었습니다. 따라서 이 단어는 같은 구절에서 제한된 지속성과 무한한 지속성을 모두 나타낼 수 있으며, 그 의미는 다루는 주제에 따라 결정됩니다. 캐논 파라르 테니슨 씨가[132] 다음 구절에서 '에오니언(œonian)'이라는 단어를 다음 구절에서 인정했지만-

'에이오니아 언덕을 긋고 대륙의 흙먼지를 뿌려라'

그리고 영원을 단순히 끝이 없다는 부정적 개념과 슬프게 혼동함으로써 매우 바람직하게 여겨지지만, 아마도 자연스러워지기는 어려울 것이다. 수많은 작가들이 그 의미를 훌륭하게 증명했기에 그것을 '영원한'으로 번역할 근거가 전혀 없으며, 심지어 퓨지 박사(Dr. Pusey)처럼 끝없는 지옥 교리를 열렬히 옹호하는 사람들조차도 그 단어가 '그 자체의 존재 영역 내에서 끝없는'을 의미한다고 인정하기 때문에, 그 단어 자체를 증명하는 것만으로는 자신의 주장을 증명할 수 없으며, 예를 들어 조건부 불멸 교리를 고수하는 사람들에게

---

132) Excursus onAiōnios.

는 무력하기 때문에, 그 의미를 다시 논의하는 것은 의미가 없다. 그러나 교육 수준이 낮은 독자들에게 다시 한번 강조할 가치가 있을 것입니다. αἰών αἰώνιος(아이온 아이오니오스)와 그에 상응하는 히브리어 단어들은 모든 조합으로 이미 끝났거나 앞으로 끝날 것들에 대해 반복적으로 사용됩니다. 심지어 아우구스티누스조차도 (사실, 아무도 부인할 수 없는) 성경에서 αἰών αἰώνιος(아이온 아이오니오스)가 많은 경우 '끝이 있는'을 의미해야 한다는 것을 인정합니다. 그리고 적어도 그리스어를 알았던 니사의 성 그레고리는 αἰώνιος(아이오니오스)를 '간격'의 별칭으로 사용합니다. 성 아우구스티누스가 만들어 내고(주석 14 참조) 그 시대부터 끊임없이 반복되어 온 오래된 주장, 즉 αἰώνιος κόλασις(아이오니오스 콜라시스)가 끝없는 형벌을 의미하지 않는다면 우리는 아무런 보장도 없고, αἰώνιος ζωή(아이오니오스 조에)가 끝없는 생명을 의미하며, 따라서 우리는 영원한 행복에 대한 약속을 잃게 된다는 주장에 대한 답으로, 저는 이렇게 답합니다. 1. 이것은 전혀 아무런 주장도 아니며, 다시는 들어서는 안 됩니다. 왜냐하면 이것을 가장 강력하게 주장하는 바로 그 사람들이 우리가 '아담 안에서 모든 사람이 죽는 것과 같이 그리스도 안에서 모든 사람이 살게 될 것이다'와 같은 본문에 동일한 주장을 유추적으로 적용해 보라고 요구하면, 그것을 경멸스럽게 무시해 버릴 것이기 때문입니다. 2. 영원한 행복에 대한 우리의 확실하고 확실한 희망은 일시적인 것에 대해 반복해서 사용되는 그리스어 형용사의 논쟁적인 의미처럼 비참한 토대에 근거하지 않습니다. 만약 우리가 그 희망을 뒷받침할 본문이 필요하다면, 누가복음 20장 36절, 호세아 13장 14절, 요한계시록 21장 4절, 이사야 25장 6절, 고린도전서 15장, 수난록 등과 같은 본문들을 충분히 찾을 수 있을 것입니다. 3. 두 절에서 '아이오니오스'라는 단어가 '영원한'을 의미한다고 가정하더라도, (이와 관련하여) 우리는 시간을 초월하고 그 너머의 무언가를 의미하며, 시간은 단지 우리의 유한한 조건에만 필요한 사고방식일 뿐입니다(요한복음 5장 39절, 17장 3절 참조). 하지만 그 단어가 두 절에서 반드시 동일한 의미를 가져야 하는 것은 아닙니다. 왜냐하면 같은 형용사의 의미가 그에 붙은 명사의 의미에 의해 수정되거나 심지어 바뀔 수도 있기 때문입니다. 같은 형용사가 한 절에서는 이성과 양심에 완전히 부합하는 의미로 가장 충분한 의미를 갖는 반면, 다른 절에서는 충격적이고 끔찍한 의미로 가장 충분한 의미를 갖지 못하는 것은 인간 언어의 일반적인 천재성과 더 잘 어울리는 일입니다. 이 주장을 언어학적 근거뿐 아니라 다른 모든 근거에서도 절대적으로 변명할 수 없게 만드는 것은 로마서 16장 25, 26절에서 바로 이 단어가 두 번 나오고, 두 절 중 하나에서는 '영원한'을 의미할 수 없다는 것입니다. 왜냐하면 그것은 끝나가는 시간에 대해 말하고 있기 때문입니다. 그런데도 우리 번역자들은 바로 다음 절에서 '영원한'으로 번역했습니다.

"영원한 시간 안에 침묵 속에 숨겨진 신비의 계시에 따라"(독자는 '끝없는'이 명백한 부조리임을 알게 될 것입니다.) "그러나 이제는 영원하신 하나님의 명령에 따라 드러났습니다." 그러나 분명히 우리가 이 지루한 주장의 마지막을 들어야 할 다른 근거들이 있는데, 그 근거들을 들으면 분노하지 않을 수 없습니다. 성 아우구스티누스부터 성 토마스 아퀴나스(Summ. part iii, Suppl., Quaest. 99, iii)까지, 그리고 성 토마스 아퀴나스부터 퓨지 박사까지 선한 사람들은 이 말을 지겹도록 반복해 왔고, 심지어 온유한 케블(Keble)조차도 다음과 같이 썼습니다.

"만약 당신의 진노의 보화가 소진될 수 있다면,
당신의 연인들은 약속된 천국을 포기해야 합니다."

우리는 설교에서 "악인의 형벌이 영원히 지속되지 않는다면, 복된 자의 행복이 영원히 지속될 것이라는 보장이 우리에게 무엇이 있습니까?"라는 의기양양한 질문들을 듣습니다. 저는 이렇게 답합니다. 전통적으로 반복되지는 않았지만, 명백히 고려된 이 질문에는 강렬한 이기심과 신에 대한 가장 비열한 생각이 담겨 있지 않습니까?"

아이오닐언 형벌과 생명은 성경 전체에서 다니엘 12장 2절과 마태복음 25장 46절에 단 두 번만 함께 언급되며, 다니엘서에서는 영원한 생명과 영원한 수치와 경멸이 현세적인 일, 즉 예루살렘의 멸망에 명시적으로 적용됩니다.

이 단어는 같은 문장에서조차 생명에 적용될 때는 '끝없는'을 의미할 수 있지만, 형벌에 적용될 때는 그렇지 않을 수 있습니다. 비록 우리는 어떤 경우든 기간이 기쁨이나 슬픔의 강도만큼 중요하게 여겨지지 않는다고 생각하지만 말입니다. 이러한 경우의 형용사는 양적이기보다는 질적입니다.

따라서 1. 이생에서의 언어의 성취, 2. '아이오니온'의 의미, 그리고 3. '콜라시스'의 의미는 마태복음 25장 46절에서 위협하는 형벌이 제한적임을 보여줍니다. 그것은 인간의 능력으로는 끊을 수 없는 삼중의 끈입니다. 테일러 루이스 교수는 마태복음을 이렇게 번역합니다. 마 25:46, "이 사람들은 내세의 형벌(감금, 투옥)에 들어가고, 저들은 내세의 생명에 들어가리라." 그리고 그는 "이 구절에서 우리가 어원적으로나 주해적으로 이 단어를 이해할 수 있는 전부이다"라고 말합니다. 따라서 zoen aionion(조엔 아이오니온, 영생)은 끝없는 것이 아니라 선한 품성에서 비롯되는 상태입니다. 이 구절의 의도는 불멸의 행복을 가르치는 것이 아니며, kolasin aionion(콜라신 아이오니온)도 끝없는 형벌을 의미하는 것이 아닙니다. 두 구절 모두 기간에 관계없이 다른 사람에게 해를 끼치거나 축복하는 행위의 제한된 결과를 나타내며, 아마도 메시아의 통치를 거쳐 "끝날"(고전 15장)까지 이어질 수 있습니다. 두 구절 모두 그의 "임재" 당시 "가까이"에 언급된 사람들에게 일어날 일련의 행동을 묘사하며, 그 모든 결과는 불멸의 상태에 앞서 나타납니다.

『Hypatia』 등의 저자인 캐논 킹슬리는 "회고록"에서 이렇게 지적합니다. "아이온(aion. œon)이라는 단어는 성경이나 다른 어떤 곳에서도 무한함(일반적으로 영원이라고 함)의 의미로 사용된 적이 없습니다. 그것은 성경 안팎에서 항상 어떤 기간을 의미했습니다. 그렇지 않다면 어떻게 복수형을 가질 수 있겠습니까? 어떻게 성경에서처럼 œon의 단점과 단점에 대해 이야기할 수 있겠습니까? 따라서 Aionios는 한 시대, 혹은 그 시대에 속함을 의미하며, 또 그렇게 되어야 합니다. 그리고 aionios kolasis(아이오니오스 콜라시스)는 그 시대에 할당된 형벌입니다."

하지만 복된 삶은 그렇게 모호한 단어에 의존하지 않았습니다. 영혼의 불멸하고 행복한 존재는 신약 성경에서 가르치는데, 성경에서는 제한된 기간의 어떤 것에도 결코 연관되지 않습니다. 이 단어들은 오직 하나님과 영혼의 행복한 존재에만 적용됩니다. 이 단어들은 akataluton(아카탈뤼튼, 불멸), amarantos(아마란토스, 퇴색하지 않는), amarantinos(아마란티노스, 퇴색하지 않는), aphtharto(불멸의, 썩지 않는), 그리고 athanasian(불멸)입니다. 이 단어들이 나오는 구절들을 몇 개 인용해 보겠습니다. 히브리서 7장 16절, "멜기세덱의 형상을 따라 다른 제사장이 일어나니, 그는 육신의 계명의 율법을 따르지 아니하고 영원한 생명의 능력(akatalutos)을 따라 된 자라는 것이 더욱 분명하니라." 베드로전서 1:3,4, "우리 주 예수 그리스도의 하나님 아버지께 찬송하리로다 그가 그 많으신 긍휼대로 예수 그리스도를 죽은 자 가운데서 부활시키심으로 말미암아 우리를 거듭나게 하사 산 소망이 있게 하시며 썩지 아니하고(aphtarton) 더럽지 아니하며 쇠하지 아니하는(amaranton) 기업을 얻게 하시니라." 베드로전서 5:4, "그러면 목자장이 나타나실 때에 쇠하지 아니하는(amarantinos) 영광의 면류관을 받으리라." 디모데전서 1:17, "영원하신 왕 곧 썩지 아니하고(aphtarto) 보이지 아니하고 홀로 지혜로우신 하나님께 존귀와 영광이 세세토록 있을지어다 아멘." 로마서 1:23, "썩지 아니하시는 하나님의 영광을 썩을 사람의 형상으로 바꾸었느니라." 고린도전서 9:25, "저희는 썩을 면류관을 얻고자 하나니 우리는 썩지 아니할 것을 얻고자 하노라" 고린도전서 1:26, 15:51, 54, "보라, 내가 너희에게 비밀을 말하노니 우리가 다 잠잘 것이 아니요 마지막 나팔에 순식간에 다 변화하리니 나팔 소리가 나매 죽은 자들이 썩지 아니할 것(apthartoi)으로 다시 살아나고 우리도 변화하리라. 이 썩을 것이 썩지 아니할 것(apthartoi)을 입어야 하고 이 썩을 것이 죽지 아니할 것(athanasian)을 입어야 하리로다. 그러므로 이 썩을 것이 썩지 아니할 것(athanasian)을 입고 이 썩을 것이 죽지 아니할 것(apthartoi)을 입을 때에는 사망이 승리의 삼킨 바 되었다 하신 말씀이 이루어지리라." 로마서 2:7, "선을 행함에 참고 영광과 존귀와 썩지 아니할 것(apthartoi)을 구하는 자들에게는 영생이 있으리라" 고린도전서 1:10; 15:42, "죽은 자의 부활도 이와 같으니 썩을 것으로 심고 썩지 아니할 것 아프타르토이(apltharsia)으로 다시 살아나느니라." 50절도 참조하십시오. 디모데후서 1:10, "복음을 통하여 생명과 썩지 아니할 것(aphtharsian)을 밝히 드러내신 이" 디모데전서 6:16, "오직 그에게만 썩지 아니할 것(athanasian)이 있느니라"

아타나토스, 아디알레이프토스, 그리고 아이디오스라는 용어는 분명하고 명백하게 무한함을 나타냅니다. 이 단어들은 예수님 당시 사람들이 흔히 사용했던 단어들이었습니다. 예수님은 이 단어들을 결코 사용하지 않으셨습니다. 다시 말해, 형벌에 적용될 때 무한함을 명확하게 가르치는 유일한 어법과 당시 흔히 사용되던 용어들을 피하셨습니다.

훨씬 더 강력한 단어는 아페란토스(aperantos), 즉 끝없는, 중단없는이란 의미로, 디모데전서 1장 4절 "끝없는 족보"에 나옵니다. 하지만 이 구절처럼 과장되게 사용되기도 합니다. 또 다른 강력한 단어는 아카탈뤼토스(akatalutos)[133], 즉 "끊임없이 사라지지 않는" 단어로, 히브리서 7장 16절 "끝없는 생명"에서처럼 말입니다. 만약 이 단어가 형벌의 끝없는 기간을 표현하기 위한 것이었다면, 이 전기처럼 모호한 단어 대신 이 강력한 단어들이 사용되지 않았을까요? 신약 성경 저자들이 형벌의 기간을 묘사할 때 그런 강한 단어들을 절대 사용하지 않았다는 사실은 그들이 형벌의 영원성을 가르치려 하지 않았음을 보여주는 것이 아닐까요?

그런데 그리스인들은 이 단어들을 끝없음을 나타내는 경우를 제외하고는 거의 사용하지 않았습니다. 아마도 그리스어 중 가장 강력한 단어는 아텔류테토스[134]일 것입니다. 신약성경에는 이 단어가 한

---

133) ἀκατάλυτος.

134) ἀτελεύτητος.

번도 나오지 않습니다. 유스티니아누스 황제가 총대주교 멘나스에게 보낸 편지에서 형벌의 무한함을 완전히 모호하지 않은 단어로 선언하고자 했을 때 이 단어를 사용했습니다. 그는 이렇게 말합니다.[135] "그리스도의 거룩한 교회는 의인에게는 끝없는 영원한 삶을, 악인에게는 끝없는 형벌을 가르칩니다." 그는 삶의 영원성을 '아이오니오스'라는 단어에 의존하지 않고, 거기에 '아텔레우테토스'를 덧붙이며, 미래의 형벌의 영원성을 선포할 때에도 '아이오니오스'라는 단어에 전혀 의존하지 않고 '아텔레우테토스' 자체로 충분하다고 여깁니다. 만약 우리 주님께서 영원한 형벌을 염두에 두셨다면, 이 가장 강력한 단어가 사용되었을 것이라는 것을 누가 의심할 수 있겠습니까? 그리고 영원한 형벌을 옹호하는 사람이 더 약한 단어가 사용되고 더 강력한 단어가 무시된 것을, 그가 그러한 교리를 가르치려 하지 않았다는 사실 외에 어떻게 설명할 수 있겠습니까?

그리스어는 끝이 없는 것에 적용되는, 에오니안 어법보다 훨씬 더 강력한 의미를 지닌 단어들을 가지고 있으며, 신약성경도 이러한 단어들을 사용합니다. 만약 이 단어들이 형벌의 끝없는 지속을 가르치려는 의도였다면, 형벌과 연관되었을지도 모릅니다. 어쩌면 형벌의 끝없는 지속을 가르치려는 의도였을지도 모릅니다. 아페이로스(Apeiros)는 끝없는, 무한한, 무한함을 의미합니다. 아리스토텔레스는 이 단어를 끝없는이라는 의미로 사용합니다. 아페란토스(Aperantos)는 끝없는, 무한한, 아이디오스(Aidios)는 영원한, 영속적인, 계속적인, 영속적인 의미입니다. 바울은 이 단어를 하나님의 "영원한 능력과 신성"이라는 의미로 사용합니다. 유다는 영원한(아이디오스) 사슬에 대해 언급하는데, 이에 대한 설명은 이 책 부록 B를 참조하십시오.

---

135) E.Beecher, D.D., ChristianUnion, Sept. 17, 1873.

아이온 용어보다 의미가 훨씬 더 강력한 여러 그리스어 단어들을 좀 더 자세히 살펴보겠습니다. 이 단어들은 성경에서 일시적인 지속을 나타내는 것에는 거의, 그리고 어떤 단어들은 전혀 사용되지 않으며, 인간 죄인들의 형벌에는 전혀 사용되지 않습니다.

1. Ἀΐδιος (아이디오스) (영원한, 영원한, 영원한).[136]

바울은 그것을 하나님께 적용한다(롬 1:20). "그의 영원하신 능력과 신격"(ἥτε ἀΐδιος αὐτοῦ δύναμις καὶ θειότις). 유다서(6)는 특정 사슬이 영원하다고 말합니다(δεσμοῖς ἀίδιοις). [부록 B 참조] 아리스토텔레스는 다음과 같이 말합니다.[137] "세상이 영원한지 여부와 같이 우리가 확실히 결정할 수 없는 특정한 어려운 질문이 있습니다(οιον πότερον ὁ κόσμος ἀΐδιος ἢ οὖ). 여기서 단어는 절대 영원을 나타냅니다."

2. Ἀμαράντος 및 Ἀμαράντινος (아마란토스, 아마란티노스) (변하지 않는, 시들지 않는, 영원한). 벧전 1:4, "썩지 않고 더럽지 않고 쇠하지 아니하는 유업"

3. Ἀθάνατος (아따나토스) (불멸의, 결코 죽지 않는). 이 형용사의 명사인 아따나시아(athanasia)는 고린도전서 15장 54절에 나옵니다. "이 필멸자는 불멸을 입어야 한다." 피타고라스는 그의 "황금 격언"에서 이를 신들에게 적용합니다.[138]

4. Ἀκατάλῦτος (아카타뤼토스) (분해될 수 없는, 파괴될 수 없는).히브리서 7장 16절, "끝없는 삶"(ζωῆς ἀκαταλύτου, 조에 아카타뤼투).

5. Ἀφθάρτος (아프따르토스) (썩지 않는, 불멸의, 영원한). 디모데전서 1장 17절에서, 하나님은 아프따르토스입니다. 베드로전서 1장 4절에서, 영혼의 생명은 아프따르톤입니다. 로마서 1장 23절에서 하나님

---

136) Ewing, Grove.
137) Trop. i: 11.
138) GræcaMajora, pp. 241, 312-314.

은 썩지 않는, 아프따르투입니다. 고린도전서 9장 25절에서 그리스도인의 노력에 대한 보상은 불멸하는, 아프따르톤입니다. 고린도전서 15장 52절에서 죽은 자들은 썩지 않는 삶, 아프따르토이를 경험하게 됩니다. 베드로전서 1장 23절에서 내세의 행복한 삶은 아프따르투입니다.

6. Ἄτερμων (아테르몬) (무한한, 끝없는). 아리스토텔레스는 아이온을 강화하기 위해[139] 그것을 사용합니다.", "무한한 시대에서 다른 시대로"(ἐξ αἰῶνος ἀτέρμονος εἰς ἕτερον αἰῶνα). 이 단어는 성경에 없습니다.

7. Ἀπέραντος (아페란토스) (끝이 없는, 무한한).[140] 디모데전서 1장 4절, "끝없는 족보"(γενεα λογιαις ἀπεράντοις). 순교자 저스틴(Justin Martyr)은 악인에 대한 형벌을[141] τὸν ἀπέράντον αἰῶνα라는 말로 정의합니다.

이 말씀 중 일부가 나오는 구절들을 인용해 보겠습니다. 히브리서 7장 15, 16절, "이는 더욱 분명하니, 멜기세덱의 형상을 따라 다른 제사장이 일어나니, 그는 육신의 계명의 법을 따르지 아니하고 썩지 아니할(아카타뤼투) 생명의 능력을 따라 된 것이라." 베드로전서 1장 3, 4절, "우리 주 예수 그리스도의 하나님 아버지께 찬송하리로다. 그는 그의 풍성하신 긍휼대로 예수 그리스도를 죽은 자 가운데서 부활시키심으로 말미암아 우리를 다시 낳으사 산 소망이 있게 하시며 썩지 아니하고 더럽지 아니하며 쇠하지 아니하는(아마란톤) 기업을 얻게 하시느니라." 베드로전서 5장 4절, "목자장이 나타나실 때에 너희가 쇠하지 아니하는(아마란티논) 영광의 면류관을 받으리라." 디모데전서 1:17, "영원하신 왕, 썩지 아니하시고(아프따르트), 보이지 아니하시

---

139) DeMundo.
140) Ewing and Grove.
141) Apol. I. C. 27.

고, 유일하신 지혜로우신 하나님께 존귀와 영광이 세세토록 있을지어다 아멘."

로마서 1:23, "썩지 아니하시는(아프따르트) 하나님의 영광을 썩을 사람의 형상으로 바꾸셨느니라." 고린도전서 9:25, "그들은 썩을 면류관을 얻고자 하나 우리는 썩지 아니할 면류관을 얻으려 하노라"(아프란톤). 고린도전서 15장 51절, 54절, "보라, 내가 너희에게 비밀을 말하노니 우리가 다 잠잘 것이 아니요 마지막 나팔 소리에 순식간에 순식간에 변화하리니 나팔 소리가 나매 죽은 자들이 썩지 아니할 것(아프란토이)으로 다시 살아나고 우리도 변화하리라. 이 썩을 것이 썩지 아니할 것(아프란토이)을 입어야 하고 이 죽을 것이 썩지 아니할 것(아따나시안)을 입어야 하리로다. 그러므로 이 썩을 것이 썩지 아니할 것(아프란토이)을 입고 이 죽을 것이 썩지 아니할 것(아따나시안)을 입으면 사망이 승리에 삼켜졌다고 기록된 말씀이 이루어지리라." 로마서 2장 7절, "인내하며 선을 행하여 영광과 존귀와 썩지 아니할 것(아따나시안)을 구하는 자들에게는 영생이 있으리라." 고린도전서 15:42, "죽은 자의 부활도 이와 같으니 썩지 아니할 것으로 심고 썩지 아니할 것으로 일으킴을 받느니라"(아프타르시아)." 50절도 참조하십시오. 디모데후서 1:10, "복음을 통하여 생명과 썩지 아니할 것(아프타르시아)을 빛으로 가져오셨느니라." 디모데전서 6:16, "오직 그에게만 썩지 아니할 것이 있느니라"(아타나시아)."

사람들이 실제로는 더 잘 알고 있음에도 불구하고 정직하고 무의식적으로 실수를 저지르는 방식은 우리의 친구인 G. L. 데마레스트 목사가 전해준 다음 일화에서 잘 드러납니다. "여러 해 전, 뉴욕의 한 출판사에서 서기로 일할 때, 저는 회중교회 회원인 서점 주인에게 계좌 유지를 위한 어음이나 수표를 받기 위해 방문했습니다. 서점에 들어서자마자 그가 저에게 'D 씨, 당신은 어떻게 마태복음 25장 46절을 극복하십니까?'라고 물었습니다. '우리는 그것을 '극복'하지 않습니다. 극복하고 싶어하지도 않습니다. 지금 있는 그대로 우리에게 유리합니다.' '왜, 그것이 끝없는 형벌을 가르치지 않습니까?' '전혀 아닙니다. 당신은 '영원한'이라는 단어에 의존하고 있다고 생각하십니까?' '물론입니다.' '음, 거기서 '영원한'으로 번역된 단어가 반드시 끝없는 것을 의미하는 것은 아닙니다.' 바로 그때 부시 교수가 들어왔습니다. 조지 부시 목사님은 당시 장로교회에서 정직한 신분을 유지하셨고, 창세기와 다른 구약 성경 책들에 대한 주석을 쓰셨으며, 뉴욕 주립대학교에서 히브리어 및 동양 문학을 가르치셨습니다. 저는 그분을 매우 친절한 기독교인이자 정직하고 진실된 분으로 알고 있었습니다. 친구가 즉시 말했습니다. '교수님, D 씨가 말씀하시길 친구가 즉시 말했습니다. '교수님, D 선생님은 마태복음 25장 46절에서 '영원한'으로 번역된 단어가 반드시 '끝없는'을 의미하는 것은 아니라고 말씀하셨습니다. 정말 그런가요?' '네.' B 교수가 말했습니다. '그렇습니다. 하지만 구주께서 무한함이라는 개념을 표현하고자 하셨다면 그리스어에서 이보다 더 강력한 단어를 찾을 수 없었을 겁니다.' '교수님, 놀랍군요. 저는 아타나토스가 더 강력하다고 생각했습니다.' '그렇습니다.' '나는 아카탈루토스가 더 강하다고 생각했어' '그렇구나' 나는 아프타르토스가 더 강하다고 생각했어' '그렇구나' 나는 방문한 일을 처리하고 떠났다." 여기 자신이 거짓이라고 아는 것을 정직하게 주장하는 성숙한 학자가 있었다. 습관의 힘과 거짓된 신학적 편견의 힘이 바로 그것이다.

이 말들은 하나님과 영혼의 행복에 적용된다. 성경에서는 형벌이나 썩어 없어질 어떤 것에도 적용되지 않는다. 만약 성경이 끝없는 형벌을 가르치려 했다면, 형벌에 붙었을 것이다. 그리고 이 말들은 분명 모호한 단어인 아이오니온이 성경에서 가장 강력한 단어이자 끝없는 지속이나 무덤 너머의 삶의 무한함을 선언하는 유일한 단어라고 주장하는 사람들의 오류를 보여준다. 이 주제에 대해 조금 더 연구한다면 학식을 표방하는 사람들이 자주 하는 그런 무모한 발언을 막을 수 있을 것이고, 행복하고 끝없는 삶이 편파적인 비평가들의 애칭에 전혀 의존하지 않는다는 것을 보여줄 것이다.

　캐논 패러는 이렇게 말합니다. —"하나님 감사합니다. 앞으로 영원히 하나님의 얼굴을 뵙겠다는 저의 희망은 성 아우구스티누스의 체계보다 훨씬 더 어두운 체계를 뒷받침하기 위해 그리스어 사전에서 잘못된 의미를 읽어내려는 열 번이나 반박된 시도에 기반하지 않습니다. 성 아우구스티누스의 잘못된 문자주의는 그 재앙적인 기원을 가져왔습니다. 그러나 여기서 저는 선언하고 하나님께 증거를 구하고자 합니다. 만약 지옥에 대한 대중적인 교리가 사실이라면, 저는 단축된 불멸뿐 아니라 모든 불멸에 대한 모든 희망을 기꺼이 포기할 것입니다. 그렇게 함으로써 수백만 명이 아니라 단 한 명의 인간 영혼을 두려움, 미신, 무지, 뿌리 깊은 증오, 그리고 노예적인 문자 숭배가 지옥에 대해 꿈꾸고 생각했던 것에서 구할 수 있다면 말입니다. 나는 수십억 년의 행복을 잃을지도 모른다는 생각에 후회하기는커녕, 아이오니오스라는 단어에 여러 번이나 그 의미가 부정할 수 없이 발견되는 의미를 부여하기보다는, 지금 여기서 무릎을 꿇고, 멸망하는 짐승처럼 죽어 영원히 존재하지 않게 해달라고 기도하고 싶습니다. 오히려 저의 가장 큰 적이 테르툴리아누스나 미누키우스 펠릭스, 조나단 에드워즈, 퓨지 박사, 퍼니스 씨, 무디 씨, 스펄전 씨가 묘사한 지옥을 단 1년만이라도 겪지 않기를 기도하고 싶습니다. 내 본성 전체가 완전히 바뀌지 않는 한, 수백만의 수 백만의 수 백만의 가련한 고통받는 사람들, 그중 일부는 지상에서 내가 알고 사랑했던 사람들, 이 끝없는 고통 속에서 몸부림치고 있다는 사실을 알게 된다면, 나에게 혐오스럽지 않을 불멸은 상상할 수 없다."

끝없는 형벌이 마태복음 25장 46절에서 가르쳐지고 있다는 주장의 기원은 흥미롭습니다. 수명의 기간을 묘사하는 단어와 동일한 단어가 형벌의 기간을 묘사하는 데 사용되었기 때문입니다.[142] 스페인 장로교인 오로시우스는 서기 413년에 아우구스티누스를 방문하여 오리게네스 학자들이 아이오니오스(aionios)가 무한한 기간이 아니라 무한히 긴 기간을 의미한다고 주장한다고 알렸습니다. 아우구스티누스는 편지에서 아이온(aion)은 제한된 기간을 의미할 수 있지만 아이오니오스(aionios)는 그리스인들이 끝없는 것에만 적용했기 때문에 그럴 수 없다고 답했습니다. 그리고 모세 율법 시대의 에온적인 것들을 언급하며 그것들이 영원한 것은 그것들이 상징하는 것들이 영원하기 때문이며, 마태복음 25장 46절에서는 삶과 형벌 모두에 대해 끝없는 기간이 가르쳐지고 있다고 말했습니다.[143] 그럼에도 불구하고 그는 "저는 그리스어에 익숙하지 않아서 그런 주제에 대한 책을 읽고 이해할 능력이 전혀 없습니다."라고 고백합니다. [144] "저는 그리스어를 거의 배우지 못했습니다."[145] 그럼에도 불구하고 1,400년 동안 정통 신학자들은 아우구스티누스의 격언에 굴복해 왔습니다. 아우구스티누스는 자신이 그 주제에 대해 전혀 판단할 능력이 없었으며, 그의 말은 획일적인 그리스어 용법과 모순된다고 고백했습니다!

---

142) Beecher, Hist. Fut. Bet., pp. 249-50.
143) See also his "City of God," B. xxi. 23, and Manualof Theology, C.112.
144) De Trinitate iii, Proem.
145) Contra literos Petiliani I., ii. C. 38.

이 문장의 두 번째 부분에서 끝없는 행복이 약속되었다고 해서 첫 번째 부분에서 끝없는 형벌이 위협받는다는 의미는 아닙니다. J. M. 휘튼 박사가 올바르게 지적했듯이,[146] "만약 하나님께서 '영원한 멸망'(데살로니가후서 1:9)의 과정에 돌이킬 수 없이 연루된 영혼을 영원히 옹호하실 가능성이, 구체적인 약속(요한복음 14:19)에 따라 그리스도를 통해 받은 '영원한 생명'을 건강하게 발전시키는 영혼의 불멸을 영속시키실 가능성이 그만큼 높다면, 끝없는 행복에서 끝없는 비참함을 추론하는 데는 어느 정도 합리적인 근거가 있을 수 있습니다."

영국 작가 클레망스[147]는 이러한 그리스어 용어들이 "반사광선으로만 빛나는 단어"라고 선언합니다. 만약 선이 종말을 맞이한다면, 그것은 그리스도께서 가져오시기 위해 죽으셨던 종말이 될 것이지만, 악이 종말을 맞이한다면, 그가 멸하기 위해 죽으신 끝. 그러므로 둘은 결코 같은 입장에 서지 않습니다. 한 시대는 끝이 있을 수 있습니다. 아들들의 시대는 끝이 있을 수 있습니다. 오직 모든 시대를 통해 지속되는 것만 끝이 없습니다. 그리고 성경은 이것을 오직 하나님의 나라와 교회 안에 있는 하나님의 영광에 대해서만 확증합니다. 악의 절대적인 영원성은 어디에도 확증되지 않습니다."

'영생'과 '영원히 지속되는 삶'(zoen aionion 조엔 아이오니온)이라는 용어의 의미는 약간의 조사를 통해 확인할 수 있습니다.

1. 신약성경에서 '영원한 생명'은 기독교 신앙에서 비롯되는 생명입니다. 요한복음 3장 36절은 "아들을 믿는 자는 영생을 가졌느니라", 16절은 "그를 믿는 자는 영생을 얻었느니라", 6장 47, 54절은 "진실로 진실로 너희에게 이르노니 나를 믿는 자는 영생을 가졌나니 내 살을 먹

---

146)   Preface to IsEternal Punishment Endless?
147)   Future Punishment, pp.65-6, quotedbyCanon Farrar

고 내 피를 마시는 자는 영생을 가졌나니"라고 말합니다. 요한복음 17장 3절은 "영생은 곧 유일하신 참 하나님과 그가 보내신 예수 그리스도를 아는 것이니이다"라고 말합니다. 또한 요한복음 10장 28절과 14장 50절을 참조하십시오. 이 생명은 단지 일시적인 소유일 수 있으며, 종종 그러합니다. 사람들은 이 생명을 가지고 있다가 은혜에서 떨어져 잃습니다. 그러므로 이 생명은 그리스도를 따르는 현재의 즐거움, 즉 축복을 나타냅니다. 요한복음 6장 33절, 53절, "하나님의 떡은 하늘에서 내려와 세상에 생명을 주는 것이니라. 예수께서 그들에게 이르시되 진실로 진실로 너희에게 이르노니 인자의 살을 먹지 아니하고 인자의 피를 마시지 아니하면 너희 속에 생명이 없느니라." 또한 참조: 요한일서 3:5, 5:12; 요한복음 3:15 등. 불멸의 세계에서 영혼의 복된 삶은 여기서 믿음에 달려 있지 않습니다.

2. 영원한 생명(조엔 아이오니온)은 특히 그리스도 시대에 충실했던 사람들이 받았던 상을 나타냅니다. 마태복음 19장 29절, "내 이름을 위하여 집이나 형제나 자매나 아버지나 어머니나 아내나 자녀나 토지를 버린 자마다 백 배를 받고 영생을 상속하리라." 마가복음 10장 30절, "그러나 그는 현세에서 집과 형제와 자매와 어머니와 자녀와 토지를 백 배나 받되 박해도 받을 것이요 내세에서는 영생을 받으리라." 또한 다음 구절을 참고하십시오. 누가복음 18장 30절; 요한복음 12장 25절; 마태복음 25장 46절. 이 영생은 보상으로 주어질 것이기 때문에 불멸의 생명을 의미할 수 없습니다. 왜냐하면 그 생명은 '값없이 주는 선물'이기 때문입니다.

3. 영원한 생명은 때때로 내세의 영혼의 불멸의 생명을 의미합니다. 요한복음 17장 1, 2절, "아버지여 때가 왔사오니 아들을 영화롭게 하옵소서. 그리하여 아들로 아버지를 영화롭게 하게 하옵소서. 아버지

께서 아들에게 모든 육체를 다스리는 권세를 주셨사오니 아버지께서 아들에게 주신 모든 사람에게 영생을 주게 하려 하심이로소이다." 로마서 21절, "죄가 사망에 왕노릇한 것 같이 은혜도 의로 말미암아 왕노릇하여 우리 주 예수 그리스도로 말미암아 영생에 이르게 하려 함이니라" 요한일서 5장 11절, "이 증거는 하나님이 우리에게 영생을 주신 것과 이 생명이 그의 아들 안에 있다는 것이니라"

  믿음이나 순종으로 주어지는 영원한 생명, 즉 영원한 삶은 현재의 축복입니다. 내세의 삶은 '하나님의 선물'입니다. 때때로 그렇게 사용되기는 하지만, 이 '영생' 또는 '영원한 삶'이라는 문구는 대개 끝없는 존재를 의미하는 것이 아니라, 복음의 삶, 영적 삶, 그리스도인의 삶을 의미하며, 그 지속 여부는 중요하지 않다는 점을 항상 명심해야 합니다. 신약성경에서 이 형용사가 등장하는 72회 중 50회 이상은 삶을 묘사합니다. 요한복음 5장 24절, '나를 보내신 이를 믿는 자는 영생을 얻었고 심판에 이르지 아니할 것이요 사망에서 생명으로 옮겼느니라.' 영생은 복음의 생명입니다. 그 기간은 소유주의 신실함에 달려 있습니다. 얻은 지 한 달 만에 포기하더라도 영생과 다름없는 생명입니다. 영생은 하나님을 알고 사랑하고 섬기는 것입니다. 영생의 기간과는 관계없이 그리스도인의 삶입니다. 선한 사람들이 얼마나 자주 은혜에서 떨어지는지 모릅니다. 믿음으로 영생을 얻었지만 배교로 잃어버립니다. 악명 높게도, 수천 가지 경우에서 영생은 끝이 없습니다. 생명은 무한한 길이이기 때문에, 신약성경에서 이 구절은 제한된 기간이라는 의미를 부여하는 데 전적으로 유리하게 사용됩니다. 따라서 예수님은 "믿는 자는 끝없는 행복을 누릴 것"이라고 말씀하시지 않고 "영생을 얻었고" "사망에서 생명으로 옮겼다"라고 말씀하셨습니다.

  아이온의 삶이 획득되었다가 상실될 수 있다는 것을 여기서 증명할 필요는 거의 없습니다. 히브리서 6장 4절은 "한번 빛을 받고 하늘의 은사를 맛보고 성령에 참여하게 되고 하나님의 선한 말씀과 내세의 능력을 맛보고 타락한 자들은 다시 새롭게 하여 회개하게 할 수 없나니 이는 그들이 하나님의 아들을 새롭게 십자가에 못 박아 드러내 놓고 욕되게 함이니라"라고 말합니다. 이처럼 상실될 수 있는 삶은 본질적으로 끝없는 것이 아닙니다. 성경 기록자들에게 '영생'은 영속성보다는 도덕적인 품성을 의미합니다. 그것은 영적인 중생을 의미합니다. 때로는 단순히 '생명'이라고 불리기도 합니다. 예를 들어, "내가 온 것은 너희로 생명을 얻게 하려 함이니라", "생명의 떡", "생명에 들어가라", "하나님께서 우리에게 영생을 주셨고 이 생명은 그의 아들 안에 있느니라"와 같이 말합니다. "아들이 있는 자는 생명을 가졌느니라." 이 모든 것의 의미는 도덕적 죽음, 즉 재생으로부터의 생명을 나타내며, 그 기간과는 아무런 관련이 없습니다.

요세푸스에 따르면, 구세주 시대의 유대인들이 끝없는 형벌을 믿었던 것처럼, 예수님께서도 유대인들이 사용했던 용어를 사용하셨기에 같은 교리를 가르치셨을 것이라는 주장이 자주 제기됩니다. 하지만 앞서 살펴보았듯이 이는 사실이 아닙니다. 그리스도와 그의 사도들은 유대인들이 이 교리를 묘사하는 데 사용했던 용어를 사용하지 않았습니다. 앞서 살펴보았듯이, 필로는 불멸과 끝없는 것을 의미하는 아타나톤(athanaton)과 아텔류테톤(ateleuteton)을 사용했습니다. 그분은 "항상 죽으며 살고, 불멸하고 끝없는 죽음을 겪는다"라고 말씀하십니다[148]. 그분은 또한 아이디온(aidion)을 사용했지만, 아이오니온(aionion)은 사용하지 않았습니다.[149] 요세푸스는 이렇게 말합

---

148) Universalist Expositor, Vol. III., p. 446.
149) Universalist Expositor, Vol. III., p. 437.

니다. "바리새인들은 '악한 자들의 영혼은 영원한 감옥에 갇히고 영원한 응징으로 벌받는다'고 믿습니다." 에세네파의 교리를 묘사하면서 요세푸스는 그들이 "악한 자들의 영혼은 끊임없는 형벌로 가득 찬 어둡고 폭풍우가 치는 동굴로 보내진다"고 믿는다고 말합니다. 그러나 예수님과 사도들의 표현은 콜라신 아이오니온(kolasin aionion) 또는 아이오니온 크리세온(aionion kriseon), 즉 '에온의 징벌' 또는 '에온의 정죄'입니다. 예수님과 동시대 유대인들은 응징을 아이디오스(aidios) 또는 아디알레이프토스 티모리아(adialeiptos timoria)라고 불렀고, 구세주는 이를 아이오니오스 크리시스(aionios krisis) 또는 콜라시스 아이오니오스(kolasis aionios)라고 불렀으며, 사도들은 올레트로스 아이오니오스(olethros aionios), 즉 에온의 멸망, 그리고 푸로스 아이오니오스(puros aionios), 즉 에온의 불이라고 불렀습니다. 만약 예수님과 사도들이 그들이 대화했던 유대인들이 사용했던 용어를 사용했다면, 우리는 그들이 대중적인 교리를 가르쳤다는 것을 인정해야 할 것입니다. 이 점에 대해서는 이 책의 마지막 부록 B에서 aidios라는 단어에 관해 더 자세히 설명하고 있습니다.

"항상 살다가 죽고, 끝없는 죽음을 겪는다"는 것은 '정통' 설교단과 그리스 유대인들의 언어입니다. 하지만 우리 구주와 그의 사도들은 하나님이 그토록 잔혹한 재앙의 원인이었다고 비난하는 것을 조심스럽게 피했습니다.

한 학식 있는 학자는 이렇게 말합니다. ―"아이오니오스는 고대 고전 그리스 작가들 사이에서 드물게 등장하는 단어입니다. 또한 그들이 영원을 의미하는 데 사용하는 일반적인 용어도 아닙니다. 오히려 그들은 이러한 목적을 위해 아이디오스 아이온 또는 이와 유사한 화법을 훨씬 더 자주 사용합니다. 일례로 70인역은 '올람'을 나타내는 데 '아이오니오스'를 선택함으로써 히브리어 단어가 영원을 의미한다는 것을 이해하지 못했음을 증언하는 것으로 보입니다. 만약 그들이 그렇게 이해했다면, 그들은 분명히 더 결정적인 단어, 즉 시작도 끝도 없는 것을 의미하는 데 그리스어에서 더 일반적으로 사용되는 '아이디오스'와 같은 어떤 용어로 번역했을 것입니다.

게다가, 바리새인과 에세네파 외에 예수의 말씀을 들은 사람들이 끝없는 형벌을 믿지 않았다는 증거는 압도적입니다. 필립슨[150]은 "랍비들은 지옥의 고통이 영원하다는 것을 받아들이지 않는다"고 선언합니다.[151] 고대 유대 권위자들은 끝없는 형벌이 그리스도 당시 유대인들의 교리가 아니었다는 데 동의합니다. 단, 이교도에게서 그것을 얻은 사람들이 믿는 경우가 있었습니다. 예수께서는 바리새인들의 '전통'을 비난하실 때 그러한 전통을 언급하셨습니다. "지옥과 천국 사이에는 손가락 두 개 너비밖에 되지 않는 공간이 있습니다. 죄인

---

150) IsraelitischeReligionslehre, ii : 255.

151) "카빈족은 지옥의 형벌이 영원하다고 생각하지 않습니다. 가장 큰 죄인조차도 '세대를 거쳐'만 형벌을 받습니다." Stephelin의 Eabbinical Literature(1748), II, 31, 71에서 이 귀중한 메모를 제공한 Canon Farrar가 인용함:—Zijoni, f. 69, 3, "낙원과 게헨나 사이에는 실 한 가닥의 굵기에 불과합니다." 아사라스 마마로트, f. 85, 1, "더 이상 게헨나가 없을 것입니다." Jalkuth Simoni, f. 40,1, "가브리엘과 미카엘은 게헨나의 문 8,000개를 열고 이스라엘 사람들과 의로운 이방인들을 내보내리라." Jalkuth Chadash, f. 57, 1, "의로운 자들은 하늘에서 불완전한 영혼들을 끌어낸다." 잘쿠트 부베니, f. 1G7, 4, "파멸당한 자들의 안식일과 의로움" 조하르, 출애굽기 3장. 기브보림, f. 70, 1; 니쉬마트 하짐, f. 83, 1; 잘쿠트 시모니, f. 88, 3, 그리고 다른 많은 구절들이 게헨나에서의 형벌 기간을 12개월로 언급합니다. 오토트의 장엄한 구절(아키바에게 귀속됨)에서 하나님께서 게헨나의 열쇠를 가지고 계시며 모든 의로운 자들에게 설교하실 것이며, 스룹바벨이 카디시를 외우고 게헨나에서 아멘!이 울려 퍼질 것이며, 가브리엘과 미카엘이 4만 개의 게헨나 문을 열고 저주받은 자들을 해방시킬 것이라고 말씀합니다. 아키바는 이사야 26장 2절에서 "진실을 지키는" 쇼메르 에멘(Shomer Emun)을 위한 "아멘"을 지키는 것을 읽으며 이를 발견했습니다. 마지막으로, 에멕 함멜렉(Emek Hammelech) 138장 4절에서 "악인들은 부활 때까지 게헨나에 머물다가, 메시아께서 그곳을 지나가시어 그들을 구원하신다"라고 말합니다. [부록 C 참조]

은 진심으로 회개하기만 하면 영원한 행복의 문이 열릴 것입니다."[152] "게헨나는 불경건한 자들이 불태워지는 날에 불과합니다."[153] "불경건한 자들의 심판은 12개월 동안입니다."[154]

이 모든 사실은 유대인들이 성경에서 '아이오니오스'라는 단어를 영원한 기간을 의미하는 것으로 여기지 않았음을 보여줍니다. 그들은 이 단어를 형벌에 적용했지만, 미래의 형벌 장소인 '게헨나'는 제한된 기간으로 여겼습니다.

이제 신약 성경에서 형벌, 즉 죄의 결과가 영원한 것으로 선언된 다른 구절들을 살펴보겠습니다.

마태복음 12장 32절, "누구든지 성령을 거스르는 자는 이 세상에서도, 오는 세상에서도 용서받지 못할 것이요" 다른 구절: 마가복음 3장 29절, "성령을 모독하는 자는 영원히 용서받지 못하고 영원한 정죄를 받을 위험이 있느니라." 누가복음 12장 10절, "누구든지 인자를 거스려 말하면 사하심을 얻되 성령을 모독하는 자는 사하심을 얻지 못하리라." 문자적으로는 "이 세대에도, 오는 세대에도" 즉 모세 시대나 기독교 시대나 경륜에도 사하심을 얻지 못하리라는 뜻입니다. 그러나 이 시대들은 모두 끝나고, 때가 찬 경륜, 곧 시대가 차면 모든 사람이 구원을 받게 될 것입니다. (에베소서 1장 10절) 마가복음 3장 29절의

---

152) Deutsch, Remains, p. 33.

153) Abhoda, Zara, Eabbi Akiba.

154) 9Adyoth, ii; 10, "Die Strafen in Gehenna.이 점에 있어서 탈무드 교사들은 지옥의 형벌이 영원하다는 가정에 단호히 반대한다고 선언합니다." 함부르크 탈무드 사전: S. V. 횔레.

정확한 번역은 "결코 사하심을 얻지 못하느니라"가 아니라 "이 세대를 사하심을 얻지 못하고 오히려 영원한 죄에 연루되었느니라"입니다.[155] 평행 구절인 마태복음 12장 32절은 "이 세대에도, 오는 세대에도 사하심을 얻지 못하리라"라고 되어 있습니다. 누가복음 10장 10절, "이 세대에도, 오는 세대에도 사하심을 얻지 못하느니라"입니다. 마가복음 3장 29절의 원문은 여기에서 위협하는 형벌이 제한된 기간 동안만 지속된다는 것을 매우 분명하게 가르치고 있습니다. 그래서 아우구스티누스는 현재 용서받지 못한 자들이 미래의 어느 시대에 용서를 받게 될 것이라고 가르쳤습니다. 그는 이렇게 말합니다(Lange, Com. Matt. 227-229쪽 참조). "어떤 사람들에 대해 이 세상(seculo)이나 미래에도 용서받지 못한다고 말하는 것은 옳지 않을 것입니다. 비록 이 세상에는 없지만 미래에는 용서받는 사람들이 있지 않다면 말입니다." 미래가 여러 번 있고, 여러 번 있고, 죄인이 이 세상이나 다음 세상에서 용서받지 못한다고 해서 그가 어떤 미래에도 용서받지 못할 것이라는 결론은 결코 나오지 않습니다. 구주의 생각은, 자신의 선행을 악령의 탓으로 돌리는 자들은 너무나 완악해져서, 그의 종교가 다른 어떤 죄를 지었을 때보다 그들에게 영향을 미치는 데 더 큰 어려움을 겪게 될 것이라는 것입니다. 끝없는 저주는 생각되지 않으며, 그 언어에서 억지로 끌어낼 수도 없습니다.

신약성경에서 "시대의 끝"과 "시대들"은 이미 지나간 것을 가리키는 일반적인 표현입니다. 참조: 골로새서 1:26; 히브리서 9:26; 마태복음 13:39, 40, 49, 24:3. 로크는 이렇게 말합니다. "유대 민족은 율법이

---

155) Vat. 사본에는 "위법"이라고 되어 있고, 그리스바흐는 여백에 amartematos를 배치했습니다. 그로티우스, 밀레, 벵겔은 이 해석을 선호하는데, 이는 콥트어, 아르메니아어, 고트어, 불가타, 그리고 모든 이탈리아어에 따르지만, 두 가지를 제외하면 두 가지입니다.

존재하는 동안 하나님의 왕국이자 백성이었습니다. 그리고 이 하나님의 왕국은 모세의 헌법 아래서 아이오누토스, 즉 이 시대, 또는 일반적으로 번역된 대로 이 세상이라고 불렸습니다. 그러나 메시아 아래 있었던 하나님의 왕국, 곧 유대 교회의 경제와 헌법, 그리고 그리스도에 반대하여 그것을 고수했던 민족 자체가 버려져야 했던 왕국은 신약에서 (아이온 메론 aion melon), 즉 다가올 세상이라고 불립니다." 또 다른 저자는 이렇게 덧붙입니다. "율법 시대의 시대가 '크로노이 아이오니오이'라고 불린 이유는 율법 시대의 모든 시간을 측정하는 '세쿨라' 또는 '시대'를 뜻하는 '아이오네스(aiones)'였던 그들의 희년에서 찾을 수 있습니다. 그래서 크로노이 아이오니오이는 디모데후서 1장 9절, 디도서 1장 2절에서 사용되었습니다. 그리고 아이오네스(aiones)는 율법 시대 또는 희년을 나타내는 말로 사용됩니다(누가복음 1장 70절, 사도행전 3장 21절, 고린도전서 1장 2절, 10절, 엡 3장 9절, 골로새서 1장 2절). 히브리서 9:26. 그러므로 하나님은 아이오네스의 반석, 곧 나이 든 반석이라고 불리셨습니다(사 26:4). 이는 그분이 이스라엘의 반석이라고 불리는 것과 같은 의미입니다(사 30:29). 즉, 유대 국가의 힘과 지지입니다. 왜냐하면 그것은 유대 선지자가 여기서 말하고 있기때문입니다. 따라서 출애굽기 21장 6절에서 '에이스 톤 아이오나 eis ton aiona'는 우리가 번역하는 '영원히'가 아니라 '희년까지'를 의미합니다. 레위기 25장 39-41절과 출애굽기 21장 2절을 비교해 보면 이 점이 드러날 것입니다." 피어스는 그의 주석에서 이렇게 말합니다. "오히려 이 시대에도, 오는 시대에도, 즉 모세의 율법이 존재하는 이 시대에도, 곧 천국이 계승될 저 시대에도 마찬가지입니다. 그리스어 '아이온 aion'은 신약에서 종종 그러하듯이 여기서도 시대를 의미하는 듯하며, 신약(13장 40절, 24장 3절; 골로새서 1

장 26절; 엡 3장 9절, 21절 참조)과 가장 적절한 의미에 따라 사용됩니다. 만약 그렇다면, 이 시대는 유대 시대, 즉 그들의 법이 존속하고 효력을 발휘하던 시대를 의미하며, 다가올 시대(히브리서 6:6; 엡 2:9 참조)는 기독교 시대 아래를 의미합니다. 웨이크필드는 이렇게 말합니다. "시대, 아이오니, 즉 당시 존재했던 유대 시대, 혹은 다가올 기독교 시대를 의미합니다." 클라크는 이렇게 말합니다. "비록 제가 일반적인 번역(마태복음 12:31, 32)을 따르지만, 저는 이 단어의 의미가 이 시대, 즉 유대 시대에서도, 다가올 시대, 즉 기독교 시대에서도 완전히 만족합니다. '올람 하보', 즉 다가올 세상은 유대 저술가들에게 메시아 시대를 가리키는 일관된 표현입니다." 또한 해먼드, 로젠뮬러 등을 참조하십시오. 히브리서 9장 26절을 예로 들어 보겠습니다. "그러므로 그(그리스도)는 창세(코스모스, 문자적으로는 세상) 이래로 여러 번 고난을 받으셔야 하였으나 세상 끝(아이온, 시대)에 한 번 나타나셔서 자기를 제사로 드리심으로 죄를 없이 하셨느니라." 그리스도께서 나타나셨을 때 세상은 어떤 끝이었습니까? 의심할 여지 없이 유대 시대였습니다. 다가올 세상 또는 시대(아이온)는 기독교 시대여야 합니다. 고린도전서 10장 11절에서 바울이 자신과 동시대 사람들에게 "세상 끝이 이르렀다"라고 말했듯이 말입니다. 이 구절들은 강한 어조로 언급된 죄의 악랄한 본질을 말합니다. 다가올 세상 또는 시대는 무덤 너머에 있는 것이 아니라 기독교 시대입니다. 그것은 18세기 전에 시작되어, 예수님께서 하나님 아버지께 왕국을 넘겨주시고 (고전 15장) 하나님께서 모든 것 안에 모든 것이 되실 때 끝날 것입니다.

마태복음 18장 8절, "그러므로 만일 네 손이나 네 발이 너를 실족하게 하거든 찍어 내버리라. 두 손이나 두 발을 가지고 영원한 불에 던

져지는 것보다 절름발이나 불구가 되어 생명에 들어가는 것이 네게 나으니라." 마태복음 25장 41절도 같은 표현을 사용합니다. "마귀와 그의 사자들을 위하여 예비된 영원한 불." 또한 유다서 7절도 "소돔과 고모라와 그 주변 도시들도 같은 방식으로 음행에 내어주고 다른 육체를 따라가다가 영원한 불의 형벌을 받아 거울이 되었느니라." 불구가 된 채, 즉 눈이나 발, 손과 같은 겉보기에 좋은 것을 빼앗긴 채 그리스도인의 삶에 들어가는 것이 세상의 모든 유익을 누리고 그리스도를 거부하는 형벌을 받는 것보다 낫습니다. 불로 상징된 그리스도는 마태복음 18장 8절의 의미이며, 유다서 7절은 소돔과 고모라가 영원한 불의 예라고 가르칩니다. 그러나 그 불은 이미 꺼졌습니다. 언급된 불이 끝없는 것이 아니라는 것은 성경에서 이 용어가 사용된 것을 통해 알 수 있습니다. "하나님은 소멸하는 불이시니라"(히브리서 12장 29절)가 아니라 "연단하는 자의 불"(말라기 3장 2-3절)입니다. 그것은 악을 소멸하고 오류와 죄의 찌꺼기를 정련합니다. 이는 우리가 앞서 보여준 불의 지속 기간을 표현하는 단어의 의미를 뒷받침합니다. 하지만 불의 목적이 무엇이든, 그것은 영원한 것이 아닙니다. 그것은 영원한 것입니다. 벤슨은 이렇게 말합니다.[156] "소돔 등을 태운 불은 영원하다고 불릴 수 있습니다. 그 불은 완전히 타올라 사람이 살거나 재건될 가능성을 넘어섰기 때문입니다. 하지만 (여러 저자가 주장하듯이) 그 불이 오랫동안 계속 타올랐다면, 그 단어는 훨씬 더 강력한 의미를 갖게 될 것입니다. 만약 불이 짧은 시간 동안만 타올랐다면, 그 예는 이후 시대, 즉 아들들에게까지 지속되었을 것이며, 따라서 끊임없는 경고였을 것입니다."

앨버트 반스는 그의 노트에서 정확한 견해를 제시합니다. "파괴는

156) Paige's Com., Vol. VI., p.368.

마치 불이 항상 타고 있는 것처럼 완전하고 영구적이었습니다." 소돔과 고모라가 "묘사되었다"는 사실은 그 본보기가 이 세상에 있음을 보여줍니다. 불, 파괴, 본보기, 보복은 모두 이 세상에 있습니다. 따라서 그것들이 묘사되었다고 합니다. 게다가 창세기에 기록된 이 도시들의 멸망에 대한 기록에는 현세 너머의 불이나 형벌에 대한 언급이 단 한 마디도 없습니다. 사도는 그 도시들의 운명을 영원한 본보기로 언급합니다. 이것이 그의 의미의 극치입니다. 캐논 패러(Canon Farrar)[157]는 이렇게 말합니다. "'꺼지지 않는 불'이라는 표현은 단순한 오역이며, '결코 꺼지지 않을'이라는 구절은 이사야 66장 24절에서 따온 것이며, 순전히 비유적인 표현입니다. 그 구절이나 호메로스의 일리아스 16장 123절에 나오는 것처럼 말입니다." 책 부록에서 그는 이렇게 지적합니다. "기독교인의 하나님이 기독교인을 제외한 모든 사람을 불태워야 한다는 켈수스의 맹렬한 조롱에 대한 대답으로, 오리게네스는 처음으로 불이 그 불을 태울 재료를 가진 모든 사람에게 정화하는 속성(카타르시온)을 가져야 한다고 주장했습니다." 실제로 마가복음 9장 43절의 "결코 꺼지지 아니하리라"라는 문장에서 "결코"라는 단어는 번역자들이 부당하게 덧붙였습니다. 석면 아스베스튼(ἄσβεστον)이라는 단어는 정확하게는 꺼지지 않는 것으로 번역되었으며, 어느 경우든 이 단어가 사용되었습니다. 예를 들어, 화재가 불길에 휩싸였을 때 불길이 꺼지지 않고 타올랐다고 말할 때처럼, 불이 그 분노를 다할 때까지 끌 수 없었다는 의미입니다. 휘튼 박사는 "영원한 형벌은 끝이 없나"(19쪽)에서 다음과 같이 말합니다. "호지 박사는 그의 『신학 체계』(iii: 877)에서 가정된 의미가 성경에서 얼마나 쉽게 해석될 수 있는지를 잘 보여줍니다. 그는 이렇게 말합니다. '영원

---

157)   Eternal Hope, Consequences of Sin.

하다는 단어가 매우 모호하다는 것을 인정하더라도, 성경은 벌레가 결코 죽지 않고 불이 결코 꺼지지 않는다고 말씀한다는 것을 기억해야 합니다. 그러므로 우리는 잃어버린 자들의 고통이 끝이 없다는 하나님의 말씀을 직접적으로 주장하는 것입니다.' 이보다 더 근거 없는 진술은 거의 있을 수 없습니다. 이를 설명하기 위해, 힌놈 골짜기(히브리어로 게헨나)에서 예루살렘의 벌레가 번식하는 찌꺼기와 더러움이 영원히 타오르는 불에 타버렸다는 의심스러운 진술이 맞다고 가정해 보자. 그러한 장소에 (실제 장소든 상상의 장소든 아무런 차이가 없습니다) '그곳에서는 벌레도 죽지 않고 불도 꺼지지 아니하느니라'(마가복음 9:48)라는 말씀이 문자 그대로 정확하게 적용될 수 있다는 것은 분명합니다. 하지만 아무도 그러한 표현에서 절대적인 무한함이라는 관념을 발견하지 못할 것입니다. 그렇다면 호지 박사는 비유적으로 사용된 표현에서 문자 그대로 사용된 표현에는 없는 무한함에 대한 '직접적인 주장'을 어떻게 찾을 수 있었겠습니까? 그가 자신의 상상이나 더 신뢰할 만한 외부 출처에서 몰래 가져오지 않는 한 말입니다. 이러한 텍스트 채우기는 투표 용지 채우기처럼, 아무리 무의식적이라 하더라도 그 자체로 사기입니다."

데살로니가후서 1장 9절, "그들은 주의 얼굴과 그의 권능의 영광에서 영원한 멸망으로 형벌을 받을 것입니다." 영원한 멸망(ὄλεθρον αἰώνιον)은 회복 불가능한 파멸을 의미하는 것이 아니라, 하나님의 얼굴에서 오랫동안 추방되는 것을 의미합니다. 이것이 바로 죄가 영혼에 행하는 일입니다. 올레트로스는 멸절이 아니라 황폐함을 의미합니다. 이 단어는 신약 성경에서 네 번만 나옵니다. 데살로니가전서 5장 3절, 고린도전서 5장 5절, 디모데전서 6장 9절. 고린도전서 1장 9

절은 이 단어가 어떻게 사용되었는지 보여줍니다. "그런 자를 사탄에게 내어주어 육신은 멸망하게 하고 영은 주 예수의 날에 구원을 얻게 하라." 여기서의 멸망은 최종적인 것이 아니라 영의 구원에 조건적인 것입니다. 영원한 멸망은 장기간의 황폐함과 같습니다.

베드로후서 2장 17절, "이들은 물 없는 샘이요 폭풍에 밀려가는 구름이라. 그들에게는 어둠의 안개가 영원토록 예비되어 있느니라." 유다서 13절, "자기 수치의 거품을 뿜는 바다의 성난 파도요. 떠도는 별들이니, 그들에게는 어둠의 캄캄함이 영원토록 예비되어 있느니라." "항상 어둠의 캄캄함이 예비되어 있느니라." 이 표현을 정확하게 의역한 것입니다. 언급된 자들은 열매를 맺지 않는 나무와 같고, 물을 내지 않는 구름과 같고, 거품이 이는 파도와 같고, 빛을 내지 않는 별과 같습니다. 끝없는 지속기간은 베드로나 유다의 생각이 아닙니다. 무한정의 기간이나 시간이 에이스 아이오나 eis aiona의 궁극적인 의미이며, 베드로후서 2장 17절에서는 위조되었지만, 유다서 13절에서는 진짜입니다. 문자적인 의미는 '한 시대를 위하여'입니다. 영원은 이 구절에서 억지로 끌어낼 수 없습니다.

히브리서 6장 2절, "영원한(aionion) 심판의 교리." 우리는 이 구절에 대해 특별한 설명을 하지 않습니다. 그 시대의 심판을 의미하는지, 아니면 오는 시대, 즉 그리스도인을 의미하는지는 중요하지 않습니다. "시대의 심판"은 '아이오니온 심판'이라는 문구의 온전한 의미입니다.

이 주제에 대해 베드로전서 3장 18-20절 주석가들은 그리스도께서 "옥에 있는 영들에게 전파하셨다"고 언급하며, 앨포드는 우리 주님께서 "육신에서 벗어난 영들에게 구원을 전파하셨다"고 말합니다. 테일러 루이스:[158] "하데스에서 그리스도의 사역이 있었다. 그는 하데스에서 그곳에 있는 자들에게 선포(ἐκήρυξεν)한다." 이 해석은 초기 기독교 교회에서 거의 보편적으로 채택되었습니다." 등. Huidekoper 교수:[159] "2세기와 3세기에 모든 기독교 교파와 분파는 그리스도께서 죽은 자들에게 설교하셨다고 믿었습니다." Dietelmair[160]는 이 교리를 "모든 기독교 집단이 믿었다.(in omni coetu Christiano creditum)" 라고 말합니다. 영원히 정해진 운명을 가진 영혼들에게 왜 구원을 설교해야 합니까? 그리고 어떻게 기독교인들은 그 교리를 믿으면서 동시에 에온(æonian)이라는 단어에 영원한 지속이라는 의미를 부여할 수 있었습니까?

그 명사 '아이온'이 항상 영어 단어 eon, 또는 æon으로, 형용사가 eonian 또는 æonian으로 번역되지 않은 것은 안타까운 일입니다. 그랬다면 모든 혼란을 피할 수 있었을 것입니다. 웹스터 사전 무삭제판(Webster's Unabridged)은 이를 시간이나 기간, 시대, 신대륙, 경륜, 주기 등을 의미하는 것으로 정의합니다. 그는 또한 영원의 의미를 부여하지만, 만약 이 단어가 '에온'으로 번역되었다면 아무도 오해할 수 없었을 것입니다. 만약 우리 번역이 "주의 임하심과 에온의 끝에는 무슨 징조가 있사오리이까?"라고 되어 있다고 가정해 보겠습니다. "그들의 고통의 연기가 아들들의 아들들에게 올라갈 것이요", "이들은 에온의 징벌에 들어가리라" 등등. 영원이라는 개념은 명사에서 찾을 수 없고, 형용사에서는 끝없는 지속이라는 개념도 찾을 수 없을

---

158)   Lange, on Ecclesiastes.
159)   Missiontothe Underworld. pp. 51-22.
160)   Historia Dogmatis de Descensu Christ iad Inferos. Chs. iv-vi.

것이며, 신약성서는 저자들이 의도한 대로 읽힐 것입니다.

신학자들이 최후의 수단으로 삼아 온 것은 전치사 eis가 앞에 붙은 명사가 절대적인 영원을 의미하며, 신약성경에서 eis ton aiona라는 구가 그렇게 이해되어야 한다고 주장하는 것이었습니다. 시카고 타임스와 시카고 인터오션에서 이 책의 저자는 부정문을, J. B. 보이시 교수, 갈루샤 앤더슨 목사, G. B. 노예스 목사는 긍정문을 주장했던 시카고 토론에서 이 점이 제기되었고, 분리 이후부터 강력히 주장되었습니다. 요한계시록 14장 11절, "그들의 고통의 연기가 영원무궁토록 (for æons of æons) 올라가리니 짐승과 그의 우상에게 경배하고 그의 이름의 표를 받는 자는 누구든지 밤낮 쉼을 얻지 못하리라." 요한계시록 19:3, "그녀(바빌론)의 연기가 영원무궁토록 올라가더라" (for æons of æons). 요한계시록 20:10, "그리고 그들을 속인 마귀는 불과 유황 못에 던져졌는데, 거기에는 짐승과 거짓 선지자가 있어 밤낮으로 영원무궁토록(for æons of æons) 고통을 받을 것이다". 이러한 중복은 다른 형태의 단어가 아니라 영원이라는 개념을 전달한다고 합니다. 하지만 위의 첫 번째 본문에서 에이스 아이오나스 아이오논(εἰς αἰῶνας αἰώνων)의 문자적 의미는 세상 여러 시대를 의미하고, 다른 두 본문에서 에이스 투스 아이오나스 톤 아이오논(εἰςτοὺς αἰῶνας τῶν αἰώνων)의 문자적 의미는 '여러 시대'를 의미합니다. 『강조적 대화록(Emphatic Diaglot)』에서는 이렇게 번역되어 있습니다. 한 시대가 제한되어 있다면, 어떤 시대도 무한할 수 없다는 것은 가장 평범한 사람들에게도 명백하게 드러납니다. '시대의 시대'는 오랜 기간을 강조하는 표현이며, '아이온(aion)'을 '영원'으로 번역해야 한다면 '영원들의 영원'으로 번역해야 하는데, 이 표현은 너무 터무니없어서 굳이 설명할 필요가 없습니다. '아이온(ion)'이 '영원'을 의미한다면, 아무리

많은 중복이 있어도 그 의미를 약화시킬 것입니다. 하지만 '시대의 시대'라는 표현은 충분히 적절하지만, '영원 중의 영원'이라는 표현은 터무니없을 것입니다. 이 표현에 대해 아이작 뉴턴 경은[161] "어떤 불타는 것의 연기가 영원히 올라가는 것은 정복당한 민족이 영원한 예속과 노예 생활의 비참함 아래 계속되는 것을 의미한다"라고 말합니다. 이러한 구절들 중 어느 곳에서도 예수나 그의 사도들은 영원한 지속이라는 개념이 없었고, 단지 오랜 지속이라는 개념이었으며, 이는 그 주제에 따라 결정되어야 합니다.

eis에 의해 지배되는 Aion은 29개 구절에서 제한됩니다. 마태복음 21:19; 마가복음 14:14; 누가복음 55:5; 요한복음 4:14, 6:51, 58, 9:32, 10:28, 13:8, 14:16; 고린도전서 8:13; 히브리서 5:6, 6:5, 20, 7:17, 21 등. 히브리서 5:6의 우리 번역은 "너는 영원한 제사장이다"라고 되어 있지만, 문자적으로는 "너는 이 시대, 즉 기독교 시대나 경륜의 시대를 위한 제사장이다"입니다. 고린도전서 8:13에서 바울은 "세상이 있는 동안에는 고기를 먹지 아니하리라"(eis ton aiona), 즉 그가 살아 있는 동안에는 먹지 아니하리라고 말합니다. 이 두 구절 모두 독자라면 누구나 알 수 있듯이 제한된 기간을 나타냅니다. 그래서 누가복음 1장 55절에서 "우리 조상들에게 말씀하신 것과 같이 아브라함과 그의 자손에게 영원토록"이라고 번역했지만, 실제 번역은 '옛적에'입니다. 신약성경에서 이 단어의 용법은 구약성경과 동일합니다. 출애굽기 21장 6절에서 "종은 영원히 종이었느니라"(eis ton aiina)라고 말씀하셨지만, 모든 노예는 50년마다 자유의 몸이 되었습니다! 전도서 1장 4절과 다른 곳에서도 같은 형태가 발견됩니다.

보이시 교수는 시카고 세속 언론에 다음과 같이 선언했습니다.

---

161) Daniel and Revelations. Lond. ed. 1733.

―"신약성서, 사실 그리스어에서 끝없는 존재를 나타내는 데 사용된 가장 강력한 표현 방식은 '영원히 그리고 영원히'라는 뜻의 '아이온'을 영어로 번역한 것입니다. 이는 '에이스 아이오노스 아이온온'(eis aionos aionon) 또는 '에이스 토우스 아이오노스 톤 아이온온'(eis tous aionos ton aionon)이라는 문구입니다. 그리스어나 다른 어떤 언어에서도 이 문구보다 더 모호함과 오해 없이, 또는 더 엄숙하게 강조하여 미래의 영원한 지속이라는 개념을 전달하는 단어나 단어의 조합을 상상할 수 없습니다. 이 문구가 부적절하다면 모든 문구가 그 목적에 부적합합니다. 이 문구가 실패라면 모든 인간 언어는 실패이고 망상입니다. 하지만 그렇다고 해서 우리에게 아이디어와 그것을 전달할 단어가 없는 것은 아닙니다. 모든 언어 중에서 그리스어는 가장 명료한 것으로 인정받습니다. 이는 모든 사려 깊은 사람이 마땅히 알아야 할 놀라운 사실입니다. 진지하게 고려해 볼 점은, '영원히'로 번역된 이 구절이 세 가지 개념을 모두, 그리고 아무런 조건 없이 암시하고 있다는 것입니다. 이 세 가지 개념은 하나님의 존재, 악인의 형벌, 그리고 의인의 행복입니다. 몇 가지 예를 들어 보겠습니다. 보좌에 앉으신 분, 영원토록 살아 계신 분(eis tous aionos ton aionon). '그들은 밤낮으로 영원토록 고통을 받을 것이다'(eis tous aionan ton aionon). '그들은 영원토록 통치할 것이다'(eis tous aionas ton aionon). 이 모든 표현은 신약성경에서 누군가를 암시합니다. 이 표현들은 세 가지의 영원성을 주장합니다. 밤낮으로 고통의 보좌에 앉으신 분, 누군가를 위한 승리와 통치의 보좌. 이 세 가지의 영원성은 같은 단어로 확증됩니다. 앞서 언급한 것과 같은 예를 쉽게 더할 수 있을 것입니다."

이제 주의 깊은 독자라면 이것이 그리스어에서 히브리어식 단어 사용의 한 예임을 알아야 합니다. 유대인이 최상급을 표현하고자 할 때, 그의 유일한 방법은 그 단어를 반복하는 것이었습니다. 그는 그리스어를 말할 때 여전히 이러한 습관을 유지했으며, 신약성경에도 이러한 예가 많이 나옵니다. 이 "영원히 영원토록"이 의미하는 것은 매우 긴 기간입니다. 이 마지막 수단과 관련하여 우리는 다음과 같이 언급합니다.

1. 이러한 구절이나 이와 유사한 어떤 것도 신약성경 전체에서 죄인에게 두 번 이상 적용된 것을 찾을 수 없습니다. 만약 이 구절들이 매우 중요하다면, 마태복음뿐만 아니라 창세기부터 요한계시록까지 계속해서 반복해서 발견되지 않겠습니까?

2. 예수님은 그런 언어를 결코 사용하지 않으셨습니다. 만약 그 단어가 주장하는 의미를 가지고 있다면, 그분은 그 단어를 계속해서 반복하지 않으시겠습니까?

그럼에도 불구하고 예수님은 그 단어를 완전히 생략하셨습니다.

3. 바울은 죄인의 운명을 이러한 용어들을 사용하여 묘사한 적이 없습니다. 그는 "하나님의 모든 뜻을 선포했습니다." 만약 이 용어가 끝없는 고통을 명확하게 묘사한다면, 그는 이 용어를 생략했을까요?

4. 이 용어가 발견되는 곳은 유다서와 요한계시록의 마지막 부분, 즉 성경에서 가장 모호한 부분에 한 번뿐입니다.

5. 요한조차도 이 용어를 단 한 번 사용했지만, 그 후에는 일반적인 죄인이 아니라 거짓 예배자에게 적용했습니다. 만약 죄인의 최후의 고통이 이 단어들을 통해 반박할 수 없이 가르쳐진다면, 성경의 가장 분명한 부분에서도 반복적으로 언급되지 않았을까요?

6. 구약 성경에는 동일하고 유사한 용어들이 계속해서 발견됩니다. 칠십인역을 간략히 살펴보면 다음과 같은 사실을 알 수 있습니다. 출

애굽기 21장 6절에서 'eis ton aiona'는 50년 미만의 종살이에 적용됩니다. 레위기 25:46; 신명기 15:17; 이사야 34:10에서 오래 전에 사라진 이두매의 연기에 대하여; 요엘 3:20에서 유다에 대하여; 에스겔 34:25에서 왕자의 통치에 대하여; '에이스 아이오나 아이오노스'는 시 37:29에서 의로운 자들이 그 땅에 머무는 것에 대해 언급됩니다. '에오스 아이오노스'는 누가복음 55장에서 아브라함과 그의 후손을 묘사합니다. '에이스 톤 아이오나 투 아이오나스'는 시 10:4에서 제사장의 공식 봉사를 언급하고, 시 11:9에서 언약을 언급합니다. '에이스 카이 아이오노스'는 예레미야 7:7에서 그 땅을 차지할 시기를 묘사합니다. 예레미야 25:5에서도 '아프 아이오노스 카이 에오스 아이오노스' (ap aionos kai eos aionos가 그러합니다. 그러나 이러한 모든 중복은 제한된 기간을 나타냅니다.

7. 따라서 이두매의 연기가 멈췄다면(사 34:10), 이는 'eis ton aiona' 가 '시대를 위해'였어야 했는데, 왜 계시록 20:10의 연기는 eis tons aionas ton aionon(시대들의 시대를 위해)가 되지 않습니까? "한 시대"는 확실한 기간을 의미합니다. "시대들의 시대들"은 단지 시대의 중복일 뿐입니다.

8. 정교회 비평가들은 독자들에게 단어의 문자적 번역을 제공하지 않습니다. 그들은 성서 기록자들의 진정한 의미를 지극히 '자유로운' 번역 뒤에 숨깁니다. '영원히'와 '영원히 그리고 영원히'는 신학자들의 번역이지 학자들의 번역이 아닙니다.

9. 만약 그 단어가 영원을 의미한다면, 중복은 부적절합니다. "영원한 영원", "영원 중의 영원"이라고 말하는 것은 '영원'이라는 단어의 엄숙한 의미를 약화시키고 강화하지 않습니다.

하지만 시대는 복수형과 강렬한 중복을 통해 강화될 수 있습니다.

'시대의 시대'는 '한 시대'보다 길지만 '영원 중의 영원'은 말도 안 됩니다.

10. 고정관념적인 주장은 하나님, 성도의 행복, 그리고 죄인의 비참함이 같은 기간이어야 한다는 것입니다. 왜냐하면 같은 그리스어 구절이 각각을 묘사하기 때문입니다. 이것이 다른 단어와 어떻게 연관되는지 살펴보겠습니다. 우리는 '큰'이라는 단어가 악에 적용되는 것을 발견합니다(삼상 6:9). 지상의 왕들에게는 시 136:17; 사람들에게는 나훔 3:10; 상인들에게는 계 18:3; 바다에 대하여, 요한복음 15:12; 돌에 대하여, 창세기 29:3; 그리고 하나님에 대하여, 사무엘하 7:22; 그러므로 왕, 사람, 상인, 바다, 돌, 그리고 하나님은 모두 같은 크기입니다! 이것은 건전한 신학도, 좋은 추론도, 상식도 아닙니다.

11. 이러한 추론은 구약성경을 완전히 무시합니다. 분명히 요한이 묵시록을 의도했던 사람들은 이 구절들을 구약성경에서 사용된 것과 똑같이 이해할 것입니다. 그 의미는 제한된 기간입니다.

12. 바울의 선언, 고린도전서 8:13, "나는 고기를 먹지 아니하리라"(eis ton aiona), E. V., "세상이 있는 동안"은 문자적으로 내가 살아있는 한을 의미합니다. 이것은 출애굽기에서와 같은 효력을 갖습니다. 21:6절에서 종은 '영원히' 즉 희년까지만 주인을 섬겨야 한다(eis ton aiona)고 했습니다.

13. "낮도 밤도 아니다"라는 표현은 이 세상에 대한 적용을 제한합니다.

14. 만약 eis가 aion에 영원이라는 의미를 부여해야 한다면, aion 그 자체로는 그러한 의미를 갖지 않으므로, eis에 놓인 모든 강세는 aionios와 그 단어의 다른 형태에서 제거됩니다. 이러한 주장은 단어의 힘을 강화하는 대신, 전체적으로 약화시킵니다.

15. 휘튼 박사는 『영원한 형벌은 끝이 없는가』에서 이렇게 말합니다. "사실 신약성경에서 이 문구를 사용한 방식은 구약성경에서 사용된 방식과 정확히 일치합니다. 70인역 성경에서 테일러 루이스 박사가 지적했듯이, '엄청난 극단'이 '단어 사용에' 나타납니다. 그는 비교를 위해 출애굽기 21장 6절을 인용합니다. 자유를 원하지 않는 종은 '섬기게 될 것이다' 그는 비교를 위해 출애굽기 21장 6절에서 자유를 원하지 않는 종은 '영원히 자기 주인을 섬겨야 한다'(사람들을 위해)고 말씀하고, 신명기 32장 40절에서 하나님께서 '내가 영원히 산다'(죄를 위해)고 말씀하신 것을 인용합니다. 여기서 현세적 종살이와 신적 존재는 같은 구절의 유연한 한계 안에서 포괄됩니다. 요한복음 8장 35절과 12장 34절을 비교해 보십시오. 영어에서도 '영원히'라는 단어는 종종 현세만을 지칭하는 데 사용됩니다. 성경에서 'eis ton aiona'를 자주 사용하는 것과 마찬가지입니다. 법률 용어로 '그의 상속자와 양수인에게 영원히'라는 뜻입니다. 이 구절이 나오는 모든 구절을 비판적으로 분석한 결과는 다음과 같습니다. 이 구절은 '끝없는 지속'이 아니라 '영원한 지속'을 의미합니다. 주어의 성격에 따라 '영원한'이라는 뜻으로, 어떤 경우에는 시들어버린 무화과나무가 서 있는 기간만, 다른 경우에는 우리 주님의 영원성을 의미합니다. 이 구절이 항상 끝없는 지속을 의미한다고 단언하는 것은, 결코 그렇지 않다고 단언하는 것만큼이나 사실에 반하는 것입니다.

16. 로빈슨 박사는 그의 신약 사전에서 영원을 전치사에 매달아 둔 이 의견의 권위자인 듯합니다! 만약 그의 말이 맞다면, 시인의 말은 참으로 사실입니다. "위대하신 하나님이시여, 영원한 것들이 얼마나 가느다란 실에 매달려 있는지!" 그러나 로빈슨 박사가 인용한 바로 그 증거들이 그에게 불리합니다. 그는 히브리서에서 그리스도를 영

원한 제사장으로 언급하는 구절들을 언급하면서, 그리스도의 제사장 직은 그분이 자신의 사역을 완수하시면 끝나게 된다는 사실을 잊고 있습니다. 따라서 스튜어트 교수는 이렇게 선언합니다. "여기에서도 종종 다른 곳에서처럼 한정된 의미로 'con'이 언급됩니다. 예를 들어 누가복음 1장 33절과 고린도전서 15장 24-28절을 비교해 보십시오. 그리스도의 제사장직은 그분의 중보 통치 기간보다 더 오래 지속되지 않을 것입니다. 왜냐하면 중보자로서의 그분의 통치가 끝나면 중보자로서와 제사장으로서의 그분의 모든 사역이 완수될 것이기 때문입니다."

연관성과 모든 상황을 고려할 때, 전치사를 포함한 구절과 단어의 중복은 '무한'을 의미한다는 이론을 옹호하는 사람들에게는 가장 취약한 어법 형태입니다. 그것들은 길지만 유한한 지속 시간을 나타내기 위해 제한된 용어들을 단순히 곱한 것일 뿐입니다. 신학적 편견을 버리고 학자로서 그 말씀을 참고하려는 학생이라면 누구나 영국 최고의 신학자 중 한 명인 캐논 패러의 다음과 같은 말에 동의할 것입니다. "성경의 많은 구절을 문자 그대로 받아들이면 보편적 회복이 명백하게 가르쳐지는 것처럼 보입니다. 마치 많은 구절을 문자 그대로 받아들이면 악인의 최후의 멸절이 가르쳐지는 것처럼 말입니다. 그러나 끝없는 고통에 대해서는 명확하게 가르쳐지지 않습니다. 그 교리를 가르치는 것처럼 보이는 구절들은 명백히 비유적이거나 역사적으로 오해된 것입니다. 성경의 문자적 의미에만 집중하기로 결정한다면, 저는 보편주의와 멸절주의 이론이 일반적인 견해보다 훨씬 더 많은 증거를 가지고 있다고 확신합니다."

그의 증언에 독일의 가장 위대한 신학자 중 한 명인 드 베테의 증언을 덧붙일 수 있습니다.[162] "그는 '영원한'이라는 단어를 엄격하고 절대적인 의미로 받아들인다면, 영원한 저주 교리는 어떤 식으로도 유지될 수 없습니다. 왜냐하면 영원히 저주받은 것은 무엇이든 영원한 저주의 상태에서 창조되었어야 하기 때문입니다. 영원에는 시작이 없기 때문입니다."라고 선언했습니다.

독자는 이제 우리가 제시한 용법을 떠올려 보고, 신약성서에서 이 단어의 모든 형태가 인간의 형벌에 적용된 횟수가 불과 14회라는 점을 생각해 보십시오. 그리고 스스로에게 '이처럼 중대한 교리가 신의 계시에서 그렇게 적은 횟수로만 언급될 수 있을까?'라고 질문해 보십시오. 만약 이 교리가 제한된 기간이라는 의미를 지닌다면, 이는 충분히 일관성이 있습니다. 왜냐하면 그렇다면 이 교리는 신의 심판을 묘사하는 다른 용어들과 함께 분류될 것이기 때문입니다. 말하거나 쓰는 많은 사람들이 이 교리를 전혀 사용하지 않고, 모두가 함께 이 교리를 형벌을 규정하는 데 단 14회만 사용한다는 사실은 자신의 뜻을 알렸고, 무엇보다도 준비가 되어 있었다면 끝없는 비통이라는 그토록 끔찍한 운명을 드러냈을 그분이 불멸의 영혼들에게는 그러한 파멸이 예비되어 있지 않다는 것을 보여줍니다.

이제 우리가 도달한 결론을 확증해 보겠습니다. 초기 기독교인들은 사도들로부터 의견을 얻었으며, 물론 그들은 이러한 용어들을 성경적 의미와 함께 사용했습니다.

---

162)   Theolog. Zeitsohrift. Zweites Helt, S. 120.

5. 초기 기독교인들

그 에오니안 어법의 의미에 관해 우리가 취한 입장은 교회 초기 시대의 기독교 및 기타 그리스 작가들에 의해 확증되고 강화되었습니다. 그들은 자신들이 사용하는 용어를 사도들로부터 직접 얻었고, 사도들이 사용했던 방식대로 사용했습니다. 신약성경에 대한 과거 조명을 비추어 주고, 예수님과 사도들이 이해했던 방식으로 우리의 논쟁적인 단어들의 온전한 의미를 가르쳐 줄 수 있는 것은 분명 교부들과 초기 교회의 언어만큼 없습니다. 따라서 우리는 그리스어에 완벽하게 익숙했고, 500년 이상 사도들로부터 그들의 후계자들에게 그 단어를 전수해 온 사람들에게 문의할 것입니다.

테일러 루이스 교수[163]는 성경의 '올람'과 에오니안이라는 단어의 의미에 대한 학술적 연구 과정에서 신약성경의 가장 오래된 버전인 시리아어, 즉 페시토어를 언급하며 이 단어들이 신약성경의 첫 번째 형태에서 어떻게 번역되었는지 설명합니다. "옛 시리아어 버전에서도 마찬가지로, 그 번역은 더욱 명확합니다. 이들은 '올람'(내세, 목표)의 고통 속으로 들어가고, 이들은 '올람'(아이온, 내세)의 생명 속으로 들어갈 것이다." 그는 마태복음 6장 16절, 마가복음 10장 17절, 누가복음 18장 18절, 요한복음 3장 15절, 사도행전 13장 46절, 디모데전서 1장 6절 12절을 언급하는데, 여기서 아이오니오스는 '올람', 즉 내세에 속하는 것으로 번역됩니다. 마태복음 25장 46절에 나오는 영생이라는 단어는 페시토에서 '내세의 생명'으로 번역됩니다. 따라서 현대 비평가 중 최고인 이 저명한 학자는 가장 초기 신약 성경 번역본이 그 단어의 의미를 '무한한'으로 정하지 않았다고 증언합니다. 루이스 교수

---

163) Lange's Excursus onEcc.i:3.

에 대해 비처 박사는 이렇게 썼습니다.[164] "우리는 그토록 저명한 정통 신학자가 자신이 단호하고 진지하게 거부하는 체계인 보편주의를 지지하기 위해 이런 말을 했다고 생각해서는 안 됩니다."

사도신경은 가장 초기의 기독교 공식. 끝없는 고통이라는 개념은 암시되지 않습니다. "저는 전능하신 하나님 아버지와 그의 독생자이신 우리 주 예수 그리스도를 믿습니다. 그는 성령으로 동정녀 마리아에게서 나셨고, 본디오 빌라도 치하에서 십자가에 못 박히셨다가 장사 지낸 지 사흘 만에 죽은 자 가운데서 부활하시고 하늘에 오르사 아버지의 오른편에 앉아 계십니다. 그는 거기로부터 오셔서 산 자와 죽은 자를 심판하실 것입니다. 그리고 나는 성령을 믿으며, 거룩한 교회와 죄 사함과 몸의 부활을[165] 믿습니다."

신약성서는 서기 170년이 되어서야 편찬되었고, 초기 교회는 전적으로 구약성서와 전통에 의존했습니다. 웨스트코트[166]는 "2세기 말까지 그리스도의 가르침과 그의 삶에 대한 세부 사항들에 대한 지식은 일반적으로 전승에서 비롯되었으며, 기록에서 비롯된 것이 아니었다"라고 말합니다. 따라서 비처가 진정으로 말했듯이[167], "그리스도의 최후의 심판과 그에 따른 영생과 영원한 형벌에 대한 이야기는 사도 교부들의 저술에는 전혀 언급되지 않았으며, 2세기 후반에 저스틴 순교자와 이레네우스에 의해 처음으로 저술로 두드러지게 제시되었습니다."

니케아 신조와 사도신조를 비교해 보면, '애오니안(æonian)'이 영감받은 기록에서와 마찬가지로 교회에서도 동일한 효력을 가졌음을

---

164) Hist. Fut. Ret.
165) Murdoch's Mosheim. Vol. I., p. 96.
166) Intr. to Gos , p. 181.
167) Hist. Fut. Ret., p. 71.

알 수 있습니다. 사도신경(적어도 서기 200년경)은 'æonian life'(영어로 "영원한 생명")에 대한 믿음을 고백합니다. 니케아-콘스탄티노플 신경(서기 381년)은 이와 동일한 의미로 "미래 시대(æon)의 생명"(영어로 "다가올 세상")이라고 표현합니다. 고대 시리아어 성경(서기 100-150년)은 마태복음 25장 46절을 "이들은 'olam'의 고통으로, 저들은 'olam'(또는 æon)의 삶으로 갈 것이다"[168]라고 번역했습니다.

교부 저술가들에 대한 첫 번째 참고 자료는 이그나티우스[169]다. 그는 경건의 보상이 "썩지 아니함과 영생"이라고 말하며, "썩지 아니하는 사랑과 영원한 생명." 여기서 에온의 생명은 '썩지 아니하는'이라는 말로 강화되는데, 이는 그의 생각 속에서 '아이오니온'이라는 단어만으로는 끝없는 지속을 표현하는 데 부족함을 보여줍니다. 그는 또한 예수께서 "시대들에 나타나셨다"(tois aiosin)고 말합니다. 물론, 그는 "영원들에"라는 터무니없는 표현을 사용하지 않으려고 했습니다.

『시빌라의 신탁』(기원전 500년에서 서기 150년까지 여러 작가들에 의해 저작됨)은 에온의 고통과 그 이후의 보편적 구원을 가르치며, 이 단어가 당시 어떻게 이해되었는지 보여줍니다. 신탁을 썼다고 공언한 여예언자는 성도들이 저주받은 자들의 구원을 하나님께 간구하는 모습을 묘사합니다. 그녀는 이렇게 간청하며 "하나님께서 그들을 삼키는 불과 아이오니온의 이를 가는 고통에서 구원하실 것입니다."라고 말합니다. 에온의 이를 가는 고통을 넘어선 회복이 여기서 가르쳐집니다.

순교자 저스틴은[170] 에온의 고통과 그 이후의 소멸을 가르쳤습니다. 악인들은 "하나님은 그들이 존재하고 고통받는 것을 원하시

---

168) Dr. Whiton's Is EternalPuni hmen Endless? p. 72.
169) A. D. 115.
170) A. D. 140-202.

는 한 고통받습니다. 영혼은 형벌을 받고 죽습니다."[171] 그는 "eis ton aperanton aiona"라는 표현을 사용합니다. "악인들은 플라톤이 주장했듯이 천 년 동안이 아니라, 영원한 형벌을 받습니다." 여기서 형벌은 제한적이라고 선언됩니다. 이는 순교자 저스틴이 악인의 소멸을 가르쳤다는 사실에서 분명해집니다. 악인들은 "무한한 에온 동안" 고통을 받고 나서 소멸됩니다. 그의 언어는 다음과 같습니다. "하지만 저는 모든 영혼이 죽는다고 말하는 것이 아닙니다. 왜냐하면 그것은 분명히 악인들에게는 행운이 되기 때문입니다. 그렇다면 어떻게 될까요? 경건한 자들의 영혼은 더 나은 곳에 남아 있는 반면, 불의하고 악한 자들의 영혼은 심판의 때를 기다리며 더 나쁜 곳에 있습니다. 따라서 하나님께 합당해 보였던 어떤 사람들은 결코 죽지 않습니다. 그러나 다른 사람들은 하나님께서 그들이 존재하고 벌을 받도록 원하시는 한 벌을 받습니다."

순교자 저스틴이 언급한 오르피카에는 "이전의 일들이 당신에게서 소중한 생명(φίλης αἰῶνος)을 앗아가지 못할 것입니다." 이 말씀의 연대는 알려져 있지 않지만, 저스틴은 서기 160년경에 아무런 설명 없이 이 말씀을 인용했기에, 당시 일반 독자들도 이해할 수 있었을 것입니다. 따라서 '생명'의 문자적 의미는 기원전 160년 이후에도 유효했을 것입니다.

이레네우스[172]는 "불의한 자들은 꺼지지 않는 영원한 불 속으로 보내질 것이다"[173]라고 말하지만, 그는 악한 자들은 멸절될 것이라고 가르쳤습니다. "영혼이 더 이상 존재하지 않아야 할 필요가 있을 때, 생명의 영은 영혼을 떠나고 영혼은 더 이상 존재하지 않으며, 본래 취

---

171) Dialogue with Trypho, Chs. v, vi.
172) Cont. Her. II, xxxiv.
173) Ibid.

해졌던 곳으로 돌아갑니다." 비처 박사는 다음과 같이 적절하게 지적합니다.[174] "그렇다면 이레네우스에 대한 사실은 무엇인가? 그가 성인으로 시성되었고, 폴리카르푸스와 사도 요한과 매우 긴밀한 관계를 맺었기 때문에, 사람들은 이 사건의 실제 사실을 인정하기를 매우 꺼려왔다. 마수에투스는 이 사실들을 숨기기 위해 많은 궤변을 동원했다. 그럼에도 불구하고, 우리가 앞으로 분명히 밝힐 것처럼, 이 사실들은 반박할 수 없이 다음과 같다. 즉, 그는 모든 회개하지 않는 자들을 멸함으로써 만물이 궁극적으로 통일과 질서로 회복될 것이라고 가르쳤다는 것이다. 그의 신조와 샤프 교수[175]가 언급한 만물 회복에 대한 단편, 그리고 영지주의자들을 반박하는 그의 위대한 저작의 다른 부분에서 그가 명시적으로 밝힌 내용은 이를 반박할 수 없을 정도로 분명합니다. 이것으로부터 추론하는 바는 명백합니다. 그는 아이오니오스를 영원이라는 의미로 이해하지 않았습니다. 루이스 교수가 주장하는 의미, 즉 다가올 세상에 관한 의미로 이해했습니다." 이것의 그의 말입니다. "그리스도께서 모든 악을 제거하시고 모든 불결함을 끝내실 것이다." 그는 또한 어떤 사람들은 "그분(창조주)으로부터 영원토록 긴 날들을 받지 못할 것이다."라고 말합니다.[176] 따라서 이 단어는 그의 시대, 즉 서기 170년에서 200년 사이에 제한된 기간을 나타냈습니다.

따라서 모든 죄 많은 존재가 결국에는 존재하지 않게 된다고 믿었던 헤르모게네스[177]는 그리스도께서 형벌에 제한된 기간이라는 의미에서 아이오니온을 적용하신 것으로 이해했음에 틀림없습니다. 그렇

---

174) Hist. Fut. Ret.
175) Hist. Chr. Ch.
176) Schaff. Vol. II., pp. 504, 573.
177) A. D. 260.

지 않았다면 그는 멸절을 믿지 않았을 것입니다.

보스트라의 티투스(서기 340-370년), 화이트 박사는 이 교부의 저서 『마니교에 대하여』에서 여러 번 αἰών를 발견했다고 알려줍니다. 롬바르드 대학교의 파커 교수는 다음의 여러 구절을 번역했습니다. 아래 2번으로 표시된 구절에는 의미를 명확히 하기 위해 27절의 앞 발췌문을 자유롭게 번역했습니다. 1번으로 표시된 단락에는 인용된 그리스어 단어와 함께 주요 구절이 있습니다.

1. 티투스는 (18절) "지금까지의 시간(αἰῶνος) 간격 동안"이라고 말합니다. 같은 맥락에서 "기간(αἰῶνας) 동안"이라고 말합니다. 이것의 만 배"라고 했고, 특정 기간에 대해 그는 "만약 이전의 무한한 기간들(ἀάπείροις αἰῶσι)과 비교한다면 나는 단지 시간의 한 시점일 것이다. 왜냐하면 전자는 시작과 끝이 있어서 이미 완성되었지만,

후자는 전적으로 무한하고 영원하며 (ἀίδιοι 아이디오이), 태어나지 않았기 때문이다."라고 말했습니다. 27절에서 그는 "그토록 큰 기간"(αἰῶνα)에 대해 말하며, 같은 절에서 "가장 짧은 기간(단지)이 아니라, 완전하고 무한한(ὅλον) 한 기간 동안"이라고 말합니다. 다음 단락에서 27절의 전체 맥락을 살펴보겠습니다.

2. "이제 하나님께서 악으로부터 지구를 구하고자 하셔서 악과 함께 거하고, 악과 함께 나누고, 악과 함께 죄를 지을 수 있도록 오랫동안 방치함으로써 지구(선의 힘)의 본질을 훼손하고 파괴하는 것은 더욱 불합리합니다. 하나님의 본질이 악에 굴복하고 악과 함께 죄를 지을 수 있도록 적어도 한 시간이나 한 순간 동안 이러한 고통을 겪는다는 것은 모든 것 중 가장 불합리한 일일 것입니다." 다시 한번 악의 힘에 대해 언급하며, "물질의 혼란과 관련하여 지구에 대한 악의 공격을 참을 수 없다면, 하나님의 본성에 대한 그토록 큰 예속과 복종

은 얼마나 더 참을 수 없겠습니까? 그것도 짧은 시간이 아니라, 완전하고 무한한 시간 동안 말입니다."

이 구절들에서 형용사는 그 어느 때보다 중요합니다. 티투스는 무한한 전체뿐만 아니라 전체에 대해서도 신중하게 언급하며, 이를 아이온(αἰών) 또한 아이디오스(ἀΐδιος)이라고도 부릅니다. 이 용어의 실제 의미를 이러한 사용보다 더 잘 보여주는 것은 없습니다.

오리게네스는 형벌의 기간에 대한 자신의 생각을 표현하기 위해 "aionion fire(불)"와 "aionion punish(벌)"라는 표현을 사용했습니다. 그러나 그는 모든 경우에 죄와 고통이 그치고 구원이 뒤따를 것이라고 믿었습니다. 그는 당대 가장 박식한 사람이었으며, 그의 사례는 그가 글을 쓸 당시(서기 200-253년)에 아이오니온 불이 무한함을 의미하지 않았음을 증명합니다. 비처 박사는 "그는 자신의 신학 체계를 소개하면서, 모든 교회가 믿는 신조로서 몇 가지 중요한 사실들을 제시합니다. 이 사실들에서 그는 그리스도의 말씀을 사용하여 미래의 보응 교리를 aionion life 영원한 생명으로, aionion punish 영원한 벌로 제시합니다."라고 말합니다. 이제, 만약 오리게네스가 '아이오니온'을 엄밀히 영원한 의미로 이해했다면, 그러한 행로를 따르는 것은 그를 심각하고 명백한 자기모순에 빠뜨릴 것입니다. 그러나 아무도 이 사건의 사실을 숨길 수 없습니다. 이미 언급된 교회의 신조, 즉 '아이오니온의 형벌'을 포함한 신조를 제시한 후, 그는 정교한 추론을 통해 보편적 회복 교리를 거듭거듭 증명합니다. 이러한 사실들로부터의 결론은 명백합니다. 오리게네스는 '아이오니온'을 영원한 의미가 아니라, 오히려 다가올 세상에 관한 의미로 이해했습니다. 교회사에서 두 가지 두드러지는 사실들이 있습니다. 첫째, 최초의 기독교 신학 체계는 기원후 230년에 오리게네스에 의해 작성되고 발표되었는

데, 그 근본적이고 필수적인 요소는 타락한 모든 존재가 본래의 거룩함과 하나님과의 연합으로 보편적으로 회복된다는 교리였습니다. 둘째, 3세기가 조금 지난 후인 기원후 544년에 이 교리가 처음으로 이단으로 정죄받고 파문당했습니다. 이는 총회가 아니라 유스티니아누스의 명령으로 콘스탄티노플에서 총대주교 멘나스가 소집한 지역 회의에서 이루어졌습니다. 이 오랜 기간 동안 오리게네스의 견해와 그의 다양한 저술들은 기독교계 전체에서 영향력을 발휘했습니다. 오랫동안 그는 기독교계의 가장 위대한 거장으로 우뚝 섰습니다. 그는 후대의 주요 인물들에게 영감을 불어넣었고, 그들에게 가장 큰 은인으로 존경을 받았습니다. 마침내 그의 모든 학자들이 죽은 후, 유스티니아누스 시대에 그는 최악의 이단자로 파문당했습니다. 안티오키아 학파의 몹수에스티아의 테오도로스에게도 같은 일이 일어났는데, 그는 보편적 회복 교리를 다른 근거로 주장했습니다. 이것 역시 그가 죽은 지 오랜 후인 553년에 이루어졌습니다. 이 시점부터 종교 개혁 이전 중세 시대에는 미래의 영원한 형벌 교리가 논란의 여지 없이 지배했습니다. 그렇다면 오리게네스 시대와 그 후 몇 세기 동안 기독교 세계의 주요 신학교들의 상황은 어떠했을까요? 간단히 말해서, 교회 전체에는 적어도 여섯 개의 신학교가 있었습니다. 이 여섯 학교 중 오직 하나만이 미래의 영원한 형벌 교리를 확고하고 열렬하게 지지했습니다. 하나는 악인의 멸절을 지지하는 것이었고, 두 명은 오리게네스의 원리에 따라 만물 회복 교리를 지지했으며, 두 명은 몹수에스티아의 테오도로스의 원리에 따라 만물 회복을 지지했습니다.

"보편적 회복 교리의 저명한 옹호자들이 그리스도의 신성, 삼위일체, 성육신과 속죄, 그리고 위대한 기독교 중생 교리를 확고히 믿었다는 것도 사실입니다. 그들은 경건함, 헌신, 기독교 활동, 선교 활동, 그리고 학식과 지적인 능력과 성취에 있어서 교회 전성기에는 그 누구보다 열등하지 않았으며, 후대에 그들을 정죄하고 파문한 자들보다 훨씬 뛰어났습니다."

"그들이 자신의 견해를 옹호하는 주장들이 공정하게 제시되거나 답변되지 않았다는 것도 사실입니다. 사실, 그들은 전혀 언급되지 않았습니다. 그들은 철저한 답변과 반박을 인정할 수 있지만, 설령 그렇다 하더라도 그들은 그러한 근거로 정죄되거나 파문당한 것이 아니라, 단지 유스티니아누스의 자의적인 명령에 복종하여 정죄받았을 뿐입니다. 그의 최종 주장은 그의 뜻을 따르기를 거부하는 자들을 폐위하고 추방하는 것이었습니다."

"이제 몹수에스티아의 테오도로스가 어떤 사람이었는지 생각해 보십시오. 비잔틴 전제 군주의 뜻을 실행하기 위해 소집된 노예처럼 꽉 찬 의회가 아니라, 독일에서 가장 저명한 복음주의 학자 중 한 명인 도르너가 그를 어떻게 보았는지 생각해 보십시오. 그는 도르너에 대해 이렇게 말합니다. '몹수에스티아의 테오도로스는 안티오크 학파의 정점이자 정점이었다. 그의 학식의 폭, 예리함, 그리고 우리가 짐작해야 할 그의 인격의 힘은 오랜 세월 교회와 젊고 재능 있는 제자들을 가르친 교사로서, 그리고 다작하는 저술가로서 그의 노고와 결합하여 그에게 '동양의 거장(Magister Orientis)'이라는 칭호를 안겨주었다. 그는 427년 사망할 때까지 끊임없이 연구했고, 당대 최초의 동방 신학자였기에 널리 인정받았다.'"[178]

모샤임은 오리게네스에 대해 다음과 같이 말한다.: "오리게네스는 그리스도인의 품성을 빛낼 수 있는 모든 탁월함을 지녔습니다. 어린 시절부터 비범한 경건함을 지녔고, 그가 고백한 가장 거룩한 종교에

---

178)   Doctrine of Person of Christ., Div. II., Vol. I., p. 50, Edinburgh.

대한 놀라운 헌신을 지녔으며, 기독교의 발전을 위해 비할 데 없는 수고와 노고를 쏟았습니다. 교회와 기독교의 확장을 위한 지칠 줄 모르는 열정을 지녔으며, 모든 평범한 욕망이나 두려움을 초월하는 영혼의 고양, 부, 명예, 쾌락, 그리고 죽음 자체에 대한 가장 영원한 경멸, 그리고 주 예수님에 대한 가장 순수한 신뢰. 그분은 늙으시고 온갖 질병으로 고통 받으셨을 때에도 그분을 위해 인내심과 끈기로 가장 극심한 고난을 참으셨습니다. 그러므로 그분이 생전에나 사후에 그토록 높은 평가를 받으신 것은 이상한 일이 아닙니다. 확실히, 성인과 순교자의 명단에서 첫 번째로 서고 매년 그리스도인의 모범으로 추대받을 만한 사람이 있다면 바로 이 사람입니다. 왜냐하면 예수 그리스도의 사도들과 그들의 동료들을 제외하고는, 모든 성도들 중 덕행과 거룩함에서 그를 능가한 사람은 제가 아는 한 아무도 없기 때문입니다."[179]

마태복음 25장 46절에서 형벌에 적용된 단어가 오리게네스와 테오도로스 같은 사람들, 그리고 다른 그리스도인들에게 제한된 기간을 의미하는 것으로 이해되지 않았다면, 어떻게 보편 구원이 그 시대의 교회에서 지배적인 교리가 될 수 있었겠습니까?

교회사의 아버지이자 보편주의자였던 유세비우스는 이렇게 말합니다.[180] "아들이 아버지에게 복종하는 것이 아버지와의 연합을 의미한다면, 모든 사람이 아들에게 복종하는 것은 아버지와의 연합을 의미합니다." 유세비우스가 어떻게 보편주의자가 될 수 있었고, 어떻게 아이오니온을 끝없는 의미로 여길 수 있었겠습니까? 그리고 어떻게 그는 창조 이전의 어둠을 다음과 같이 묘사할 수 있었을까

---

179)   Hist. Com. onChrist.beforeConst ntine. Vol.II., p. 149.

180)   De Bee. Theol. O nMigne) VI., p. 1030, on I. Cor. xv: 28.

요?[181]—"이것들은 오랫동안 한계가 없었습니다." 그들은 계속해서 '오랫동안'(dia polunaiōna)이라고 말했습니다. 창조와 함께 끝난 어둠이 영원히 지속되었다고 말하는 것은 충분히 터무니없습니다. 오리게네스와 다른 사람들이 죽음 이후의 영원한 형벌과 그 이후의 구원을 가르쳤다는 사실은 오리게네스 시대에 그 단어가 끝없는 의미를 갖지 않았지만 당시에는 무기한 또는 제한된 기간을 의미했음을 보여줍니다. 또한, 보편주의 교부들을 반대했던 사람들이 아이오니오스(aionios)를 인용하지 않았다는 점은 그들이 그 단어에 무한이라는 개념을 부여하지 않았다는 결정적인 증거입니다.

오리게네스 시대 이후 여러 세기 동안의 의견 상황을 알아보고 싶은 독자들은 아래 인용된 자료들을 참고할 수 있습니다.[182]

요한이 죽은 지 약 한 세기 후, 당시 주류를 이루던 견해를 담은, 분명히 허구로 쓰인 이상한 책이 등장했습니다. 바로 『니고데모 복음서』입니다. 이 책은 하데스에서의 그리스도의 사역을 묘사합니다. 2부 8장에서, 예수께서 하데스에 도착하셨을 때, 문들이 활짝 열리고 아담의 손을 잡으시며 "내가 만진 나무로 죽은 자는 다 나와 함께 오라. 보라, 내가 십자가 나무로 너희를 모두 살리리라."라고 말씀하셨다고 기록되어 있습니다. 이 책은 당시 기독교인들이 아이오니오스(Aionios)의 형벌을 끝없는 것으로 여기지 않았음을 결정적으로 보

---

181) Hist.. Vol. I., p. 173.
182) Assemanni Bib. Orient. Vol. I.. Part i, pp. 223-4. 324. Doderlein. Inst. Thool. Christ.. Vol. II.. pp. 200-1—Jac bi, Bonn's edition-Neander's Hist. Christian Dogmas —Guericke, Shedd's translation, pp. 308-340 —Neander, Torrey's translation, Vol. II.. p. 231-2 —Corner's Hist.Personof Christ. Vol. II.. pp. 28, 30, 50.-Dr. Schaff. Hist. Christ. Ch.. Vol. IL.. pp.731 504.-Gieseler, Vol. I.. p. 370.-Kurtz, Text Book Christ. Hist., p. 137-202-Hasenbach, quotingfromAugustineCivitate Dei. Liber. XXI.. Cap. xvi.

여줍니다. 그러한 형벌을 선고받은 사람들이 적어도 때때로는 풀려났기 때문입니다.

그레고리 니센(Gregory Nyssen)[183]은 그 단어가 당시 제한된 기간이라는 의미를 지녔음을 증명합니다. 그는 이렇게 말합니다.[184] "신의 능력을 생각하는 사람은 누구나 그 능력이 마침내 아이오니오스(aionios)의 정화와 속죄의 고통을 통해 이 악의 극한까지 간 자들을 회복시킬 수 있음을 분명히 알 것입니다." 이처럼 4세기에는 영원한 형벌과 그 이후의 구원이 가르쳐졌습니다.

어거스틴[185]은 아이오니오스(aionios)가 끝없는 것을 의미한다고 주장한 최초의 인물로 알려져 있습니다. 그는 처음에는 그것이 항상 그런 의미라고 주장했지만, 결국 그 근거를 버리고 때때로 그런 의미를 지닌다고 주장을 바꾸었습니다. 그는 "그리스어에 대해 매우 불완전하게 알고 있었습니다."[186]

서기 410년, 아비투스는 팔레스타인의 히에로니무스에게서 오리게네스의 번역본을 스페인으로 가져와서, 형벌이 끝없는 것이 아니라고 가르쳤습니다. 왜냐하면 "형벌을 아이오니온이라고 부르지만, 원어 그리스어에서 그 단어는 어원과 빈번한 용법으로 볼 때 끝없는 것을 의미하지 않고, 단지 시대의 지속만을 가리킵니다."[187]

화잇 총장은 마네토의 『별의 영향력』 제4권의 끝부분을 우리에게 알려줍니다. "천체의 이러한 원리(또는 법칙)는 창조(또는 형성)되었으며, 이를 통해 과거와 현재, 그리고 미래의 시간은 무한한 기간

---

183) A. D. 370-3.
184) De Infantibus, p. 174.
185) A. D. 430.
186) Ancient Hist. Univ.-See his Confession.
187) Hieronymi Epist.

(εκμέτροις αἰῶσι)으로 측정(문자 그대로 측정)되었으며, 이는 시대(εἰς αἰῶνας)까지 계속될 것입니다." 후자의 표현은 '영원히'로 해석될 수 있지만, 문맥상 그렇게 해석하기는 어려워 보입니다. 왜냐하면 '과거를 측정할 수 없는 시간(aeons)'으로 측정하는 '원리 또는 법칙'이 창조되었기 때문입니다. 즉, 시작이 있었기 때문입니다. 절대적인 영원이라는 개념은 과거와 관련하여 성립할 수 없듯이 미래와 관련하여서도 성립할 수 없습니다.

마네토는 기원전 3세기에 살았지만, 그의 저작으로 여겨지는 이 논문『별의 영향에 관하여』는 실제로 서기 5세기에 쓰였습니다.

여섯 번째 책의 시작 부분에 다음과 같은 구절이 나옵니다. "가장 현명한 호메로스는 무한한 시대가 낳은(문자 그대로는 '맞춰지거나 합쳐졌다') 인류의 세대에 대해 말했다." 무한한 시대는 μυρίος(μυρίος)이며, αἰών-μυρίος는 무한히 큰 수에 적용됩니다. 이 구절들은 특히 αἰών라는 단어에 붙은 형용사 때문에 매우 중요한 의미를 가진다.

사실, 초기 교회 교부들 중 모든 보편주의자와 모든 소멸론자는 그 단어가 당시 우리가 주장하는 대로 이해되었음을 증언하는 확고한 증인입니다. 성경을 믿는 사람들은 그 말씀을 암묵적인 진리로 받아들이는데, 그리스어 성경이 있고 거기에서 형벌이 가르쳐지고 있는데도, 그렇게 사용된 단어에 제한된 기간의 의미를 부여하지 않는다면 어떻게 보편주의자나 소멸론자가 될 수 있겠습니까? 따라서 위에서 언급한 것 외에도 우리는 고대 보편주의자들, 즉 바실리우스파(서기 130년), 카르포크라테스파(서기 140년), 클레멘스 알렉산드리누스(서기 190년), 그레고리우스 타우마투르구스(서기 220년 50년), 암브로시우스(서기 250년), 눈먼 디디무스(서기 350-90년), 타르수스의 디오도레스(서기 370-90년), 알렉산드리아의 이시도레스(서기 370-400년), 히에로니무스(서기 380-410년), 갈라티아의 팔라디우스(서기 400년) 등을 언급하고자 합니다. 이들 중 누구도 이 단어에 제한된 지속성이라는 의미를 부여하지 않았다면 보편주의자가 될 수 없었을 것입니다. 그들 대부분에게 그리스어는 우리에게 영어만큼이나 친숙했습니다.

유스티니아누스 황제는 544년에 소집된 유명한 지역 의회를 소집하고, 콘스탄티노플 총대주교 멘나스에게 칙령을 내려 자신이 정죄해야 한다고 결정한 교리들에 대해 정교하게 반박했습니다. 그는 당시 가톨릭 교리를 정의하면서 "우리는 영원한 형벌을 믿는다"라고 말하지 않았습니다. 왜냐하면 그것은 바로 보편주의자 오리게네스 자신이 가르친 것이었기 때문입니다. 또한 만약 그러한 의견 불일치가 있었다면 그가 말했을 "'aionion'이라는 단어는 오해되었다. 그것은 끝없는 지속을 의미한다"라고 말하지도 않았습니다. 그러나 그는 그리스어로, 그리고 선택할 수 있는 모든 언어의 단어를 사용하여 "그리스도의 거룩한 교회는 의로운 자에게는 끝없는 아이오니오스(ateleutetos aionios) 삶을, 악한 자에게는 끝없는 형벌(ateleutetos)을 가르친다"라고 썼습니다. 아이오니오스는 그의 판단에 따라 끝없는 지속을 나타내기에 충분하지 않았고, 그는 풍부한 그리스어에서 끝없는 지속을 표현하는 다른 모든 단어인 아텔레우테토스(ateleutetos)를 사용했습니다. 만약 아이오니오스가 끝없는 지속을 의미한다면, 왜 그는 아텔레우테토스라는 단어를 사용했을까요? 그가 그렇게 했다는 사실은 서기 540년경에도 아이오니오스가 제한된 지속을 의미했으며, 끝없는 지속의 의미를 부여하기 위해 추가적인 단어가 필요했음을 보여줍니다.

유스티니아누스와 동시대인 아리스토텔레스 철학자 올림피오도루스는 에드워드 비처 박사[188]에 의해 다음과 같이 인용되었습니다. "아이오니오스가 가정상 무한하고 무한한 기간과 관련하여 사용될 때는 영원한 것을 의미하지만, 제한된 시간이나 사물과 관련하여 사용될 때는 의미가 제한됩니다." 그는 형벌이 끝없는 것은 부인하지만, 형벌은 아이오니온(aionion), 즉 일정 기간 동안 지속되는 아이온(aiōn)이며, 그 후 죄인은 정화된다고 말합니다. 비처 박사는 매사추세츠주 케임브리지의 애벗 교수를 통해 올림피오도루스의 주석서 『아리스토텔레스의 기상학』에 대한 아이들러의 편집본에서 다음과 같은 올림피오도루스의 글을 인용했습니다. "영혼이 타르타로스에서 끝없는 아이온 때문에 벌을 받는다고 생각하지 마십시오. 영혼은 신의 복수를 위해 벌을 받는 것이 아니라 치유를 위해 벌을 받는 것이 맞습니다. 그러나 우리는 영혼이 아이온 기간 동안 벌을 받는다고 말하며, 영혼의 삶과 할당된 벌의 기간을 아이온이라고 부릅니다." 여기서 끝없는 아이온은 아이온 기간과 대조되는데, 전자는 끝없는 기간을, 후자는 제한된 기간을 의미합니다. 아이온이 영원을 의미한다면, 왜 끝없는 아이온일까요?

이그나티우스, 폴리카르푸스, 헤르마스, 저스틴 마터, 이레노이우스, 히폴리투스, 저스티니아누스, 그리고 다른 이들(서기 115년부터 서기 544년까지)은 형벌을 정의하기 위해 아이오니온(aionion)이라는 단어를 사용합니다. 그러나 이들 중 일부는 의식적인 존재에서 쇠퇴하는 것이 인간의 자연스러운 경향이며, 오직 일부만이 하나님의 은혜로 구원받는다고 가르쳤습니다. 이러한 쇠퇴, 즉 존재의 소멸 이전에, 그들은 인간이 아이오니온 형벌을 경험한다고 주장했습니다. 그것은

---

188) Hist. Fut.Ret.

끝없는 것이 아니라, 그치기 때문입니다. 저스틴 마터는 "영혼은 아이오니온 형벌을 겪고 죽는다"라고 말합니다. 형벌은 미래 세계에서 일어나지만, 멸종으로 끝나지만, 그럼에도 아이오니온이라고 그는 말합니다. 캐논 파라르는 이렇게 말합니다.[189] "아우구스티누스조차도 (사실상 아무도 부인할 수 없는) 성경에서 aion, aionios가 많은 경우 '끝이 있는 것'을 의미해야 한다는 것을 인정하며, 적어도 그리스어를 알았던 니사의 성 그레고리는 aionios를 '간격'의 별칭으로 사용합니다." [부록 D 참조]

이 저명한 교부 작가들과 초기 기독교인들, 그리고 다른 사람들은 그 단어를 사용함으로써 그 단어가 기원 후 최소 6세기 동안 끝없는 지속을 의미하지 않았음을 증명합니다. 오류에 반박하고 그 단어의 의미를 모르거나 올바르게 사용하지 않았다고 말하는 것은 1,200년 후의 호주인이 오늘날 일반적으로 사용되는 영어 단어에 대해 우리보다 더 정확한 정의를 내릴 수 있을 것이라고 말하는 것과 같습니다. 그들은 틀릴 리가 없었고, 그들이 끝없는 지속이라는 의미를 부여하기 위해 수식어를 요구했다는 사실, 즉 그들이 악인의 멸절이나 형벌 후 회복을 믿었을 때 형벌을 묘사하는 데 사용했다는 사실은 그 단어가 그들에게 끝없는이라는 의미를 갖지 않았음을 반박할 수 없이 보여줍니다. 만약 그들에게 그렇지 않았다면, 그 단어는 완전히 그 의미를 갖지 못했을 것입니다.

언어사에서 이 단어가 오류와 무지로 인해 그토록 모호해져 수 세기 동안 완전히 생소하고 낯선 의미를 지녔다는 사실보다 더 놀라운

189)   Excursus on Aiōnios, in Eternal Hope.

일은 거의 없습니다. 이 단어는 수도승의 미신이 만들어낸 끔찍한 얼룩과도 같았습니다. 미각으로 씻어내면 팔림프서였음이 드러나고, 수도승의 조잡한 의도 아래 천재적인 업적이 숨겨져 있습니다. 현대 학계의 과업은 이 단어를 그리스도 이전 천 년, 그리고 그리스도 이후 최소 500년 동안 지녔던 의미로 복원하는 것입니다. 분명히 기독교 교부들은 고대 그리스인, 칠십인역, 그리고 신약 성경 저자들이 사용했던 것처럼 이 단어를 사용했으며, 오늘날 그리스도인은 1,500년도 채 되지 않아 이 단어를 사용했던 모든 사람들처럼 이 단어를 이해해야 할 의무가 있습니다. 심지어 독일 루터교인 J. C. 데더라인도 인정합니다.[190]—"공적 가르침에 관하여, 미래의 형벌이 끝났다는 것에 반대하는 가장 오래된 증거는 유스티니아누스가 오리게네스를 반박하며 쓴 멘나스에게 보낸 논문 (ap. Harduin. vol. iii. Concil. p. 279, can. 9)에 현존합니다." — "만약 누구든지 악마와 불경건한 자들의 형벌이 일시적이며 언젠가는 끝날 것이라고 말하거나 생각한다면, 즉, 악마나 불경건한 자들이 복귀될 것이라고 한다면, 그는 저주받을 것이다." 또한 매우 많은 의사들이 같은 견해를 가지고 있었다는 것은 분명합니다. 하지만 모든 사람이 그렇게 고백한 것은 아니었고, 기독교 고대에 저명한 의사들은 학식이 풍부했기에, 언젠가 끝날 미래의 고통에 대한 희망을 더욱 소중히 여기고 옹호했습니다. 그러나 이는 소수의 사람들만 가지고 있던 견해가 아니었고, 개인적으로 품고 있던 견해가 아니라, 일반적인 견해였으며 많은 옹호자들이 지지했습니다. 적어도 아우구스티누스(Enchiridion, c. 112)는 '일부, 아니, 매우 많은 사람들이 저주받은 자들의 영원한 형벌을 인간적인 감정으로 동정하며, 그것이 사실이라고 믿지 않는다'고 증언합니다. 그 후 시

---

190)   Instit. Theol., Chr. II., pp. 199-2

대에는 영원한 고통에 대한 믿음이 권위 있게 우세했지만, 분명히 더 온건한 견해도 있었습니다.

이 책을 읽는 독자 중 누구라도 "한 단어의 의미를 확립하기 위해 왜 이렇게 많은 노력을 기울여야 합니까?"라고 묻는다면, 저자는 그런 노력은 불필요하게 보인다고 답할 것입니다. 끝없는 형벌과 같은 교리를 언어적 정의보다 더 높은 근거로 인정하는 것을 거부해서는 안 됩니다. 신에 대한 경외심, 아니 존경심, 즉 신이 인류의 아버지라는 사실은 모든 사람이 끝없는 고통의 교리를 거부하도록 강요할 것입니다. 비록 이 단어의 통속적 정의를 지지하는 논쟁의 무게가 천 배에 달하더라도 말입니다. 그러나 반박할 수 없는 교리에 대한 도덕적 주장을 무시하는 사람들이 있습니다. 가장 고귀한 마음과 영혼의 본능을 어기고, 의심과 불신이라는 끔찍한 악몽에 대해 나팔처럼 외치며 호소하는 사람들이 있습니다. 죽이는 단어의 문자에만 집착하고 생명을 주는 영을 무시하는 사람들이 있습니다. 성경이 죄인들에게 끝없는 형벌을 선고한다는 교리를 선포했기 때문에 이성과 감정의 모든 목소리를 무시해야 한다고 주장하는 자들. 이러한 사실들이 수집되어 이 글이 쓰인 것은 언어적 개연성의 흔적조차 마음을 오도하여 하나님을 모독하고 인간을 괴롭히는 교리를 지지하는 것처럼 보이게 해서는 안 된다는 것을 의미하며, 말씀의 글자와 정신이 일치하고 이성의 지시, 마음의 본능, 영혼의 충동과 완벽하게 일치하여 지금까지 만들어진 최악의 오류, 즉 하나님이 자신의 형상으로 창조하신 영혼을 끝없는 고통에 처하게 한다고 묘사하는 기괴한 거짓을 거부한다는 것을 보여주기 위함이다. 이 논문이 쓰인 것은 바로 이 말씀이 그 악한 구조의 초석이기 때문입니다.

저자는 이 논의의 결과로 다음과 같은 결과가 나왔다고 생각합니다.

1. 이 단어의 어원에는 잘못된 해석을 뒷받침할 만한 것이 없습니다.
2. 사전 편찬자들의 일관된 정의는 우리가 주장하는 견해를 허용할 뿐만 아니라 강요하기도 합니다.
3. 칠십인역이 만들어지기 전과 그 당시의 그리스 저술가들은 항상 이 단어에 제한된 기간이라는 의미를 부여했습니다.
4. 구약성경의 일반적인 용법은 다음과 같습니다.
5. 그리스도 당시 유대인 그리스 저술가들은 이 단어의 제한된 기간을 고려했습니다.
6. 신약성경은 이와 같이 이 단어를 사용합니다.
7. 그리스도 이후 수 세기 동안의 용법은 그리스도 이전 10세기와 동일했습니다.

따라서 성경 독자들은 모든 경우에 그 단어가 제한된 기간을 의미하는 것으로 이해해야 할 가장 절실한 의무가 있습니다. 다만, 다루는 주제나 다른 한정어가 독자들로 하여금 그 단어를 다르게 이해하도록 강요하지 않는 한 말입니다.

우리의 입장이 타당하다면, 성경은 끝없는 고통의 교리를 가르치지 않습니다. 왜냐하면, 만약 이 단어가 그것을 가르치지 않는다면, 그 끔찍한 교리는 성서에서 발견될 수 없다는 것을 인정해야 하기 때문입니다.

어떤 주제에 대한 증거라도 앞서 말한 것보다 더 반박하기 어려울 수 있을까요? 우리가 제시한 증거는 우리의 입장을 뒷받침하기에 충분해 보이지만, 각각은 누적적인 힘을 가지고 있으며, 모두 함께 파괴될 수 없습니다. 우리가 제시하는 수많은 사실들 중 하나는 마치 섬유와 같고, 그 힘은 어떤 힘으로도 끊을 수 없습니다. 우리는 1500년 동안 그리스 문학의 목소리가 이오니아 어법의 가장 강력한 힘이라고 선언해 왔다는 것을 확신하며 논증을 마무리합니다.

부록 A

   이 주제를 수년간 끈기 있고 성실하게 연구해 오신 화이트 총장님께서, 우리가 고전에서 발췌한 내용과 동일한 취지로 그리스 선집에서 많은 구절을 인용할 수 있다고 알려주셨습니다. 여기서 우리는 회장님께서 찾아낸 구절들을 인용합니다. 첫 번째는 크세노폰(기원전 5세기)의 주목할 만한 발췌문입니다. 이 문제에 대한 그 가치는 과대평가할 수 없습니다. 이 구절은 아게실라우스 10장 4절에 나와 있습니다. "인간의 삶의 극한에 도달하는 것"(영원한 인간 ἀνθροπίνου αἰῶνος). 여기에 영원한(αἴon) 인간(ἀνθροπίνου)이 있습니다. 이는 인간의 삶의 기간을 의미합니다. 이는 아이온의 길이가 그것이 적용되는 대상에 따라 달라진다는 것을 시사하는 것 이상 아닙니까?

   아마도 그리스 문헌에서 가장 눈에 띄는 구절은 βιος, αιων, 그리고 aidios이라는 세 단어로 구성되어 있을 것입니다. 이 구절은 아게실라오스의 마지막 단락에 나옵니다. 크세노폰은 자신의 영웅을 극진히 칭송하며 다음과 같이 이어갑니다. "생명의 활력 속에서 아게실라오스가 인간에게 할당된 가장 긴(αἰῶνος) 수명에 도달했을 때에도 적들에게 두려움을 불어넣었던 사람은 누구였습니까? 그의 적들은 아게실라오스가 아주 늙지 않았을 때에도 그보다 더 많은 것을 원했을까요? 아게실라오스가 이미 생명의 문턱에 다다랐을 때에도 아게실라오스만큼 동맹군들에게 확신을 불어넣었던 사람은 누구였습니까? 친구들이 아게실라오스보다 더 소중히 여겼던 젊은 시절이 있었습니까? 아게실라오스는 나이가 많아 죽어가고 있었지만 말입니다. 이처럼 이 사람은 조국에 계속 기여했고, 생애의 마지막 순간까지도 도시에 큰 공헌을 한 후 영원한 고향(ἀΐδιον οἴκησιν)으로 돌아왔습니다.”; 전 세계에 그의 용맹을 기리는 기념비를 세웠지만, 다행히도 고국에 왕릉을 얻게 되었다.” 여기에는 존재(aion), 생명 그 자체(bios), 그리고 영원(aidion)이라는 개념이 모두 한 구절에 담겨 있으며, aion이 제한된 기간을, aidion이 무한한 기간을 의미한다는 사실은 더 명확하게 표현하기 어렵습니다. 이와 동일한 개념이 아폴로니우스 로디우스(기원전 200년)의 『아르고나우티카』에 나오는 구절에서도 분명하게 언급됩니다. “충분히 오랜 기간(αἰῶν)이 이미 흘렀습니다.” (아르고나우티카, 276행) 이 저자의 시대는 칠십인역 번역 시대와 그리스도의 시대 사이입니다.

부록 B

    신약성경에는 '아이오니오스' 외에 '영원한'으로 번역되고 형벌에 적용되는 그리스어 단어가 단 하나 있는데, 유다서 6절에 나오는 '아이디오스'입니다. "또 자기 지위를 지키지 아니하고 자기 처소를 떠난 천사들을 큰 날의 심판까지 영원한($\alpha\ddot{\imath}\delta\iota o\varsigma$) 결박으로 어둠 속에 가두셨느니라." 이 단어는 신약성경의 다른 한 곳, 즉 로마서 1장 20절에만 나옵니다. "창세로부터 그의 보이지 아니하는 것들 곧 그의 영원하신 능력과 신성이 그 만드신 만물에 분명히 보여 알게 되나니"

    이제 그리스인들 사이에서는 이 단어가 '영원한'이라는 의미를 가지고 있다는 것이 인정되며, 명시적인 제한으로 인해 본래의 의미가 훼손되지 않는 한 어디에서 발견되든 그 의미를 갖는 것으로 이해되어야 합니다. 아이디오스가 아이오니오스가 있는 곳에 발생했다면, 그리스 고전과 구약과 신약이 끝없는 형벌을 가르친다는 결론에서 벗어날 수 없을 것입니다. 또한, 이 단어는 다음 구절에서 볼 수 있듯이 아이오니오스의 정확한 의미로 사용되었다는 점도 인정됩니다. "소돔과 고모라와 그 주변 도시들도 같은 방식으로 음행을 행하며 다른 육체를 따라가다가 영원한 불의 형벌을 받음으로써 거울이 되었느니라." 즉, 6절의 "아이디오스 사슬"은 7절의 "아이오니오스 불"과 "똑같이" 지속됩니다. 그보다 덜하거나 더 지속되지 않습니다. 어떤 단어가 다른 단어를 수식하는 것일까요?

1. 언어 구조는 후자 단어가 전자를 제한함을 보여줍니다. 아이디오스 (aidios) 사슬은 아이오니온(aionion) 불과 동등합니다. 마치 "나는 무한히 괴로워했고, 한 시간 동안 괴로워했다" 또는 "그는 끝없이 말하는 사람이라 다섯 시간 동안 계속 말할 수 있다"라고 말하는 것과 같습니다. "무한히"와 "끝없는"은 무제한이라는 의미를 전달하지만, 둘 다 뒤에 나오는 내용에 의해 제한됩니다. 마치 영원한 아이디오스가 이 경우 무한히 긴 아이오니오스(aionios)에 의해 제한되는 것처럼 말입니다.

2. 이것이 올바른 해석이라는 것은 단어의 또 다른 제한에서 분명해집니다. "그분께서는 큰 날의 심판 때까지 천사들을 아이디오스 사슬로 묶어 두셨습니다." 만약 유다가 천사들이 아이디오스 사슬에 묶여 있다고 말하고 그 단어를 제한하지 않고 거기에 그쳤다면, 그가 천사들의 영원한 감금에 대해 가르쳤다는 것을 감히 부인할 수 없을 것입니다. 그러나 그가 아이오니온(aionion)으로 기간을 제한하고 특정 날짜까지만이라고 명시적으로 언급할 때, 우리는 투옥이 끝날 것이라고 이해합니다. 비록 우리가 거기에 본질적으로 영원한 기간을 의미하는 단어가 적용되었음을 발견하더라도 말입니다. 그 단어는 그리스인들이 영원이라는 개념을 전달하는 데 사용했고, 우리 구주 시대의 그리스 유대인들이 형벌에 덧붙여 영원한 형벌을 묘사하는 데 사용되었으며, 그들은 그 형벌을 믿었습니다.

그러나 이 단어, 즉 '아이디오스(aidios)'는 우리 구주 시대의 그리스 유대인들 사이에서 영원한 기간이라는 개념을 전달하는 데 보편적으로 사용되었고, 그들과 이교도들이 끝없는 형벌을 가르치는 데 사용했지만, 그는 결코 형벌과 관련하여 이 단어를 사용하지 않았습니다. 그의 제자들 중 한 명을 제외하고는 아무도, 그리고 그도 단 한 번만, 그리고 나서 그는 주의 깊고 명확하게 의미를 제한하여 인간의 비참함이 아닌 타락한 천사들에게 적용했습니다. 이보다 더 나아가 예수께서 동시대 사람들이 끝없는 형벌 교리를 묘사할 때 사용한 표현을 신중하게 피하셨다는 것을 증명할 수 있을까요?그는 결코 그런 말을 쓰지 않았습니다. 그렇다면 그가 이 주제에 대해 당시의 언어를 사용했다고 말할 근거는 무엇입니까? 그들의 언어는 '아이디오스 티모리아(aidios timoria)', 즉 끝없는 고통이었습니다. 그의 언어는 '아이오니온 콜라신(aionion kolasin)', 즉 영원한 교정이었습니다. 그들은 끝없는 파멸을, 그는 '규율', 즉 개혁으로 이어지는 것을 묘사했습니다.

휘튼 박사는 다음과 같이 매우 적절하게 지적합니다. ―"만약 지금 '아이디안(aidian)'이 엄밀히 영원한 것을 의미한다고 가정한다면, 우리는 반드시 답해야 할 질문에 직면하게 됩니다. '왜 이 단어가 바로 앞에 있는데, 끝없는 지속이라는 개념을 정확하게 표현하기 위해 성경은 인류의 미래를 언급할 때 이 단어를 한 번도 사용하지 않고, 항상 불확정적인 단어인 '애오니안(œonian)'을 사용했을까?' 예를 들어, 바로 다음 구절(7절)에서 유다는 소돔과 고모라의 형벌에 대해 말하면서 천사들을 언급할 때 사용했던 '아이디안(aidian)'이라는 단어를 빼고 '애오니안(œonian)'이라는 단어를 사용하는데, 우리 번역본에서는 '영원한'이 '영원한'으로 바뀐 것을 보면 이러한 변화를 거의 알아차리지 못합니다." 플라톤의 저서에서는 '아이디언'과 '애오니안'이 혼용되어 사용되지만, 사도들의 저서에서는 그렇지 않습니다. 사도들의 저서에서는 인류의 미래가 '애오니안(œonian)'일 뿐입니다.

바틀릿 교수는 여기서 '아이디안'(aidian)의 등장이 (그가 가정하는 것처럼 '애오니안(œonian)'이 '무한'과 동일하다는 증거로서) '독특하고 놀라운' 것이라고 단언합니다. 그의 경이로움은 우리에게 더 큰 경이로움을 시사합니다. 만약 '아이디온'이 '애오니안(œonian)'보다 '무한'의 의미를 더 명확하고 엄격하게 지닌다면, 신약성경 전체에서 미래 상태의 인간 운명을 묘사하는 이 더 명확하고 엄격한 용어를 완전히 피하는 것은 실제로 놀라운 것은 아니지만, 분명히 매우 '독특한' 일입니다.

그러나 이 구절에 대한 모든 의존에도 불구하고, 문맥상 '아이디온'에 대한 해석이 제한적이라는 것이 밝혀진다면, 그것은 오히려 '놀라운' 것으로 간주될 수도 있습니다. 유다가 타락한 천사들의 감금이 심판 때까지 '영원하다'는 것을 확언하려 했다면 어떻겠습니까! 그래서 후세에 대해서는 언급하지 않은 것이었을까요?"

따라서 그 무한함의 의미에 대해 아무도 이의를 제기하지 않는 그 단어는

1. 인간 고통의 영속성을 나타내는 데 결코 사용되지 않습니다.

2. 이 단어는 인간의 운명에는 전혀 적용되지 않고 특정 "천사"에게만 적용됩니다.

3. 타락한 천사에게 적용될 때는 "애오니안(œonian)"으로, 그 이상은 아니라고 명시적으로 제한됩니다.

4. 심판에서 끝나며, "그때까지"로 끝납니다.

5. 마지막으로, 이 단어가 바로 사용 가능해졌을 때, 예수님과 사도들은 죄인의 형벌을 묘사하는 데 이 단어를 사용하지 않고, 제한된 기간이라는 의미를 일관되게 지닌 에이오니안 용어만 사용했습니다. 이러한 생략은 그분이 제한된 형벌을 가르쳤다는 근거 외에는 설명될 수 없겠습니까?

아이디오스(αἴδιος)의 사용을 설명하는 많은 교훈적인 구절은 니사의 그레고리의 저서 『에우노미우스에 대한 반박』에서 찾아볼 수 있습니다. 이 책의 "요약"에서 다음 구절을 찾아보세요. "세상의 창조주는 시작이 없으시지만, 시작이 없으시고 영원하시다(αἴδιος)". 그는 다시 "그리스도는 영원부터(αἰδίου) 계신 아버지의 선의이시다"라고 말합니다. 그

레고리는 하나님의 영원성에 대한 자신의 견해를 명확히 하기 위해 (제 1권, 150쪽, 올러 편) 다음과 같이 말합니다. "우리는 하나님의 영원성(ἀϊδιότητος)에 관하여 예언에서 들은 바를 확언합니다. 즉, 하나님은 시간 이전(προαιώνιος)에 계셨고, 시간(aiῶνα)을 다스리시며, (문자 그대로) 시간 속(επ' αίῶνα)과 그 너머(ἔτι)에 존재하신다는 것입니다." 그는 이어서 "이러한 이유로 우리는 그분을 모든 시작 이전과 모든 끝 너머에 계신 분으로 선언(정의)합니다."라고 말합니다. 다시, 150쪽. 같은 권 377쪽에서 그레고리는 이렇게 말합니다. "하지만 창조는 시간(αιώνας) 안에서 시작이 있습니다. 그런데 시대(τῶν αἰώνων)를 만드신 분(ποιητοῦ)의 시작은 무엇이라고 생각하십니까?" 그러나 이 저자가 쓴 비슷한 구절들은 너무 많아서 모두 인용하기 어렵습니다. 그의 저서에서 같은 의미를 가진 구절을 백 개 이상 찾아볼 수 있습니다. 그레고리는 서기 370년에 활동했습니다. 교부들의 글을 읽는 독자라면 그들이 aidios와 aion을 넓고 명확하게 구분했음을 알게 될 것입니다. [화잇 회장이 마지막두 단락을 제공했습니다.]

부록 C

그리스도 당시 유대인들의 형벌 기간에 대한 견해는 저술가들 사이에 모순되는 것처럼 보입니다. 요세푸스는 바리새인들과 에세네파가 형벌을 영원한 것으로 여겼다고 명시적으로 주장하는 반면, 랍비들과 유대인 저자들은 유대인들이 이 교리를 제대로 받아들인 적이 없다고 주장합니다. 이러한 불일치는 어떻게 조화될 수 있을까요? 따라서 구약성서는 이 교리를 가르치지 않고, 합법적으로 받아들일 수 없었음에도 불구하고, 그리스도 당시 많은 유대인들, 특히 학식 있는 계층은 헬레니즘화되어 있었고, 이 거짓 이교 교리가 발판을 마련하자 예수께서는 서기관들과 바리새인들이 성경의 음성에 순종하는 대신 전통의 인도를 따른다고(마가복음 7:9, 13; 마태복음 22:29) 책망하셨습니다. 예수께서 온 우주의 거룩함과 행복으로의 부활이라는 위대한 사실을 계시하셨을 때(마가복음 12장, 누가복음 20장) 그들은 이 점에 있어 이교의 오류에 깊이 젖어 있었기에 "사람들은 이 교리에 놀랐습니다." 비록 적절하고 합법적인 유대교 교리는 아니었지만 말입니다. 바리새인들과 그들의 추종자들, 에세네파와 이교도들이 이 교리를 고수했다는 것은 의심의 여지가 없습니다. 따라서 예수께서 말씀하셨을 때, 적어도 그분의 말씀을 듣는 많은 사람들이 이를 받아

들었습니다. 이러한 사실들은 이 주제에 대한 저자들의 상충되는 진
술을 설명합니다.

부록 D

지난 반세기 동안 보편주의 학계가 추구해 온 방향에서 사방으로 퍼져 나가는 놀라운 신학적 비판의 흐름은, 마지막 페이지가 완성되자마자 영국에서 우리에게 전달된 훌륭한 저서 『보편적 회복의 삼중적 기초』(런던: 윌리엄스 앤드 노르게이트)에 잘 설명되어 있습니다. 저자는 (128-30, 131-34쪽) 다음과 같이 말합니다.

"아이오니오스(Aionios)는 아이온(aion은 '항상'과 '존재'의 합성어)에서 유래했으며, 성경에서 절대적인 것이 아니라 상대적인 영속성을 의미하는 한정없는 기간이나 시간을 표현하는 데 일반적으로 사용됩니다. 마치 우리가 영원한 (영원한) 눈의 영역, 극지방의 영원한 얼음, 영원한 구원에 대해 말할 때 영원, 영속성이라는 용어를 사용하는 것과 같습니다. 따라서 아이온은 히브리어 '올람'(숨겨진 시간)의 문자적 그리스어 동등어이며, 영원, 세계 또는 우주를 의미합니다." 성경에는 무한한 지속이라는 절대적인 의미에서 영원에 대한 명확하고 분리된 표현이 없습니다. 성경에서 지속에 대한 모든 표현은 서로 연결된 오랜 기간을 암시하거나 나타냅니다. "영원히, εἰς τον αἰῶνα라는 공식은 모든 면에서 다른 공식과 평행합니다. εἰς τοὺς αιώνας, for age, foreever, εἰς τοὺς αιῶνας τῶν αἰώνΩν, forage of age, foreverandever. (갈 1:5), aeternitas a parte post, 또는 무한히 연장된 기간으로 생각되는 미래를 나타내는 표현." "모든 시대 이전에", "세상 이전에"와 같은 표현에서 아이온의 진정한 의미는 절대적 인 영원이 아니라 무한히 연장된 기간 또는 기간으로 생각되는 기간을 의 미하는 것임이 분명합니다. 아이온에서 파생된 아이오니오스는 시대 또 는 경륜을 의미하므로, age-long 또는 age-enduring으로 적절하게 번역 될 수 있습니다. aie ar on에서 파생된 aion은 부사적 요소인 aie 덕분에 항상 절대적으로 영원한 것을 나타내는 데 사용될 수 있다는 것은 사실입 니다. 그러나 성경에서는 그렇게 사용된 것을 찾을 수 없습니다. aionios 는 신약에서 시대 또는 경륜이라는 의미로 자주 사용되며, 주님께서 '유대 교와 기독교의 대조되는 시대'를 지칭하기 위해 사용하신 용어입니다. 따 라서 aionios는 aion의 형용사 형태이며, 동일한 경륜이나 시대에 적용될 때는 age-long으로 적절하게 번역됩니다. 따라서 aionios가 상벌에 적용 될 때 끝없는 것을 의미한다는 생각은 그 용어의 문자적 의미나 성경적, 일 반적인 적용에 근거하지 않습니다. 그러나 형벌의 경우에 이러한 의미를 부여하는 것에는 극복할 수 없는 반대가 있습니다. 이 경우 그 의미는 문헌 학적 근거만으로 결정되어야 하는 것이 아니라, 다른 근거에서도 결정되 어야 합니다. 신의 도덕적 통치 아래 형벌의 상태는 사물의 본성상 무한하 거나 최종적일 수 없습니다. 형벌이 존재하는 목적은 형벌이 중단되어야 함을 요구합니다. 인간은 끝없는 비참함을 겪도록 창조된 것이 아니라, 완 전하고 행복해지도록 창조되었습니다. 형벌은 절대적인 목적이 아니라 수 단으로 존재합니다. 인간의 도덕적 훈련을 위해서는 그가 배신당하는 악 이 그에 상응하는 결과, 즉 본질적인 비참함과 허위로 드러나야 하며, 이 러한 목적을 위해 형벌이 가해집니다. 교훈을 배우고 악한 길을 버릴 때, 형벌은 중단되어야 합니다. 신이 형벌이 영원히 존재하기를 원한다고 말 하는 것은 신이 어떤 사람들을 악으로 치명적으로 정죄한다는 것을 확언하는 것입니다. 영원을 통해 하나님께서 인격적 존재의 존재를 보존하시는 것은 오직 영원을 통해 그에게서 선을 행하거나 악을 행하지 않을 가능성을 제거하기 위함이라는 것을 인정하는 것입니다.

성경에서 '아이오니오스'라는 용어가 절대적인 영원이라는 의미로 사용되었다는 명확한 증거는 없지만, 그러한 개념을 포함하지 않는 의미로 자주 사용된다는 풍부한 증거가 있습니다. 이러한 근거와 이성적인 근거를 바탕으로, 미래의 형벌에 적용될 때 '아이오니오스'는 절대적이지 않은 의미로 사용된다고 추론할 수 있습니다. 성경에서 '아이오니오스'가 제한된 기간을 나타내는 데 자주 사용된다는 것은 부인할 수 없습니다. 가나안 산과 땅에 적용될 때, 그리고 할례 언약과 유월절 율법과 관련 될 때에도 그렇게 사용됩니다. 물론 유대인들이 의식법은 변경될 수 없다고 여겼던 경우는 예외입니다. 하나님께서 친히 의식법이 영원히 지속될 것이라고 선언하셨기 때문입니다. 사실, 이 단어는 필연적인 영속성을 의미하기는커녕, "그가 영원히 여호와를 섬기리라"(출 21:6)처럼 매우 짧은 기간 동안만 존재하는 것들에도 적용됩니다. 다시 말해, 유대인들이 설명하듯이, 다음 희년이 가까웠든 멀었든 말입니다. 사무엘도 같은 의미로 "영원히" 여호와 앞에 거한다고 합니다. 중복된 형태에서는 의미의 실질적인 변화 없이 특정 강조만 주어집니다. 이러한 이중 형태에서는 종종 매우 제한된 의미로 사용됩니다(사 10:8; 렘 7:7; 25:5). 신약성경에서도 "영원한"이라는 단어는 제한된 의미로 사용됩니다. 소돔과 고모라가 "나아가서 영원한 불의 형벌을 받을 것이다"라고 표현될 때와 그리스도의 보좌가 영원무궁하다고 표현될 때처럼 말입니다(히 1:5). 하지만 그 보좌는 "그가 나라를 하나님께 바칠" 때 끝나야 합니다. 꺼지지 않는 불과 죽지 않는 벌레에 대한 주님의 말씀에 근거한 미래의 형벌의 끝없는 영속성은 레위기의 말씀으로 설명됩니다. 레위기에는 제단 위에 타오르는 불은 "영원히 꺼지지 아니하리라"라고 말씀합니다. 그러나 이 불은 이미 꺼졌습니다. 메시아께서 제사와 예물을 그치게 하셨기 때문입니다. 또한, 예루살렘을 소멸할 꺼지지 않는 불(에스겔 20:48)이 위협받고 있습니다. 그러나 이 불은 이미 꺼졌고, 예루살렘에는 지금 이 순간 사람들이 살고 있습니다. "그들의 고통의 연기가 영원무궁토록 올라간다"라는 표현은 분명히 제한된 기간을 나타내는 은유입니다. 왜냐하면 그 불을 진화시킨 물질이 불타고 있기 때문입니다. 그리고 우리는 어떤 물질도 끊임없이 올라가는 부분을 잃지 않고 타오를 수 있다고 생각할 수 없으며, "나무가 없는 곳에는 불이 꺼진다"라고 말합니다. 이사야가 사용한 이 은유는 분명히 위에 명시된 한계에 따릅니다. 즉, 특정 민족에 대한 하나님의 심판에 대해 말하면서, 형벌의 도구인 불이 "밤낮으로 꺼지지 아니하리라"고 선언합니다. "그 연기는 영원토록 올라갈 것이다." 그러나 그 후에 들짐승과 숲의 새들이 그것을 "영원히" 소유할 것이라고 암시됩니다.

따라서 "영원한" 또는 "영원히"로 번역된 이 용어 아이오니오스(aionios)가 성경에서 일반적으로 제한된 기간을 표현하는 데 사용된다는 점을 고려할 때, 신약성경에서 로마서 16장 25절에서 "아오니오스의 시대"(개역개정에서는 "영세 전부터")라고 불리는 기독교 시대 또는 시간의 실체와 관련하여 사용될 때, 아이오니오스는 일반적으로 제한된 의미로 해석되어야 함이 거의 확실합니다. 그러나 신약성경에서 기독교 시대 또는 영겁과 관련된 아이오니오스는 의미가 약간 변형됩니다. 시간이라는 요소는 시야에서 사라지고, 형용사로서의 중요성은 그것이 명사와 연결되는 시대의 특성에서 발견됩니다. 따라서 아이오니오스의 형벌은 기독교 시대만의 독특한 형벌입니다. 마찬가지로, 아들의 삶은 영원한 삶이고, 애오니안의 하나님(롬 16:26)은 영원한 하나님이시며, "애오니안(œonian)"

의 영(히 9:14)은 영원한 영이십니다. 그러므로 이 용어가 성경에서 분명히 사용되는 의미는 두 가지뿐입니다. 하나는 영원한 기간이라는 의미로 사용되고, 다른 하나는 기독교의 애온(æons)과의 연관성을 표현하는데 사용됩니다. 그렇다면 아들이라는 단어가 성경이나 다른 어떤 곳에서도 무한함의 의미로 사용되지 않고 항상 시간의 기간을 나타낸다면(그렇지 않다면 성경이 어떻게 아들들과 애온의 애온에 대해 말할 수 있겠습니까?), "애오니안(æonian)"도 그런 의미로 사용되지 않습니다.

따라서 끝없는 형벌 교리는 성경에 근거가 없습니다. 왜냐하면 영원한 기간이라는 의미로 이해되든, 또는 시대에 대한 형벌이나 시대에 속하는 형벌이든, 아오니안의 형벌은 그것이 속하는 시대보다 더 끝없는 것이 아니기 때문입니다. 이 아들들의 계열은 다양한 단계의 특별한 상급과 형벌을 가지고 있는데, 신약성서에 따르면 이러한 단계들은 사람들을 최후의 상태에 앞서 준비시키는데, 그리스도께서 그의 왕국을 인도하시기 전에 끝나야 합니다. 따라서 상급과 형벌은 그리스도의 현재와 미래의 인간적 지위에서 분명히 그리스도의 왕국과 연결되어 있으며, 영원한 삶은 시대의 삶이고, 영원한 형벌은 시대의 형벌, 즉 기독교 시대입니다. 이러한 관점에 따라, 세상 창조 이전에 그리스도 안에서 우리에게 주어진 은혜(시대의 때)와 시대의 끝(히브리서 9:2G) 또는 시대의 만남이 주어졌습니다. 또한 고린도전서 10:11에는 "τήλη τῶν αἰώνων 시대의 끝"이라는 표현이 있습니다. 따라서 에이온 시대 또는 시대의 시대와 알파네스는 동일하며, 제한된 기간의 시기 또는 시대만을 나타냅니다. 따라서 교회가 발전시킨 우리의 현대적 지속 개념은 신약 성경의 시대 교리를 완전히 오해하고 잘못 표현합니다. 사실, 성경의 지속 개념은 현대적 개념, 즉 시간 바로 뒤에 절대적 영원이 이어진다는 개념이 아니라, 궁극적인 신적 질서가 확고히 자리 잡을 때까지 '애온(æon)'이 '애온(æon)'을 이어가고, 경륜이 경륜을 이어간다는 개념입니다.

저　자　존 웨슬리 핸슨
역　자　김 찬 제
제　작　김 경 남
발행인　고 문 정
발행처　요벨출판사

출판등록　2025. 10. 13 제 2025-000021 호
주　　소　우)16035 경기 의왕시 민백 1길 14. 3층
주문전화　010-4539-0253